思想 REFLEXION 36

「天下」作為意識形態

編輯委員會

總 編 輯：錢永祥

編輯委員：王智明、白永瑞、汪宏倫、林載爵
　　　　　周保松、陳正國、陳宜中、陳冠中

聯絡信箱：reflexion.linking@gmail.com

網址：www.linkingbooks.com.tw/reflexion/

目次

「清河翻譯組」蠡測

所謂「清河翻譯組」指的是1950-1960年代，北京市監獄利用在押服刑的犯人，為相關機構提供外語翻譯服務以及完成上級交辦的其他翻譯任務而設立的生產小組。

思想訪談

超越狹隘，重建價值，共渡人類危機：
杜贊奇教授訪談錄

從長期來看，如果中國想在國際上扮演更重要的角色的話，就必須控制政府民族主義和軍事民族主義。如果中國有意成為一個國際強權的話，實踐中就必須尊重他國。

思想人生

韋政通：自學成材的典範

人是文化創造出來的，有中國文化才有中國人。

致讀者

80年代左翼文化下的民眾劇場

韓嘉玲

緣起

　　第一次見到大陳是80年代初期在台大歷史研究所時期。當時陳映真已經出獄，但在國民黨仍然控制著大學校園，尚未解嚴的那個時代，學生社團辦活動，尤其是邀請校外人士的演講，都是要經過學校課外活動指導組（簡稱課指組）批准的。當時研究生會主席是中文系的周慶塘，在我們決定要邀請陳映真來台大演講時，曾擔心「陳映真」這個名字過於敏感，深恐學校審查不能通過，因此申請的時候耍了個小手段，以陳映真的本名「陳永善」作為申請，演講的題目也取了一個不痛不癢的「文學與社會」。沒料到竟因為這樣，課指組不察就同意了研究生會的申請。雖然到演講前，學校還是意識到陳永善就是陳映真，可是研究生會已經獲得申請同意書並訂好了活動中心的大禮堂，校方只能如臨大敵似的加強了監視，卻反而激發了我們藉機造勢，動員同學參加演講活動與相關人員展開攻防戰。演講當天，學生活動中心的禮堂擠得水泄不通，終於讓大陳首次在台大的公開演講順利舉行，我也第一次感受到大陳演講的魅力，說話帶著感性與磁性而又理性深邃。我不僅親眼見到了崇拜已

久的小說作家，年輕的我們作為參與活動的組織者，也因為初步嘗
到與學校鬥智鬥勇的勝利而興奮莫名。

我在父母的嬌寵中長大，少年時期一直過著衣食無憂的生活，
是典型的黨國體制與聯考制度下培養出來的只會讀教科書的乖寶寶
與書呆子。一直到台北上大學，脫離了家庭寵愛的束縛與聯考的魔
咒，我總算有了自己的成長空間。雖然我一直不是文藝青年，但在
那個剛開始叛逆的年輕歲月，讀禁書是我們反叛的重要表現。大學
時期開始閱讀魯迅等三十年代作品，此外，陳映真的《將軍族》、
《第一件差事》、《夜行貨車》，《上班族的一日》等都是我們這
些剛剛走出考試制度禁錮的青年愛不釋手的作品。

在大學時期，我已經開始反叛教條觀念，到台大歷史研究所近
代史組讀書後，更表現出對新知識的好奇心。高我一屆的杜繼平學
長偷偷塞給了我一些簡體字的有關中國近代史的書籍，要我回去好
好研讀。從小在「匪諜就在你身邊」的教育下，我當時心裡還納悶
他是不是「共匪」，要不然為什麼會有什麼多源源不斷的「匪書」
呢？後來才知道這些書多半是從政大國關中心（所謂的「匪情研究
中心」）流出，還有一些是海外的進步朋友回台時偷偷夾帶進來的。

作為一名只會念書的好學生，從小接受國民黨黨國教育的我，
看完簡體字的書籍後思緒大亂，原本認為是正確的歷史，有了完全
不同的詮釋。霎那間黑白顛倒、善惡真偽難辨，我痛苦不已。看了
「匪書」的我，不敢和父親溝通，更無法和其他的朋友與同學交流，
晚上睡覺都難以入眠。我恨不得拿頭撞牆，希望能讓自己有清楚分
辨的思緒。後來與大陳聊起自己的思想蛻變，才知道我也和前輩一
樣經歷過這樣「孤單地、亢奮地而又面對新思想帶來的騷動與蛻變，
並且決定性地轉變了後半生的生命軌跡」

經歷過了這段思想彷徨與苦悶的時期，我開始如饑似渴地閱讀

大量中國大陸的左翼書籍。斯諾的《紅星照耀中國》、艾思奇的《大眾哲學》、李達的《唯物辯證法大綱》等書籍為我打開了新的歷史觀與世界觀。1980年代,偷偷複印簡體字書籍已然成為台大附近影印店的重要業務。我研究生每月的補助津貼大半都花在影印簡體字書籍上面。念台大期間,我的思想漸漸開始產生變化,遂成為同學口中的「左傾分子」。

1984年台大歷史研究所畢業後,我雖然進入大學擔任教職,但是面對資本主義社會愈趨商品化及人性也被消費主義宰割而失去主體,讓我更為強烈好奇的去探索社會主義,使得我於教書備課閒暇之時,更願意花費大量的時間參加當時啟蒙許多人左翼思想的《夏潮》所舉辦的各種活動。80年代的讀書會是台灣最普遍的一種思想交流與學習的活動;每個週末幾乎都有各種學習馬克思經典及左翼理論的讀書會,導讀的多半是海外回來及島內學習過馬克思理論及政治經濟學的小知識分子。1985年當大陳創辦《人間》雜誌時,每一期策劃選題討論的編輯會議都會有類似的讀書會,大陳總是與《人間》的同仁一起討論分析當前的國際環境、台灣的社會、政治與經濟問題。這種「大陳式」的政治經濟學分析台灣社會性質及國際形勢的解剖,以及每期《人間》出版的報導內容,都深深地吸引我持續到《人間》學習。每期雜誌出刊的內容成為我在課堂可以和學生分享的重要題材。像我這樣不是《人間》正式員工,卻經常到人間參加讀書會的還有許多朋友,包括杜繼平、汪立峽、盧思岳、林寶元、王菲林(王介安)、吳正桓、舒詩偉等,甚至還有來自香港的林瑞含、張翠容等。

這裡要特別提及通過《人間》雜誌與香港泛左翼朋友的集結。1986年王墨林去香港探親時,順道去被稱為是新左翼書店的青文書

屋，當書店的負責人吳江波[1]知道王墨林是台灣《人間》雜誌的記者時，非常興奮，兩人相談甚歡，並結識了也正在書店看書的張翠容。翠容又介紹了林瑞含、陳慶源等朋友，他們早年看過了陳映真的小說《將軍族》和《第一件差事》等，都是大陳的忠實讀者。他們通過王墨林的聯繫來台灣拜訪大陳，並進一步促成大陳到香港的拜訪[2]。我和翠容與瑞含就是1986年她們來台灣時認識的，一晃眼已經是30多年的老朋友了。在兩岸沒有直航前，來往兩地都需從香港轉機，翠容的家也成為我在香港的免費驛站之一。

除了和香港進步力量的集結，更進一步加強與亞洲左翼團體與進步知識分子的串聯，也是《人間》雜誌的重要工作推展。日本良心作家石飛仁、韓國的黃晳暎、菲律賓一些進步作家，都曾接受《人間》的邀請來台，並舉辦了各種講座、工作坊、討論會、展覽與報告劇等多種多樣的文化活動。

我的印象中，有一次在陽明山的工作坊，有來自韓國、日本、菲律賓等進步力量的夥伴一起分享左翼的在地經驗。由於語言的關係，每天活動的休息時間以音樂作為下課鈴聲。當時選擇的音樂就是《我的祖國》[3]。記得兩天活動下來，這個曲子連外國朋友也能哼

1　吳江波當時是青文書屋的股東及經理，後任香港三聯書店綜合編輯室主任、香港中文大學《二十一世紀》雜誌編輯室主任，現在是美國滋根基金會的主席。此外，他也是香港滋根基金會的發起人。

2　由於瑞含、翠容和大陳見面時，大陳談及希望與心儀已久的人民日報副總編輯劉賓雁見面。在江波、翠容、瑞含等人的努力下，終於在1988年8月促成陳映真與劉賓雁在香港的歷史性對話，《人間》也於1988年3月號刊載了劉賓雁的文章〈什麼是報告文學〉。

3　《我的祖國》由於歌詞表達對美好祖國江山的無限熱愛之情，加上優美動聽的旋律，一直是解嚴前我們偷偷傳唱最喜歡的大陸歌曲之一。

上幾句，甚至要求我們把歌詞的意思翻譯給他們瞭解。現在每當《我的祖國》音樂響起，當年這段與大陳及第三世界同志共同度過的美好回憶常常浮現眼前。

80年代中葉以降，適逢台灣社會進入解嚴前的歷史階段，各種政治、社會、環境、經濟等議題不斷湧現。我們這些年輕一輩對社會主義的共同信念以及大陳特有的人格魅力，使得《人間》雜誌不僅僅是個關懷現實的現場報導雜誌，同時也是以「大陳式」的政治經濟學為理論中心，集結社會運動的據點。《人間》作為一個行動據點不僅集結台灣社會運動的朋友，也號召了海外的進步力量與左翼力量。

大陳作為台灣左翼文藝的代表人物，也不斷探索思考文藝如何服務於社會現實。這是本論文要談到的以民眾劇場作為左翼文化運動的一個重要理論與實踐課題，翼望本文能為後來者認識與研究這段已被遺忘的台灣80年代左翼戲劇發展，提供有價值的歷史素材。

一、繼承台灣人反抗的歷史，探索台灣左翼文化的內涵

台灣民眾劇場運動是繼承了台灣日據時期左翼歷史，以民眾在現實中所面臨的社會矛盾為出發點，通過參與劇場活動的方式，將民眾將帶進劇場的表現形式中，進而揭露被體制掩蓋的民眾反抗歷史。

1. 運用報告劇的演出形式，重現被湮沒的民眾歷史

由日本人道主義作家石飛仁導演的報告劇《怒吼吧，花岡！》於1986年7月7日抗日紀念日當天在台北的國軍英雄紀念館演出。該劇回顧1945年中國勞工被剝削的花岡歷史事件，是台灣戲劇史上第

一次報告劇的演出。

　　1985年6月30日花岡事件發生的40年後，在當年事件發生地日本秋田縣大館市演出的《花岡事件四十周年慰靈祭》。這個活動吸引了當時還在日本學習戲劇的王墨林，他從開始僅僅是一名觀看報告劇的普通觀眾，到最後參與到這齣劇的演出[4]。他在這段親身參與的

4　王墨林在日本參與花岡事件四十周年慰靈祭活動時認識了中國大
　　陸新華社駐日本的記者陳理昂先生與朱鐵英女士，他們因為報導在
　　日本花岡事件活動後，回國後進一步採訪在國內花岡倖存者和遺
　　屬，將這些口述歷史整理出版了《花岡暴動回憶錄》（1992年，中
　　國青年出版社）使得花岡暴動的歷史得以在中國大陸被知曉。
　　我於1991年到北大念書後，朱阿姨家位於皇亭子新華社宿舍樓的飯
　　桌也是我週末可以侃大山與加餐的場所之一。通過朱阿姨我又認識
　　了他們駐日期間的好友中國新聞社派駐東京的首席記者楊國光先
　　生。楊國光出生於台灣中壢，他也是台灣農民組合楊春松的長子。
　　楊春松曾是台灣農民組合的中央委員，在1929年日本鎮壓台灣農民
　　組合後，楊春松潛返到中國大陸，1930年在上海租界被捕，遣返台
　　灣入獄，1938年出獄後舉家從台灣前往日本。
　　新中國成立後1950年底，楊國光等三兄弟與日本共產黨的黨魁副手
　　野阪參三同船回到中國大陸，事後才知道是父親楊春松刻意安排他
　　們護送野阪參三。楊春松解放後在外交部工作，並參與周總理萬隆
　　會議的工作團隊。我拜訪國光大哥時，他正用日文書寫楊春松的回
　　憶錄。我也把一些手頭研究台灣農民組合的資料與照片提供給國光
　　大哥參考。我暑假回台灣時，向大陳分享了這段台灣人參與新中國
　　建設的光榮歷史。而且在日本的戴國煇教授也極力推薦此書給大
　　陳。於是大陳讓我回北京後聯繫楊國光，表達《人間》出版社願意
　　將日本版翻譯成中文，在台灣出版這位有革命傳承的台灣人傳奇。
　　國光大哥欣然接受，《人間》出版社於2001年出版了楊國光著，《一
　　個台灣人的軌跡》（即楊春松傳），大陳並為該書寫了序言。2018
　　年初在台灣會館的春節聯誼會巧遇國光大哥的妹妹楊幼瑛及弟弟
　　楊震光，獲悉在人間出版社的授權下，大陸台海出版社於2018在8
　　月在大陸出版該書的簡體字版。

過程中,認識到報告劇具有「簡單有力,極富啟示」的表演形式。「雖然所謂戲劇性的高潮因此而有所減弱,但相對地卻帶來一份廣闊、堅定的理性思考力量」[5]。

　　1986年從日本回台後,王墨林因緣際會加入《人間》團隊,在他的推介下大陳也對報告劇產生了極大的興趣,於是大陳積極聯繫好友高信疆先生(當時《中國時報》的副刊主編)共同合作,使《怒吼吧,花岡!》報告劇如願在台演出。

　　這次的演出讓我們看到民眾劇場通過報告劇的表現形式,可以將歷史重新呈現在人們眼前。以民眾為主體的歷史事實,用民眾的發言及影音媒體材料等歷史證言,展現最質樸的歷史原貌。

2.認識台灣人民反殖的歷史

　　在國軍英雄紀念館看完《怒吼吧,花岡!》演出後,我們深刻感受到報告劇重現歷史的力度。正如王墨林在《人間》中寫到他在日本看完《怒吼吧,花岡!》的感想一樣,我們也有相同的思考「身為中國人的我們,為什麼也絲毫不知悉」這段中國人民英勇反抗被奴役的歷史[6]。

　　面對台灣的歷史,我們也有著相同的處境。對於台灣人曾經被征服、被蹂躪的反帝歷史更是毫無所知。在長達30餘年的戒嚴冷戰體制下,台灣左翼的歷史銷聲匿跡。為此1987年3月15日在王曉波及陳映真等人的倡議下,成立了一個由專業的研究者與業餘研究者共同組成的以「促進台灣歷史研究、普及台灣歷史知識,發揚台灣歷

5　王墨林,〈歷史斷層裡的哭聲——我參加了花岡時間報告劇的現場演出〉,《人間》雜誌,1986年8月,頁24-33,台北。

6　同上注。

史文化」的純民間學術團體，王曉波擔任「台灣史研究會」理事長，陳映真、尹章義、林聖芬、李篤恭、尉天驄、王津平、石文傑等人擔任理事。在台灣史研究會成立前後，加強台灣史的研究已經成為台灣統獨雙方都重視的議題。同時，以林書揚等老政治犯為主的團隊，也著手翻譯台灣日據時期瞭解左翼抗日運動的重要史料《警察沿革誌》[7]。當時我尚為一名在大學裡擔任歷史教學的年輕教師，首先，我把自己承擔的通識課程中國通史與中國近代史，在其中補充了台灣歷史的內容。此外，在曉波老師及大陳的鼓勵下，我也開始對日據時期台灣左翼歷史的研究。

　　剛成立不久的台灣史研究會於1987年7月舉行了蔣渭水的學術演講會。我參加了紀念會的座談會，並撰文寫了〈哪一個是蔣渭水真正的遺囑？〉[8]。該文闡述蔣渭水晚年思想，已從早年的民族主義，逐步傾向於工農階級的立場。但由於台灣當局仍然處於戒嚴反共政治，因此刻意的迴避蔣渭水先生晚期的思想變化，甚至在他碑文上動手腳，修改了他的遺囑。我比較了蔣渭水不同版本的遺囑，並梳理了蔣先生晚年思想。這篇論文也是我研究台灣史的處女作。

7　從1987年底開始，這群平均年齡在70歲以上的老同學，出獄後，憑藉著要保留「曾經被征服，被踐躪的」歷史的信念，及他們豐厚的日文功底，用了長達一年半的時間將這部110萬字的巨大工程完成。讓我們這些研究者更好的去研究這段被湮沒歷史。出書後，蘇姐（慶黎）讓我以《遠望》雜誌執行主編的名義去採訪林書揚，並以筆名周穎刊登在《遠望》雜誌上。周穎，〈台灣人民反抗運動的價值與特性——周穎訪問林書揚《警察沿革誌》的出版〉，《遠望》，1989年7月，頁93-96。該文收錄於《林書揚文集（一）》：《回首海天相接處》（台北：人間出版社，2010）。

8　我以筆名周穎君撰寫了〈哪一個是蔣渭水真正的遺囑？〉，刊登在杜繼平主編的《海峽》雜誌第三期，1987年8月，頁28-30，台北。

3.《台灣民眾黨六十周年歷史證言》：台灣人民的反抗史

　　1987年是台灣民眾黨建黨六十周年，台灣民眾黨是台灣最早成立的政黨，其歷史也是一段台灣人民反抗日本殖民的歷史。這個歷史話語權遂成為統獨雙方都非常關心的議題。因此夏潮系與民進黨都分別舉行了紀念活動。夏潮系的紀念會由夏潮聯誼會主辦，夏潮系統的左翼刊物《人間》（陳映真主編）、《前方》（主編林華洲是大陳同案的政治犯）、《海峽》（杜繼平主編）、《遠望》（老政治犯主辦）等刊物協辦，幾乎動員了夏潮系的所有力量，於1987年7月10日在金華國中禮堂，共同舉辦了「台灣民眾黨創黨六十周年紀念」活動。當天早上，夏潮聯誼會組織了抗日老前輩前往六張犁向創黨人蔣渭水先生的墓地致敬活動，晚上則在金華國中的禮堂舉辦紀念活動。除了進行一般演講的老形式外，這次嘗試以生動的報告劇，來呈現六十年前台灣民眾黨的歷史。並首先推出人間劇團及夏潮歌詠隊兩個左翼色彩的文化團體演出。

　　在大陳的鼓勵下，小劇場導演王墨林號召《人間》的朋友臨時組成的非專業人間劇團一起製作了台灣第一個歷史報告劇。我雖然不是《人間》的正式員工，但以《人間》編外人員、歷史研究所畢業生及大學歷史教師的多重身分，在大夥的慫恿下，懷著初生之犢不畏虎的精神、義不容辭地承擔起這個歷史報告劇的編劇工作。

　　之前研究蔣渭水的時候，閱讀了不少台灣民眾黨的資料，也拜訪了台灣民眾黨前秘書長、組織部部長陳其昌老先生，及蔣渭水的女兒蔣碧玉女士等，這些都成為我撰寫《台灣民眾黨》報告劇的知識準備。因為報告劇有一套特定表現形式，在導演的要求下，還要花費大量的時間尋找歷史圖片製作成幻燈片，這樣才能通過生動的多媒體而達到表現六十年前的歷史的效果。

報告劇開始，就是以主講人（王永）的旁白，及反映歷史的圖片，回溯自甲午戰爭以來，從武裝抗日到文化抗日中，台灣人終而成立了自己政黨的歷史背景；第二段以蔣渭水著名的〈台灣臨床講義診斷書〉文章為腳本，來反映台灣島當時的積弱狀態。這段由王津平（扮演蔣渭水）及官鴻志（身穿長袍頭戴斗笠的，扮演台灣島先生＝台灣人身分的建構）演出，採取相聲似的對話形式；第三與第四段是由政治受難的年輕政治犯林擎天用閩南語，以獨人表演形式呈現台灣民眾黨追求台灣民主與民族解放的黨綱，及蔣渭水最後的遺志。劇末所有參與者揚起台灣民眾黨黨旗出場，一起大聲有力的喊出：「團結真有力！同胞要團結！」舞台最後定格在大家簇擁著台灣民眾黨的黨旗[9]。

這個報告劇雖然受《怒吼吧，花岡！》啟發，但形式上並未完全模仿，除了運用報告劇的形式來表現歷史，導演還運用更活潑的戲劇類型的掌握來呈現。

報告劇結束後，王墨林導演特別邀請了到場的抗日前輩：陳其昌（台灣民眾黨）、王文明、伍金地（農民組合）、周合源（文化協會）、潘陳火（文化協會）、許月里（工友協會）、劉明（台灣正義會）等前輩，由王菲林、王永、鍾喬及我等為代表的年輕人上台獻花，向這群熱愛祖國的抗日志士致敬，更象徵我們年輕一代要傳承這段台灣人英勇抗日及反抗強權的歷史，非常吻合金華國中禮堂現場貼的海報，我們要「尋回台灣人民的尊嚴！繼承反對運動的香火！」。

9　台灣民眾黨的國旗與中華民國的國旗顏色一樣是藍紅白三色；藍色代表人民，紅色代表為革命犧牲的鮮血，白色代表太陽，三個星代表三大綱領，分別是1.確立民本政治；2.建立合理的經濟組織；3.改除社會制度之缺陷。

4.重新梳理一頁被湮沒的台灣左翼運動史

　　出生在中產階級家庭、不知人間疾苦的我,通過大陳與《夏潮》,才逐漸認識並瞭解老政犯這個群體及他們的歷史。這些老政治犯我們都稱為「老同學」,這是在50年代白色恐怖時期因為嚮往紅色祖國、堅持社會主義信仰而入獄服刑的同志間的昵稱。所謂「同學」就是「同鐵窗」的自嘲,也意指他們曾到「綠島大學」進修。

　　老同學之一的陳映真於1965年因「民主台灣同盟案」被捕入獄長達7年餘,對白色恐怖下的牢獄生活有著深刻的經歷。1987年大陳在《人間》發表了以「老同學」為題材的小說《趙南棟》,通過小說我才得以深入瞭解到他們在牢獄的生活細節,以及他們為社會主義革命而犧牲生命的歷史。《趙南棟》小說裡慷慨就義的宋大姐及她在監獄裡出生的小兒子趙南棟,是真實的台灣版《紅岩》,絕不是虛構的小說情節。小說裡的原型人物,就是待我如家人般的許月里媽媽,以及和她在獄中生活到6歲,直到上小學才出獄的兒子周榮光大哥。小說的原型人物還有坐過全世界最長34年7個月牢的林書揚先生,他一直到解嚴前夕的1984年出獄,是台灣精通馬克思主義理論的老同學;還有曉波老師年僅29歲就壯烈成仁的母親章曼麗女士;其他還有周合源、伍金地、劉漢卿、周漢卿、洪水流等不計其數的老同學。

　　1950年代在國民黨白色恐怖肅殺的年代,幾千個追求階級解放、走向革命之路的進步年輕人一一被槍斃,沒有被槍決的同志也都被長期禁閉於牢獄中。由於這樣的殘酷暴力鎮壓,使得的台灣人民英勇反殖、反帝、反資的真實歷史都被割斷、被湮沒;不僅無法通過教科書被知曉,更是連自己的子女都無法言說與傳承。我只有在整理與收集他們歷史的材料過程中,逐漸學習並瞭解到真正屬於

台灣人民的歷史。

在我研究蔣渭水及參與《台灣民眾黨六十周年歷史證言》報告
劇的資料整理的過程中，台灣農民組合（以下簡稱「農組」）這個
在日據時期影響最大、人數最多、最具戰鬥力的大眾組織的名字就
不斷的出現；然而奇怪的是除了日本人為了監督控制台灣人的《警
察沿革誌》（就是日本警察的監視報告）外，竟然台灣沒有一篇完
整的中文文章研究農組。這個現象引起了我好奇的研究興趣，從而
啟動我在1987年開始對農組研究的契機。隨著研究的深入，才慢慢
瞭解正是因為農組是個紅彤彤的主張馬克思主義的草根組織，在解
嚴前的台灣，對於它的研究還是個禁忌，因此沒有人知道、也沒有
人會，更沒有人敢於觸碰這個敏感的題目。

年輕時曾跟隨台共陳德興同志並參與屏東地區農組的老同學伍
金地阿伯，知道我有意研究他們的歷史時，興奮不已地說，總算有
人來研究我們了。熱心的金地伯親自帶著我，一個個登門拜訪當年
曾參與農組或知情農組的前輩們，從北到南，我先後訪問了莊守伯
[10]，簡吉的妻子陳何與長子簡敬[11]，趙港的侄子趙清雲（曾留學蘇

---

[10] 台共黨員莊守曾經留學日本早稻田大學學習政治經濟學，為了發展
台灣的工人運動曾潛入高雄淺野洋灰工廠及高雄港當搬運工。最難
得可貴的是他爭取到了三位日本人，認同台灣的解放運動，加入了
台灣共產黨。詳見周穎，〈哭別莊守阿伯：記一位台灣抗日志士的
一生〉，《海峽評論》，1995年4月，台北。

[11] 在研究農民組合的靈魂人物簡吉時，有關他個人早期的教育背景及
家庭生活，無法從文獻獲得。伍老告知台灣大眾電腦的簡明仁董事
長是簡吉的幼子。於是我就寫了一份自薦信，說明自己正在研究農
民組合及簡吉。此舉動驚動了簡家，在尚未解嚴的時期，一直受父
親身分影響的簡家不知道這個寫信來的人是什麼背景。因此特別請
大哥簡敬先生親自到我家裡看看（信件上是寫的是永康街家裡的位
址），為什麼這個人有這麼大的膽子敢來研究這段歷史。在長期白

聯）、陳昆崙、蘇清江、謝添火、洪水流等農組前輩[12]。我甚至還
跑到美國訪問已經定居美國的農組簡娥、及台共郭德欽等人。另外，
台灣工友協會的許月里阿姨、文化協會的周合源伯伯，周漢卿伯伯，
辜金良伯伯，許金玉阿姨、林書揚伯伯等「老同學」都給了我很多
的幫助。

　　我作為父親是外省人母親是本省人的「芋仔番薯」，在尚未解
嚴的時期來研究這段在當時依然還是禁忌的話題，如果沒有金地伯
和諸位「老同學」的幫忙，應是無法獲得這些在國民黨戒嚴體制下
早已諱言政治的他們之信任。即使如此，仍然遇到一些困難。例如
在屏東採訪時，早年積極參與農組並曾任農組中央委員的抗日志士
陳昆崙先生，在國民黨來台後卻先後兩次入獄。由於他的坐牢，身
為農組抗日女將的妻子張玉蘭不得不獨自擔負起養家育子的重擔，
生活的壓力也使她早早離開了人世。多次牢獄之災及痛失戰友與愛
妻的陳昆崙已經不願意再去談任何的陳年往事了。我和金地伯只好
天天登門拜訪，一直到第三天他才肯開口接受我的訪談。

　　由於我的閩南語說得很不流利，為了採訪老同志，月里媽媽不
僅抽空教我說閩南語，而且一見面就糾正我的蹩腳發音。在老同學
的幫助下，我終於在1988年2月1號台灣史研究會舉辦的學術研討會
上發表了第一篇有關農組的論文──〈台灣農民組合，1925-1927
年〉。[13] 研討會中錢永祥老師是我這場論文的主持人，林載爵老師

（續）────────

　　色恐怖的陰影下生活多年的簡敬先生一看我是個年輕女孩子，還一
　　個勁的勸我不要做這個研究，擔心會給我帶來麻煩。就這樣我和簡
　　家人結下了長期的友誼。

12 有關這些農組前輩的事蹟，請見拙作，《播種集：台灣農民運動人
　　物志》，簡吉陳何文教基金會（台北，2006）。

13 韓嘉玲，〈台灣農民組合，1925-1927年〉，收錄於《台灣史研究

是論文的評論員。為了鼓勵年輕人的研究,大陳與金地伯都親自到會場給我打氣鼓勵。

從研究中我認識到,1927年時的台灣農民組合,面臨日本帝國主義的壓迫,感受到日益嚴重的土地掠奪政策與殖民統治下糖廠工業對農民巧取豪奪的壓榨,已經從最初成立時無意識的、單純的經濟抗爭,發展到有意識地高舉馬克思主義旗幟,致力於無產階級鬥爭,並成為台灣抗日革命運動中最具戰鬥力而且是數量最大、最堅固的大眾組織。1927年底農組的會員多達2萬4千1百多人,除了台灣的東部之外,從南到北分布在全台的4個州支部、共有23個支部及4個聯絡處[14]。

5.重現歷史現場

1988年底,是農組第一次全島大會的六十一周年紀念,適逢台灣島內面臨美國農產品的傾銷,台灣的農民運動也洶湧地開展,最著名的乃為1988年的「三一六」農民反美農產品傾銷示威運動與「五二〇」農民運動。我們想到更有責任讓台灣的人民認識並傳承台灣農民的反抗歷史,要讓這段沉寂的歷史重新走進台灣人民的視野[15]。

(續)————

   會論文集》第一集(台北,1988年6月);後續第二篇於1988年8月2號在廈門大學台灣研究所兩岸的第一個學術研討會《台灣研究學術交流會》上發表了〈簡吉與台灣農民組合〉,收錄於《台灣史研究會論文集》第二集(台北,1990年7月),頁189-212;其後,我將訪談的紀錄整理出版了《播種集:台灣農民運動人物志》(台北:簡吉陳何文教基金會,2006)。

14 韓嘉玲,〈台灣農民組合,1925-1927年〉,收錄於《台灣史研究會論文集》第一集(台北,1988年6月),頁235-282。

15 1988年12月4號,由夏潮聯誼會與台灣地區政治受難人互助會共同舉辦了「台灣農運薪火相傳一甲子:台灣農民組合第一次全島大會

　　我作為活動中報告劇的總策劃，跟大陳、王墨林等《人間》同仁一起總結了過去參與《台灣民眾黨六十周年歷史證言》報告劇、工人報告劇[16]等的經驗，多次討論後決定在這次紀念活動中，選擇農組重要歷史節點來切入，也就是1927年台灣農民組合舉辦第一次全島大會時，從原本僅僅是一般的經濟抗爭活動，提升到全面走向左傾化馬克思主義。當時的《台灣民報》對這段歷史場景是如此描寫的：「農組23個支部部長手執農組赤旗，列隊入場中展開，霎時間會場中一片紅旗，頗為壯觀。在與會者如雷的掌聲中，執旗支部長走上講台接受大家的歡呼。」[17] 這象徵了台灣農民的抬頭與團結。六十一年後，我們選擇農組這個有重大歷史象徵意義的轉捩點——第一次全島大會，並根據歷史腳本要來重現這個雄偉的歷史場面。

　　首先面臨的最大難題是，到哪裡去找農組的赤旗？在反共戒嚴了30多年的台灣，農組的赤旗根本不可能被保存下來，沒有赤旗這個活動的重頭戲就無法還原，更無法重現歷史。我首先找到金地伯，熱心的他告訴我：赤旗上面不僅有象徵台灣農民生產工具的鐮刀、鋤頭，還有日據時期台灣主要的農作物稻米及甘蔗。他很快地聯繫了洪水流伯伯，讓他親手繪製了這個在他們心中封存多年但依然鮮活的記憶：一面彩色的，繪有鐮刀、鋤頭，稻米、甘蔗的台灣農民組合赤旗。由於時間久遠，我們擔心水流伯僅憑他的記憶是否還能準確地畫出當年的赤旗，我們又拿這個手繪赤旗找了其他當事者確認，大家看了都說，這面手繪旗如實地還原了61年前農組的赤旗。拿到手繪旗後我們興奮不已，請主辦活動的夏潮朋友立刻拿著水流

（續）————————————————
　　六十一周紀念大會」的活動。
16　有關工人報告劇的內容，詳見下一節。
17　台灣民報，〈台灣農民組合全島大會〉，第186號，1927年12月11日。

伯手繪的赤旗，製作了大約30面國旗大小的旗幟[18]，供我們活動時
使用。

　　紀念活動的地點選擇在台灣農運「二林事件」發生地的彰化，
場地借用了彰化平和國小大禮堂。當天，陳昆崙（農組中央常務委
員）、蘇清江（農組中央常務委員）、莊守（台灣共產黨員）、洪
水流（農組會員）、伍金地（農組會員）、簡敬（農組中央委員長
簡吉之子）、黃正道（農組中央委員長黃信國之子）、趙清雲（農
組中央常務委員趙港之侄）等前輩都親自蒞臨現場。六十一年後在
台灣農民組合第一次全島大會六十一周紀念大會紀念日的當天，我
們如願地還原了歷史現場。首先，通過《三個保正八十斤》[19]報告
劇生動的表現日本帝國主義對台灣農民的經濟剝削。其次，憑藉台

18　活動後我保留了其中的一面赤旗，直到2005年轉贈給簡吉的小兒子
　　簡明仁。後來簡明仁將赤旗作成書本大小的旗子以便保存，並送給
　　當年簡吉先生的老戰友們，我也留了一份，至今掛在我的書房中。
　　現在網上農組的赤旗就是我們1988年在彰化舉辦農組紀念活動
　　時，洪水流伯的這面手繪赤旗。

19　日本學者矢內原忠雄在研究日本帝國主義下之台灣中曾說「一部甘
　　蔗糖業的歷史就是殖民地的歷史」，糖業是日本身帝國主義躋身帝
　　國主義之林的重要經濟作物。故日本自據台以來即全力發展製＋
　　糖業。總督府不但制定「糖業獎勵規則」說明製糖會社無償取得土
　　地、技術、資金。為了進一步達成製糖業的壟斷及原料的獨佔，更
　　訂立種種保護措施，其中尤以「原料採收區域制度」最為人所詬病。
　　此外，更有許多不合理的現象如甘蔗收買價格、甘蔗等級、斤等均
　　由會社片面決定。是一種變相的榨取。台灣農民運動的濫觴二林事
　　件就是此情況下爆發的。製糖會裡常有使用不正確的秤偷減甘蔗斤
　　兩的情形。因此在台灣農村有「三個保正八十斤」的笑話，意即三
　　個保正（日據時期為管理台灣人而制定的保甲條例而設置的職務，
　　相當於現在的里長）站到磅秤上，卻只有八十台斤重，可見製糖會
　　社偷斤減兩的現象多麼嚴重。

灣農民的第一個抗爭《二林事件》報告劇，來呈現台灣農民對日本殖民統治的反抗。最後，以台灣農民組合第一次代表大會所揚起的紅旗，結合我們在此時此地所要呈現的台灣左翼運動。

主席台上，當司儀大聲逐一叫到：鳳山支部、大甲支部、曾文支部、嘉義支部、麥寮支部、潮州支部、東港支部、小梅支部、中壢支部、大屯支部、湖口支部、桃園支部、竹東支部、二林支部、屏東支部、內埔支部、竹山支部、三叉支部、南投支部、番社支部……這些名單時，一個一個代表23個支部農組的代表，依序高舉著農組的赤旗上台，和六十一年前一樣的場面，會場中歡聲雷動。多年不問世事的昆崙伯眼眶閃著淚光，我和金地伯也都淚流滿面。那個壓抑了他們多年而無法言說的記憶，終於可以大聲說出來了。我總算沒有辜負伍金地老先生以及曾經獻身台灣無產階級運動老同學的期望，那段曾經把被惡意扭曲、被湮沒六十餘年的歷史，終於重見天日。人民的歷史，誰也無法強姦！

小結

我們為重返歷史製作的《台灣民眾黨六十周年歷史證言》及《台灣農民組合第一次全島大會六十一周紀念大會》的報告劇，雖然是從1987及1988年的舞台出發，然而也是近一甲子前的1927年的社會事件發生的現場，一個歷史記憶的現場；民眾報告劇要呈現的是與現實議題結合所形成的脈絡化了的人民歷史，而不是零碎的斷裂歷史。從《怒吼吧，花岡！》報告劇第一次在台灣出現，到《台灣民眾黨六十周年歷史證言》報告劇、《台灣農民組合第一次全島大會六十一周紀念大會》報告劇，這兩次的歷史場景再現，我們深深感覺到民眾歷史記憶充滿強烈的能動性，「即使在國家暴力下被壓抑到黑暗的地底，只要能讓它在舞台重現出來，記憶通過劇場裡的召

喚漸漸形塑出一種在審美經驗上的現實性，深刻讓歷史仍然在持續
中並沒有被分斷，而與現實接連的更是有如找回失散多年的一個熟
悉、相同溫度、可以對話的物件。」這才是民眾劇場通過藝術表現，
能跟廣大民眾結合的真實關係。

二、結合工農運動的民眾劇場，形塑民眾自己的歷史話語

1987年7月15日，束縛台灣長達38年，史上最長的戒嚴終於鬆
綁。同時民進黨於解嚴前1986年底成立後，長期作為反對力量的左
翼團體也醞釀組成工人政黨。海外一批保釣朋友如蘇慶黎、蔡建仁、
林孝信、王菲林都是在那段期間之前返回台灣，與島內左翼同志積
極籌備組黨。這也使得我們在那段期間中，幾乎處於革命前夕的亢
奮狀態。1987年11月1日工黨成立，意味著我們已經不能停留在過去
讀書會儲備知識的階段了，台灣社會急劇變化的現實，要求我們必
須積極地從書齋走向街頭、工廠、農村，如何動員並教育群眾，都
是我們必須面對與展開工作的方向。

解嚴前後，台灣社會爆發的各種政治與社會議題，讓意氣煥發
的我們想要積極把握社會湧動，走進群眾，把「革命」的幹勁展現
出來。各種討論及嘗試都不斷的被提出與實踐，《人間》雜誌的辦
公室，或是王墨林杭州南路的日式宿舍房子，都成為大家聚會的場
所。這樣的討論常常通宵達旦，日式宿舍的榻榻米成為這種聚會的
最佳場所。

1986-87年間，隨著政治管控的鬆動，在台灣的文藝活動中，前
衛的小劇場運動是最為活躍並蔚為風潮的。1987年11月《拾月》[20] 演

20　1987年10月25號由王墨林擔任策劃聯合筆記劇場、環墟、河左岸三

出後，在《人間》辦公室由王菲林召集泛左翼的文藝工作者[21]，召
開了一個內部的有關台灣小劇場運動的檢討會[22]。全面反思了近兩
年來台灣小劇場運動在實踐上的問題，並以小劇場如何與社會大眾
結合爲主題提出批判檢討。菲林尖銳的指出台灣小劇場運動雖然積
極呈現反體制的形式，但卻遠離了台灣社會的脈動，呈現與民眾脫
節的現象。菲林與寶元從馬克思主義的理論出發，提出小劇場的顛
覆性需要結合群眾的力量，期待小劇場應該更貼切吻合台灣的現
實，冀望對當前的社會能發揮更積極的連接作用[23]。

　　在《拾月》演出後作出這樣的總結，就可以看出已經從前面所
作的報告劇，積極思考再延伸出民眾劇場的脈絡了。針對小劇場運
動檢討會上菲林的重炮批評，墨林也進一步探索如何發揮台灣劇場
的活動能量，與台灣社會脈動更能緊密結合。檢討會後僅僅三個月，

（續）

　　個劇團，試圖透過《拾月》這個主題探討國土分裂的問題。因為台
　　灣的中華民國政府國慶日是10月10日，而中華人民共和國的國慶
　　是10月1日，因此以「十月」作為主題，並在10月25日抗日光復節
　　演出。此外，通過這個設定的命題，由三個劇團合作，希望達到展
　　現小劇場聯合實力的目的，並選在台北淡海錫板的廢船廠這個開放
　　空間演出《拾月》，以打破傳統劇場空間，希望可以啟發劇場有更
　　多可能的發展與嘗試。

21　參加該檢討會的有王菲林、王墨林、王俊傑、林寶元、鍾喬、藍博
　　洲等人。

22　林寶元的文章中稱此次的主題定為〈從小劇場到第三劇場〉，見林
　　寶元，〈從小劇場、行動劇場到民眾劇場〉，收錄於《民眾劇場與
　　草根民主》，莫昭如、林寶元編（台北：唐山出版社），頁239-243。

23　王墨林在王菲林逝世後寫了一篇紀念菲林的文章，從〈第三劇場到
　　行動劇場：王菲林對劇場的反思〉見《島嶼邊緣》第七期，1993年
　　4月，頁92-95。菲林在會上的主要觀點可見該文。此外，當時的檢
　　討會記錄由林寶元整理成手稿，暫稱《台灣小劇場運動的檢討會記
　　錄手稿》，該手稿由王墨林及林寶元提供。

王菲林與王墨林立即攜手展開「行動劇場」與「工人劇場」的左翼
劇場的探索。前者的實踐為台灣的街頭抗議活動提供戲劇與遊行結
合的典範，成為台灣抗議活動中不可少的風景線，後者的嘗試與台
灣工人運動的命運一樣，僅僅成為台灣左翼知識分子的美好願望，
但是在那個激情燃燒的歲月裡，也留下了檢驗台灣左翼知識分子孜
孜追求的軌跡。

1.引領台灣街頭運動的《驅逐蘭嶼的惡靈》

　　1988年2月20日由王菲林、王墨林與蘭嶼青年會的達悟族[24]青年
郭建平、施努來一起聯手出擊的《驅逐蘭嶼的惡靈》，稱得上是台
灣首創的行動劇場，也是台灣第一個反核運動（1988年2月20日，蘭
嶼）。

　　2月18日是剛過完春節的初二[25]，由於當時從台北到蘭嶼沒有直
飛的航班，需要湊足20人，才能從台北包機去蘭嶼。為了湊足及分
擔包機機票費用，我也被動員去蘭嶼參與反核運動，親自見證了台
灣第一個街頭的行動劇場。登上飛機一看，全是以《人間》班底為

24　達悟族的舊稱雅美族，起源於1897年時，日本人類學家鳥居龍藏在
　　報告中將蘭嶼稱為雅美（Yami），此後官方皆以雅美族稱呼，但蘭
　　嶼原住民則以Tao（達悟）人為自稱，1980年在原住民族運動開始
　　追求自我認同，開始主張以達悟族取代過去殖民時代稱呼的雅美
　　族。原民會原本也有意將「雅美」改成「達悟」，但該族兩派意見
　　不一，未能通過，最後原住民委員會官方檔仍以雅美稱呼，但括弧
　　加上「達悟」，讓兩詞同時並存。
25　這個日子記得特別清楚是因為，在那個狂飆的歲月，每天從早到晚
　　都有忙不完的活動，父親對我的「神龍不見尾」一直頗有意見。1988
　　年過年，剛結婚不久的大妹在初二要回娘家，而我這個尚未出閣的
　　大姐卻連過年都不在家。爸爸不高興的表情至今還歷歷在目。

主的老朋友及來自小劇場與新聞界的熟人，王菲林（王介安）、王墨林、林寶元、黎煥雄、汪立峽、蔡明德、賴春標、潘小峽等人。18日早上到達後，並會合了從台北趕來幫忙製作了象徵惡靈的六個大木偶的零場劇團的周逸昌及陳梅毛，大家都集合到關曉榮的住處。關曉榮首先向大夥介紹了蘭嶼的歷史與鄉土民情，郭建平也談了這一年多來蘭嶼反核廢料[26]抗議的近況與面臨的困境。關曉榮是《人間》的攝影記者，陸續在《人間》雜誌上進行了一系列有關蘭嶼核廢料的報導; 郭建平則是在島內讀書的達悟族返鄉青年。其後大家商討了抗議遊行中的分工，我被分配去幫忙製作海報、傳單及抗議布條的任務。

此外，我們還特別參加了難得一見的達悟族新船下水典禮與惡靈祭的民俗活動。下水典禮時船主及當地青年穿著丁字褲，在新建的大船四周舉行驅逐惡靈的儀式。達悟族人全副武裝拿著武器來驅逐惡靈。隨後他們抬起大船，拋向空中數次，最後將新船下海滑行，整個大船下水典禮就算圓滿完成。

這些儀式拉近了我們與當地人的互動與瞭解，這次的反核行動也刻意選擇在他們舉辦驅逐惡靈的儀式時開展。將達悟族人的惡靈意象和核廢料連接，讓抗議活動與地方知識作了很好的結合。

活動後，攝影家潘小俠還帶著我去達悟族居住的部落裡，探訪

---

26 台灣的第一座核電廠在1979年正式運轉，在此之前原子能委員會於1974年決定將核廢料儲存於離島的蘭嶼，並於1978年開始動工，1982年開始把核廢料往蘭嶼運送，1988年為了因應核二與核三廠的運轉，政府預計在蘭嶼擴建核廢料處理廠以擴大核廢料的儲存容量，也就是讓沒有享受核能發電的便利的少數民族雅美族，來承受核電垃圾的後果。這引起蘭嶼當地關注生態環境的年輕人反彈，因此　展開「核廢料遷出蘭嶼」的反核運動。

達悟族老人，進一步加深我對達悟族民風的體會。深深感受到讓「這群沒有享受核能發電的便利的達悟族人，來承受核電垃圾的後果」[27]之荒唐，更認識到以台灣資本主義建立的消費文化為中心的核能政策，是如何漠視少數民族的基本生存權益。

王菲林與王墨林不僅忙著與零場劇團的周逸昌籌備《驅逐蘭嶼的惡靈》的行動劇，菲林還在遊行的前一天半夜，用摩托車帶著墨林跑到核廢料廠，在圍牆上用紅色噴漆寫上抗議的「反核」標語。不料第二天早上，這些抗議標語已經非常有效率地被清洗得一乾二淨。

2月20日一早下著濛濛細雨，我們額頭上綁著反核的黃布條，加入穿著傳統的勇士裝的達悟族人的遊行隊伍中。他們戴藤盔、穿戰甲、背匕首、持長矛，展現了堅決保衛家鄉土地不受核廢料污染的決心。抗議演出在示威遊行中進行，象徵惡靈的大木偶走在遊行隊伍的最前方，南北兩路從各個部落出發的隊伍前往核廢料場的大門前集結，行進間冲天炮一起對空施放，驚天動地的聲勢非常壯觀。這次的行動劇場被台灣的媒體稱為是一個「高品質的示威遊行」。

原本在籌畫《驅逐蘭嶼的惡靈》行動劇時，曾考慮在蘭嶼核廢料場前，由達悟族長老及青年以達悟族語言發音來演出報告劇[28]，後來由於抗議活動是在戶外舉行，無法放映幻燈片及廣場上音樂效果的把握等因素，更改了表演的形式。剛開始考慮用報告劇的演出形式，是因為報告劇在台灣左翼戲劇探索中已經有了一定的經驗。而這次的行動劇演出無論從形式到概念都是空白的，完全沒有前期實

---

27 蘭嶼青年會抗議現場散發的傳單，1988年2月20日。
28 民生報，〈搬一齣戲到蘭嶼過年，反核報告劇準備就緒〉，1988年2月15日

踐經驗的積累。正如王墨林後來所言是「摸著石頭過河，找不到形式，也不知道該如何做」。

這次的演出和我們之前的報告劇很不一樣，沒有固定的舞台及事先編寫的劇本，所有參加在遊行隊伍中的民眾都是行動劇的演員。行動劇的內容是把達悟族傳統祭儀中的惡靈與現實的核廢料結合，將反核的抗爭行動以戲劇形式表現出來，兩者相輔相成而產生表演的可看性，發揮對社會議題反思的效應。

正如總策劃王墨林事後總結這次行動劇場的理念「社會是我們的舞台，人民就是我們的演員，社會事件就是我們的藍本」[29]，行動劇場開啟了台灣戲劇表演與社會運動結合的嘗試與探索。

這場行動劇為日後社會運動勃發的台灣街頭行動劇場建立了典範，並掀起台灣島內行動劇場的風潮。例如1988年3月的反盜伐森林遊行，3月16日的農民反美農產品傾銷示威運動[30]，5月20號的農民運動，1989年8月數萬人夜宿街頭的無殼蝸牛運動，1990年3月的野百合學運等社會運動，都運用了行動劇場的概念與形式。台灣街頭的抗議活動中類似大木偶的象徵物及燃放沖天炮，也都是複製《驅逐蘭嶼的惡靈》的形式。「行動劇場」這個名詞，自此以後也就變成了台灣街頭運動中不可缺少的一項文化活動。

2.工黨成立催生《工人劇場》的誕生

解嚴後政治的鬆綁為反對力量的集結創造有利的條件，《夏潮》作為長期的左翼勢力，也積極組織工黨，致力於台灣的勞動階級自

29　民眾日報，〈行動劇場的處女秀，訪王墨林〉，1998年2月25號。

30　陳映真參與了這次的反美抗議遊行，並撰寫了〈豐富生動的功課——316農民反美示威的隨想〉，《中華雜誌》，1988年4月，頁42。

主力量的成長。為了建黨而返回台灣的洛杉磯左翼代表王菲林，回台後一直致力於第三電影的推動[31]。從第三電影的概念延伸到第三劇場，他與王墨林推動台灣的小劇場積極關注台灣現實社會中的工、農議題，攜手在蘭嶼開展了台灣第一個反核行動劇（1988年2月10號）。僅僅一周後，受工黨成立的鼓舞，他們作為積極參與工黨組織與發展的黨員，又進一步積極推動工人劇場在台灣的探索。

在那個狂飆的歲月，對於什麼是工人劇場的內容以及美學的探討都沒有充分的醞釀與討論，就要「撩落去」嘗試。王菲林最早提出工人劇場，在台灣小劇場運動檢討會（1987年11月）上他就發表「要把劇場的工具交給工人自己去做」的觀點，主觀意願上希望成立以工人為主體的劇場[32]。作為劇場導演的王墨林，在工黨機構報《勞動報》創刊號勞工文化版，熱情洋溢的發表了〈勞工文化宣言〉，並宣布了工人劇場的誕生。他期望工黨能致力於「創造一個服務於勞動階級的新文化形態」[33]。

對於工人劇場的嘗試，在工黨成立的「關懷勞工文化之夜」晚會[34]上，大家就迫不及待的開始探索。晚會的舞台上高掛著「台灣勞動者聯合起來」的大字，舞台中間的主背景是由陳菊所捐贈表現

---

31 王菲林本名是王介安，在UCLA學電影後回台，筆名為王菲林（Film）。我們當年看到的最早的中國大陸的電影，例如「黃土地」等，很多都是菲林從洛杉磯翻錄拷貝回台灣的。他回台過通過組織讀書會及放映這些進步的影片對年輕朋友進行教育與組織工作，並積極投入工黨的建黨工作。

32 見注釋23。

33 王墨林，〈勞工文化宣言〉，《勞動報》創刊號，第四版勞工文化版，1988年2月27日。

34 1988年2月27日在台北耕莘文教院，為慶祝工成黨立而舉辦了「關懷勞工文化之夜」。

漁民生活場景的剪紙[35]。從工人劇場要反映「勞動人民生活的真實證言」的立場出發，晚會的內容都是以表現勞動人民生活為主題，包括了由工黨組織的「工黨走唱隊」表演的歌曲（〈團結就是力量〉、〈工農本是一家人〉）、反映工農生活的詩歌（由盧思岳朗誦林沈默的詩歌作品〈送你一把牛糞〉），及原住民盲詩人莫那能朗誦自己的詩歌〈流浪〉、胡德夫演唱〈收穫〉及表現女工英勇抗爭的《雲》朗誦劇，重頭戲則是反映台灣工人抗爭的《工人顏坤泉》報告劇。

　　晚會中以反映顏坤泉與南亞塑膠廠勞資爭議為主題的工人報告劇，是最符合「工人劇場」的雛形。原本按照菲林提出的「要把劇場的工具交給工人自己去做」的觀點，卻由於文化戰線的培養需要長時間的積累，剛成立不久的工黨並無法實現以工人為主體的劇場。因此王墨林只能將工人劇場定位為「成為這個時代勞動人民生活的真實證言」[36]。

　　雖然工人劇場還無法完全由一線的勞動者來擔綱，但是我們仍然臨時組建了工人劇團，基本上還是由我們這些沒有勞動體驗的知識分子粉墨登場演出。連強烈主張把「劇場的工具交給工人自己去做」的菲林，也都主動請纓參加了工人報告劇的演出，與導演王墨林一起參與工人劇場的探索。

　　通過《怒吼吧，花岡！》、《台灣民眾黨六十周年歷史證言》報告劇等的經驗積累，我們認識到報告劇的演出形式中演員不需要

35　我和蘇慶黎在編輯遠望雜誌時期（1988年7月-1989年1月）與蘇姐常常一起在美編王玉靜家裡通宵達旦完成最後的編輯工作。在聊天時蘇姐多次提及與陳菊、呂秀蓮等人是閨中密友，因此工黨成立時陳菊捐贈剪紙作為義賣品表示支持。

36　王墨林，〈勞工文化宣言〉，《勞動報》創刊號，第四版勞工文化版，1988年2月27日。

背台詞，臨場照劇本朗誦即可，不必依賴所謂肢體語言的動作來表達劇情。這樣的演出形式意味著不需要專業演員，每一個人都可以立即變成這齣劇的參與者。在大陳、菲林與墨林導演的鼓勵下，寶元和我這樣從未上過舞台的學院教書匠也都躍躍欲試，嘗試了生平第一次的上台演出。其他的演出者還有盧思岳、王菲林、王永等人。

《工人顏坤泉》報告劇一開始，舞台燈光全滅，首先是〈孤女的願望〉音樂響起，用這首歌曲來反映台灣60、70年代經濟起飛後，離鄉背井的農村女孩到城裡打工的心聲。舞台正中放映以《人間》記者所拍攝深入現場的台灣農民、工人、女工、紡織工人生活及工作的一張張黑白的幻燈片，並通過旁白及音效來表現台灣勞動人民的真實生活狀況。報告劇正是通過這些大量、生動的、現場的照片結合證言來建構劇場表演，拉開了工人報告劇真實而動人的序幕。

工人報告劇反映的是南亞塑膠工廠的工人顏坤泉的真實故事，1987年底由於不滿工會長期被控制，而提出高雄南亞工廠十大弊端的工人顏坤泉被無故免職，卻以高票當選自主工會的理事，他的故事展現了80年代台灣勞資之間的矛盾與鴻溝。報告劇通過當事者的證言與照片來達到對真實人物及歷史事件的模擬與還原。該劇運用旁白敘述及阿坤與工人們作為第一人稱的真實事件的報告，通過一個一個的證言來控訴台灣資本家對工人的剝削及控制。並以阿坤參與自主工會選舉事件來拆穿資本家偽善的面目。在幻燈片打出台灣經營之神王永慶的照片時，觀眾都會心的一笑。當菲林模擬王永慶三姨太裝模作樣的指責阿坤採取激烈的抗爭行動時說到「有事情就用講的，何必這樣呢？」，全場更是笑成一團。最後報告劇在〈快樂的礦工〉歌曲中結束。雖然阿坤與王永慶的抗爭失敗，然而雖敗猶榮，正如報告劇中菲林以第一人稱代表阿坤的台詞「工人是有尊嚴的，是不容欺負的。」工黨的成立，鼓舞著我們天真的相信台灣

工人運動的美好未來。

　　與《怒吼吧，花岡！》及《台灣民眾黨六十周年歷史證言》的報告劇比較，前兩者是反映歷史的報告劇，如今《工人顏坤泉》報告劇的主題，從台灣現實出發，更能反映台灣社會事件的及時性。由於報告劇的演出中運用大量的、深入的、現場的照片與證言來構成劇場演出，因此能準確的反映現實，在運動場域中，及時反映社會事件，更具有傳媒動員效果，增加服務於運動現場的政治訴求。

3.陳映真擔綱演繹工人主題的《雲》朗誦劇

　　《雲》是陳映真寫於1980年的小說，敘述知識分子張維傑與年輕女工們企圖組織工會與跨國公司相互抗衡，以爭取勞工權益的故事。這個朗誦劇由大陳親自上陣演出，他在開場白時表示這個演出是獻給工黨成立的祝賀。他精心選擇《雲》的最後一節，也是最戲劇性的一段〈搖曳在空中的花〉——工人為了爭取權益，動員大家在庫房投票，但是投票當天代表資方利益的廠方全力阻撓自主工會的投票，以及女工英勇反抗鬥爭的過程。

　　朗誦劇借用了報告劇的形式。小說的劇情旁白由大陳擔當，對白的部分則由范振國、盧思岳、韓嘉玲、林惠美等六個人分別承擔不同的角色。舞台上的朗誦者不需要像專業演員一樣背誦台詞，只要拿著小說的台詞朗讀即可。雖然演出空間是黑暗的，不必直接面對觀眾，緩解了像我這樣從未參加過演出的非專業演員的緊張心理。但是因為劇場技術的專業不足，燈光很暗，對於我這樣高度近視眼的人，上台後才發現朗誦的內容在台上看得不是很清楚，緊張得直翻白眼，心裡還是盡可能的默誦台詞。

　　我念的是女工魷魚及小文的角色：「忽然間，幾百隻藍色、白色、黃色，分別標誌著不同勞動部門的帽子，紛紛地、靜靜地舉起，

在廠房、在宿舍二樓、在裝配部樓頂，在電腦部的騎樓上紛紛地舉起，並且，在不知不覺間，輕輕地搖動著，彷彿一陣急雨之後，在荒蕪不育的沙漠上，突然怒開了起來的瑰麗的花朵，在風中搖曳。……」[37]。

最後，在大陳的示意下，台上的我們也高高揮起手。儘管抗爭失敗，但卻象徵著女工小文的覺醒。雖然微弱但卻足以振聾發聵。

1988年2月，蔣經國剛剛過世不到一個月，遠東化纖與桃園客運的兩個工會就揭竿而起，要求年終獎金與合理工作條件，爆發了有史以來首度的罷工潮。1988年2月10號遠化工會爭取年終獎金的抗爭獲得成功，這樣的勝利讓剛剛解嚴後的我們沖昏了頭，不知道資方已經在後面嚴陣以待。大陳在工黨晚會上刻意選擇這段工人抗爭挫敗的故事，是否已經清醒的看到資本主義體系中頑強的力量，給頭腦發熱的我們當頭棒喝！

小結

戒嚴的解除使各種政治議題與社會運動風起雲湧，壓抑了幾十年的社會能量，突然間如脫韁野馬般地湧現。長期蟄伏埋頭讀馬列書籍的我們，總算有大顯身手的機會。探索左翼戲劇與工農大眾結合，一直是左翼文藝工作者所不能迴避的主題，更是我們一直致力通過行動實踐進一步作出總結的探索。

由於解嚴前示威遊行是嚴格禁止的，台灣街頭運動的經驗是一片空白，因此蘭嶼反核行動劇場開街頭抗議的先河，遂成為台灣街頭運動的典範之作。台灣的左翼文藝工作者在將戲劇與社會議題的結合上，立下了開創之功。

---

37 《陳映真小說集4》，〈萬商帝君〉（台北：洪範書店，2001）。

　　然而我們也知道在結合工、農議題的探索上，卻僅僅走了很小的一步。匆匆成立的「工人劇團」才剛剛開始對工人劇場作出一點嘗試，但是由於工黨選擇以運動現場為主要任務，並沒有重視文化工作在勞工運動中的作用，後來更因為工黨的分裂，工人劇場的醞釀與探索被擱置，繼續運作的客觀條件戛然而止，工人劇場只能荒廢在歷史的角落。

三、建立左翼史觀，清算戰後冷戰戒嚴體制

　　台灣的文化構造，是面對冷戰與內戰雙戰結構下的戒嚴令而成長起來的。在冷戰—反共—戒嚴的結構下，台灣在發展過程中，不論是經濟還是文化都以美國作為樣板學習，遠離了自身的人民、土地與生活。先以恐怖手法肅清對社會主義的信仰，使得台灣早在冷戰時期就被編整到最前線擔任反共基地，成為處於美國卵翼下的依賴政體。而內戰帶來戒嚴令的種種規範，也剝奪了人民的主體性，導致民眾文化被閹割中斷。

　　在與日本進步的劇場工作者石飛仁合作之後，我們深刻感受到台灣人民和日本人民一樣，在冷戰結構下對自己的歷史陌生，彷若都變成了冷戰的犧牲者。在冷戰這個階段，台灣被美國編入與南韓、日本共同組成的圍堵防線之列，不僅無力切斷對日的經濟依賴，同時更喪失對日本軍國主義歷史的批評。這也是教科書不書寫這段歷史的重要原因。因此，大陳與我們討論後，決定再乘《怒吼吧，花岡！》之勢，推出追究日本天皇戰爭責任的《延命天皇》報告劇，與另一齣演繹1950年代以肅清左翼為背景的報告劇《幌馬車之歌》。

1.追究日本天皇戰爭責任的《延命天皇》報告劇

　　《延命天皇》是一部從日本戰爭責任出發，「探討日本天皇制與亞洲歷史發展關係的報告劇」。日本良心作家石飛仁，正如其劇場的名字「事實劇場」，他多年來一直致力於「從史實的立場來反思，為什麼戰後只清算西方列強加諸於日本的處分，卻不清算自己加諸於亞洲的戰爭罪惡」[38]。

　　這部劇是他從民眾史的立場出發，批判日本天皇制及日本軍國主義的報告劇，針對日本天皇制提出批判，並反思戰後日本與亞洲關係的歷史糾結。石飛仁語重心長地指出，「台灣人民和日本人民一樣對自己民族的歷史陌生，這都是冷戰結構下的犧牲產物。」

　　通過王墨林熱心地聯繫，這次的演出[39]依舊是由《人間》雜誌社主辦，還有其他八個團體共襄盛舉，包括中華雜誌社、政治受難人互助會、夏潮聯誼會、中國統一聯盟、五月評論雜誌、對日索賠會、中國先驅雜誌社等。報告劇的演出是一系列紀念七七抗戰紀念活動[40]的一環，此外，還放映一部由原一男導演，以追究日本天皇的戰爭責任為主題的紀錄片《怒記戰友魂》[41]，以及福田文昭的反

38　王墨林，〈石飛仁旋風〉，《人間》，1988年8月號，台北，頁147-152。

39　《延命天皇》1988年7月14日在台北耕莘文教院演出。

40　一系列活動中，還有1988年4月，陳映真任中國統一聯盟主席，10月24日由統盟向日本在台協會發起的抗議活動，要日本天皇向中國人道歉。大陳站在日本在台協會前高舉「生前懺悔、死後安息」，此外，還有「日本人對不起全體中國人應該道歉」的標語。

41　原一男導演的紀錄片日文原名是《前進吧！前進，神軍》，中文翻譯是陳映真先生命名為《怒記戰友魂》，這是考慮在台灣放映適合中國人的中文翻譯。2018年5月在台北觀看國際電影展時，看到原一男導演的《怒記戰友魂》也參展，該片的片名延用了當年大陳的

思戰爭的攝影展。報告劇之後一天，大陳還主持了一場日本天皇制與戰後責任座談會（1988年7月15號），邀請石飛仁與我台大的論文指導教授許介鱗先生、繆寄虎及何偉康等台灣學者，針對戰後國民黨政府放棄對日的戰爭索賠提出質疑與批評。這一系列的安排，希冀從日本進步知識分子對天皇的反思與凝視，讓40多年來被美日通俗文化所支配的台灣社會，對戰後歷史有新的理解。

這次的演出，大陳不僅親自翻譯《延命天皇》報告劇的劇本[42]，在石飛仁的盛情邀請下，大陳也披掛上陣，在劇中擔綱。大陳的聲音渾厚而富有感情，非常適合朗讀報告劇。排練從早到晚，常常忙到深夜，大陳從頭到尾都參與其中。在排練中還不斷和我們討論劇本內容所表達的意涵。報告劇的劇本是石飛仁創作的，來自日本的朋友擔當了幕後工作，演出除了有大陳外，台灣方面有歷史研究者的我及河左岸劇團的黎煥雄與林月惠，四個人代表著台灣不同世代、不同專業的人共同參與對這段歷史的學習與認識。通過重新橫跨中日兩國被政治化的近代史，共同尋求造成我們民族分裂的原點。

2.強烈表達台灣人民對日本天皇的戰爭罪責

演出不僅讓觀眾認識這段歷史，演出者自身通過閱讀與朗誦和這段歷史的對話，同時也是扮演了在現實間與歷史對話的民眾。對於一個近代史專業的研究者與教學者的我，參加報告劇演出及一系列的紀念活動有如一次思想的洗禮。這些經歷讓我跳過簡單的抗日、反日的歷史觀，重新認識在冷戰結構下的台灣如何面對民族分

（續）

翻譯名稱。

42 石飛仁原著，陳映真翻譯，〈延命天皇〉，《人間》，1988年7月號，台北，頁169-177。

裂的歷史。

　　因為一起演出排練，而有更多機會能和大陳共同學習與討論，
演出後大陳希望我針對即將逝世的日本天皇裕仁，寫一篇總結戰爭
責任的抗議文章。一則是呈現我研讀這段歷史的學習作業，更重要
是一定要表達受害的台灣人民對日本侵略者在中國大陸以及台灣所
犯下罄竹難書的戰爭罪責的控訴，即使我們都很清楚日本天皇一定
是「至死也不悔改」。

　　在裕仁逝世的兩個多月前，我在《自立早報》正式發表了〈裕
仁天皇應向台灣人民致歉〉一文，從對天皇體制的檢討來強調天皇
的戰爭責任，並明確提出裕仁天皇應向台灣人民致歉的觀點[43]：

　　　　在位長達六十三年的裕仁天皇將步入生命的尾聲。在四十二年
　　　　前的東京大宣判中，裕仁天皇巧妙地運用了美蘇對立的情勢而
　　　　躲過了歷史的宣判及戰爭責任。可是受盡日本侵略禍害的台灣
　　　　人民，沒有理由規避歷史，我們要追究侵略戰爭的責任問題、
　　　　追究在天皇支配統治下的台灣，他所應負起的責任。

　　我寫完這篇追討文的27年之後，也是在紀念抗戰勝利七十周年
的2015年，中國大陸的官方媒體新華社，也發表了〈誰應為日本侵
略戰爭罪行謝罪〉，文章說到「日本天皇從明治維新到二戰期間，
權力達到巔峰。裕仁天皇在位時指揮策劃日本相繼發動侵華戰爭和
太平洋戰爭，是侵略戰爭的罪魁禍首。」並進一步指出，「裕仁天
皇一直到死也沒有對日本侵略過的受害國和人民表示謝罪之意」；

43　我以筆名汪驊發表，〈裕仁天皇應向台灣人民致歉〉刊登於《自立
　　早報》，自立副刊「回應與挑戰」專欄，1988年10月27日。

中國大陸官方代表中國人民，正式向日本提出天皇及其後繼人應該向中國人民道歉[44]。

3.高舉社會主義旗幟，重審50年代《白色恐怖》的歷史證言劇

　　1989年3月成立的勞動黨，在當年的選舉公開推出「悲情台灣，需要一個社會主義政黨來制衡」的口號，並共同推舉四位社會主義聯線、勞動黨候選人，主張以社會主義來建立台灣真正民主與平等的社會。這是台灣40年來首次公開出現「社會主義」的政治號召。10月24日，在台北大同區公所的禮堂，為勞動黨台北市候選人王津平的造勢活動，以及舉行重審50年代白色恐怖的活動中，陳映真與王曉波教授分別以「為一段被湮沒的歷史要求復權」及「社會主義與台灣：兼論50年代的白色恐怖」為題做了發言。同時由陳映真、王墨林、藍博洲、鍾喬、范振國及韓嘉玲等人籌組的人間民眾劇團，演繹了以1950年代左翼肅清為背景的報告劇《幌馬車之歌》，此劇由藍博洲編劇，王墨林導演。故事講述50年代基隆中學校長鍾浩東，在赤色整肅席捲全島時，他受難並且從容赴刑的故事。演出中范振國扮演國民黨的劊子手，拿著手槍槍決王墨林扮演的鍾浩東。演出前扮演者王墨林還刻意地選擇了紅布條將眼睛蒙上，象徵著犧牲在白色恐怖下的紅色左翼。

小結

　　80年代引起最多也是最大紛爭的議題，總的說跟如何認識台灣史有關，不同的歷史觀當然跟不同的意識形態有關，因此歷史若不

44　新華社，〈誰應為日本侵略戰爭罪行謝罪〉，http://news.xinhuanet.com/mil/2015-08/25/c_1116366796.htm

用辯證的方法來看就會產生單一的歷史面向。尤其在冷戰體制下的
反共史觀，更是完全遮蔽了左翼歷史反資反帝反殖的民眾性立場。
所以，在日本昭和天皇離世之際，我們身為台灣的左翼也必須追究
天皇的戰爭責任，不只讓台灣人，更讓亞洲人民重新審視這一場法
西斯戰爭並未完全結束。現在我們仍然身處於冷戰的階段，就必須
從這裡出發，梳理歷史，作出我們人民對軍國主義戰犯的審查，除
了《延命天皇》，也須延伸出戰後反共政權對台灣左翼運動的迫害
歷史，這就是運用民眾劇場把湮沒的民眾史重新回歸到人民的眼前。

四、從內部走向外部，開拓進步力量的文化戰線

　　以《人間》為團隊的文化戰線，從1986年開始一直探索台灣左
翼的戲劇運動，雖然在工人劇場的嘗試上沒有足夠的積累，但卻發
展出報告劇以及行動劇場兩個具體的客體，同時進一步將左翼的文
藝理論與實際，從內部走向外部，向《人間》的同仁之外擴展。

1.再現霧社事件的報告劇：《射日的子孫》

　　1990年是日本殖民統治下發生霧社事件，對台灣原住民血腥鎮
壓六十周年。霧社事件是台灣原住民抗日的悲壯史詩，是認識日本
軍國主義對台灣殘酷的剝削和掠奪的重要歷史題材。經歷了《台灣
民眾黨六十周年歷史證言》的報告劇、《台灣農民組合第一次全島
大會六十一周年紀念大會》報告劇的經驗，我們認識到通過歷史證
言的表現形式的感染力，這也是我們最熟悉的民眾戲劇形式，因此
在霧社事件六十週年，再一次運用報告劇的形式讓台灣民眾與台灣
歷史對話。

　　霧社事件報告劇《射日的子孫》演出兩場，第一場選在霧社事

件發生的前夕（1990年10月26日），在台北的台大視聽館，另一場
演出選在事件發生的六十周年紀念日（1990年10月27日），在南投
霧社事件紀念碑前的歷史現場。

　　從《怒吼吧，花岡！》報告劇以來，因為運動的需要，報告劇
這種表現的形式，我們已經積累了多次的演出經驗，然而一直都是
以《人間》同仁作為推廣這種民眾劇場的班底。小劇場運動產生多
元的變化時，劇場專業的提升也愈來愈需要，然而限於這個班底大
都以文字工作者為主，無法更為有效地運用專業人材，將我們的理
念及時生產，演出作品，結果就是拓展不出更有機性的行動。

　　《射日的子孫》霧社事件報告劇這次的演出，雖然以台灣民眾
工作室的名義擔綱，但並不是以《人間》的班底為主的內部活動，
而是由曾經參與過《怒吼吧，花岡！》報告劇，來自前衛小劇場河
左岸的團隊及台大受精卵成員一起參與演出。我們為了要擴大影響
面，讓更年輕的小劇場人員與我們一起合作。我們希望通過這樣的
合作，讓前衛的小劇場工作者認識報告劇這種屬於民眾的戲劇形
式，將進步的文化戰線拉到外部大環境中，接受現實的考驗。

　　《射日的子孫》由陳映真、明立國、關曉榮等擔任顧問，朱高
正贊助了這次的演出，鍾喬擔任製作，王墨林參與策劃，並邀請《人
間》的年輕作家藍博洲編劇，黎煥雄任導演。我雖為劇場門外漢，
但因前期多次參與報告劇的經驗及負責後勤、總務等事宜，而被編
派了舞台監督的名義。其實作為歷史研究者，我主要負責的工作是
把霧社事件的歷史照片製作成幻燈片，並協助年輕的前衛劇場工作
者更好的掌握這段歷史。演出前我和墨林與煥雄的團隊還前往霧社
當地采風，並訪問耆老等[45]。漫畫家邱若龍還親自為《射日的子孫》

45　為了收集論文資料，參加了2018年5月8號在台北師範大學一場「身

報告劇繪製了精美的海報[46]。

2.反思台灣史的政治劇:《割功送德:台灣三百年史》

　　將進步的文藝戰線拉到現實中,另外一個例子就是1989年8月25-28號在士林社子的廢沙場出現台灣第一個帳蓬劇,《割功送德:台灣三百年史》(王墨林策劃,田啟元導演,臨界點劇象錄演出);在士林的廢沙場臨時搭了一座台灣婚喪喜慶用的台式帳蓬,將廢沙場當作舞台,完整地建立了一座人工的民眾劇場。這是王墨林在日本看了反體制劇場人士櫻井大造的帳蓬劇後受到影響,回台後與臨界點劇象錄共同創造出一個異質性空間的實驗。

　　在臨界點有一羣年紀只有20歲左右,從事小劇場前衛演出的年輕人,他們質疑70年代以後台灣「經濟奇蹟」的神話,換得對文化的漠視、對社會正常發展的犧牲,他們希望重新去審視台灣歷史,重新思考什麼是「國家認同」?

　　1989年初王墨林找到我,希望研究歷史的我能承擔起這樣的重任。帶著好奇的心理,我和這羣年輕的學生開展了長達6個月,每週一次有關台灣史的讀書會。經過了半年的醞釀,在士林社子的廢沙場由臨界點劇象錄成功的演出了《割功送德:台灣三百年史》。在

(續)————————————————

　　　體仍在現/隱身:王墨林與黎煥雄的劇場對談」的講座。煥雄與我
　　　將近30年未再見面,一見面聊天他還特別提及難忘當年一起參與報
　　　告　劇以及去霧社采風的點點滴滴,也勾起我對這段歷史的記憶。
46　提醒我們有這份海報的其實是趙剛,2017年在廈門開陳映真研討會
　　　聊天時才赫然發現,我們其實在1990年台大的演出時就已經見過
　　　面,只是相互並不認得。他提及當時有一個精美的海報。我從1991
　　　年赴笈北京,搬過多次家,在台灣時的許多資料多半沒有保存。只
　　　好求助老戰友王墨林,很幸運的剛好他正在整理材料時,從一堆舊
　　　資料中尋覓到當年的珍貴海報。

公演前的宣傳單上，他們對台灣文藝界提出了高調的批判，並提出自己對劇場的看法與美學立場[47]。同時，這次演出明顯的高舉反法西斯、反美、反資的鮮明立場，是少見的戰後台灣年輕世代旗幟鮮明的反美政治劇場。這部戲無論在內容與形式上均有大膽前衛的表現，也引起小劇場、藝文界及反對運動人士的注目。

3.工運與學運聯手演繹《悲情城市真實版》政治報告劇

由於盧思岳在擔任中學教師時即參與1986年的鹿港反杜邦運動，加上夏潮、勞動黨系統在台中成立中部勞工服務中心由盧思岳負責，鍾秀梅協助，因此除了工運與農運之外，也一直將經營台中地區的大學生異議社團納入工作之一。其中東海大學的「東風」、「東潮」社團即是重點對象，雙方一直維持密切的互動與協作關係。夏潮系統多次組織營隊培訓學生，先有以農民運動為主題的興農山莊營隊[48]，其後有為參與1989年解嚴後第一次立委選舉的利巴嫩山莊營隊。當時夏潮系統的培訓相對其他政治團體，更強調文化與弱勢階級的權益。

施威全在此段期間，深受《人間》影響，於東海大學成立了人間工作坊比東風、東潮更強調左翼的立場。參與的有施威全、沈發惠、郭紀舟、陳政亮、蔡其昌、劉桂蘭、尤雯雯……等人，他們全體成員都會唱〈國際歌〉[49]，即是由盧思岳所教授的。在盧思岳舉

---

47 臨界點劇象錄，《割功送德：台灣三百年史》演出前的話，《遠望》雜誌，1989年9月，台北。

48 我參加了興農山莊的營隊培訓，為大學生社團的進步學生介紹了有關台灣農民組合的歷史，此外還有盧思岳、范振國及王墨林等人參與了該次營隊的培訓工作。

49 即使1987年解嚴之後，台灣的學生對《國際歌》還是非常陌生的，

辦的參選立委文藝晚會中（地點在台中四育國中禮堂，講演者有林書揚、陳映真、王曉波等人），以人間工作坊為主的團隊還製作了一部政治報告劇[50]。

　　由於1989年《悲情城市》榮獲威尼斯影展金獅獎，在台掀起一陣熱潮，但導演侯孝賢在片中表現50年代白色恐怖的手法相當隱晦，激發了人間工作坊製作《悲情城市真實版》的報告劇。他們採取事前用報告劇形式錄音，演播時再搭配舞台幻燈片形式播放。其內容以《人間》雜誌刊登的林志潔等人的白色恐怖口述歷史為基礎，輔以場景音效與對白（如從監獄中提領死囚上刑場的腳鐐聲、法官與政治犯的法庭詢答……等），穿插左派政治犯赴刑場的歌曲〈安息歌〉及電影悲情城市的配樂來進行。參與這一出報告劇製作的人有：盧思岳、施威全、尤雯雯、林一明[51]以及一位原建國中學化學

（續）────────────────────

只有認同左翼思想的學生才會刻意的去學習並試圖傳播。《國際歌》解嚴後第一次在台灣的公開場合被傳唱，就是這些受《夏潮》與《人間》思想影響的進步學生，在1989年春夏之交，分別在台大校園及東海校園公開播放。甚至還帶進了中正紀念堂的大型聲援學生的活動現場。

50 人間工作坊製作的另外一部政治報告劇是《重現天安門》，鑒於台灣的媒體不能客觀的報導新聞事件，因此在盧思岳的帶領下，人間工作坊到台北參加政府動員學生在中正紀念堂的大型活動後，立即到台北復興南路的勞權會辦公室，在臨界點劇象錄曾啟明的錄音指導下，根據香港《大公報》及《文匯報》裡學生的口述資料錄製了《重現天安門》報告劇，並製作成錄音帶，在隨後中部地區的學運現場販售。有了這次的製作報告劇的經驗，《悲情城市真實版》是在這個基礎上製作的第二部報告劇。

51 林一明當時是中山醫學院的學生，並不是東海大學的學生。可見人間工作坊雖然以東海大學的學生為主，主要還是一個跨校以左翼思想為主的社團。他於1996年到2002年期間擔任人間出版社總編輯工作，同時是大陳的辦公室行政負責人。這段內容主要是根據對林一

老師鄭文正（詩人鄭愁予的弟弟）。

　　總之，以台中積極參與社運的大學生為主，在盧思岳的組織及王墨林南下幫忙培訓後，他們延續報告劇《幌馬車之歌》的基調，自行製作了「形成自己的形式」[52]的《悲情城市真實版》報告劇。這裡所謂自己的形式，就是指他們採取事先錄音的廣播劇，搭配幻燈片播放與音效搭配所呈現的報告劇形式。

　　從《悲情城市真實版》報告劇的成功演出，充分展現了報告劇形式的民間性及人民性。只要有人略為提點，並不需要使用嚴格的戲劇形式，不需要專業人才就可以自己幹起來。

小結

　　《人間》停刊後，原本以雜誌為根據地，從內部走到外部，在80年代末期促成了陳映真一直關心的左翼文化戰線，其中不只有人間同仁的參與，也有學生社團或小劇場年輕人從報告劇、行動劇一路下來，從中繁衍出以社會或政治議題為創作主旨的各種戲劇形式。

　　從以人間團隊為主組成的台灣民眾文化工作室，與台大受精卵及小劇場河左岸共同合力創作的《射日子孫》，到由年輕劇場工作者臨界點劇象錄製作的對台灣史尖銳反思的《割功送德：台灣三百年史》，再到由中部大學生進步社團自己組織的《悲情城市真實版》報告劇的成功演出等，可以看到以大陳為主的人間團隊，一直致力

（續）——————————————

　　　明與盧思岳提供的資料基礎上形成的。

52　林一明回憶：在製作此劇之前，王墨林先期為我們幫助甚多，他給
　　我們帶來了很多行動劇的觀念，廣泛來說也能算是王墨林對此劇的
　　完成有提點之力。我記得演出當晚，王墨林對我說，「你們自己也
　　形成了你們自己的形式」，指發展中另一種以錄音與幻燈音效搭配
　　的報告劇形式。

於在文化戰線上開展並培養一支進步的文化工作者團隊。

五、陳映真對台灣民眾劇場的貢獻

　　《人間》雜誌雖然於1989年9月停刊，但是以大陳為核心的《人間》班底並未散去，先後以人間民眾劇團及台灣民眾文化工作室等載體來繼續開展文化戰線上的戰鬥。人間民眾劇團並不是一個具有規劃及專業演出的劇團，而更是屬於社群性的一群人對民眾戲劇有一種主張與方向。人間民眾劇團的名稱不斷變化：從演出《怒吼吧，花岡！》報告劇時使用人間世劇團，到《台灣民眾黨六十周年歷史證言》報告劇時用人間劇團；《工人顏坤泉》報告劇時又改用的工人劇團、勞動黨五一活動時成立的五一劇團、勞動黨選舉時使用的螞蟻兵團、《幌馬車之歌》報告劇時使用人間民眾劇團，到《射日的子孫》時使用台灣民眾文化工作室。名稱的變化，說明了這些組成分子的臨時性、業餘性及流動性，是針對現實運動的需要而形成的任務編組，是一種臨時性、有針對性的非專業劇團，其實更為接近1930年代抗日戰爭時期，大陸陝甘寧邊區成立的大量的民眾劇團。這類業餘表演隊伍的演出直面抗日這樣的社會議題，借用民間在地的民俗、曲藝、節慶的表演形式，由當地民眾自身發動和組成。三十年代興起的民眾劇團，正是嘗試把戲劇的表現對象和服務對象轉向勞苦大眾，以符合戲劇的大眾化原則。這也是演出排練中，大陳常常津津樂道與我們討論的話題。

　　但是諷刺的是，近年來在大陸盛行的民眾劇團，卻把這個當年我們借用大陸的概念而使用的名稱，說成是舶來品，並積極學習台灣及西方民眾劇團的經驗。這都是因為隨著中國的經濟發展，國力的日益發展，卻也對中國左翼運動的歷史漸漸不再提及，同時受到

西方文化的影向，終至無法建立對自己曾經創造的文化產生認同的信心。

　　《人間》停刊後，陳映真經韓國友人介紹，找到了擔任過雜誌編輯及外文系畢業的鍾喬，於1990年到韓國去參加民間劇場「培訓者培訓」工作坊，鍾喬回來後跟大陳與同仁們在《人間》出版社大陳的辦公室[53]作了一個非正式的心得報告。當時大陳也談到在《人間》雜誌期間，我們從1986年以來，《人間》團隊在戲劇大眾化的探索歷程及民眾戲劇在社運場域的實踐，應該總結前期的經驗並且更進一步創造出一個跟韓國民眾劇場一樣的平台。大家討論之後，就成立了台灣民眾文化工作室，活動空間就設立於《人間》出版社。當時參與的成員尚有鍾喬、王墨林、李文吉、林寶元、藍博洲等[54]，希望以此變成一個文化戰鬥隊伍。可惜由於各種因素使得這個隊伍無法成形。

　　此時此刻來回顧這段歷史，台灣民眾文化工作室的成立是在《人間》雜誌停刊之後，也可以說是陳映真繼《人間》之後，對左翼文化戰線的轉進，這當然跟大陳對韓國80年代新左翼學生運動的觀察有關，我想更應該是他於70年代對《劇場》雜誌的總結之後，在90

53　《人間》停刊後，大陳的辦公室就搬到了潮州街的人間出版社。

54　《人間》團隊中從一開始就積極參與民眾戲劇探索的王菲林，工黨分裂後較少參與社會運動，1992年病逝；盧思岳，由於在1990年3月後就到台灣時報擔任記者，後來還升任台灣時報的政治組組長，於是逐漸淡出夏潮系統的活動；范振國則於勞動黨成立後忙於黨務工作，脫離了文化戰線；我也在1990年秋天考上北大歷史系的博士班，準備前往北京深造，1991年元月赴笈北京。赴京前除了參加從台灣民眾文化工作室名義製作的《射日的子孫》報告劇的一些工作外，就沒有再參與更多從台灣民眾文化工作室的活動。

年代對當年〈現代主義底再開發〉[55]一文的回應。

90年代末，台灣劇場界掀起由「外來論述」構成的民眾劇場論述。而事實上，早在80年代，已經通過社會實踐發展出來的本土民眾劇場，卻在歷史的遺忘中，被各種外來論述剝奪了它應有的話語權。

1986年解嚴前後的台灣社會，急欲擺脫歷經38年之久的戒嚴壓制，於是借民主之名，變成充滿各種精神解放的慾望。當時社會迷漫著各種急躁、盲動的集體氣氛，與要求改革政治體制，混合而成一股交纏不清的力量。

80年代興起的左翼運動，在眾多社會改革勢力中，曾經扮演著銳不可擋的重要角色，但是到這個階段，左翼勢力卻漸漸偃旗息鼓。

曾經意氣風發活躍在各種社會運動中的左翼文化隊伍，為何反而無法在這個階段再生產出新的動力出來呢？我個人以為有以下幾個因素：

一、在運動過程中，因為要應付手頭存著的許多突發性問題，每個人都處於某種工作的亢奮狀態，所有的工作都變成任務編派，缺乏冷靜的時間思考、更為周密的策略，及總結更現實的具體問題。

二、成立左翼政黨後，一切發展運作都讓位於選舉，使得選舉變成民主運動的有效成果，就更忽視對文化戰線的推展工作。

三、1989年以來東歐的劇變，形成的所謂「蘇東波」現象，全世界的社會主義運動受到重創。尤其當資本主義強力推廣全球

55 許南村，〈現代主義底再開發──演出《等待果陀》底隨想〉，1965年12月《劇場》第4期，1965年12月31日。

化，新自由主義漸成主流之後，充滿消費意義的個人主義，就
取代左翼運動所強調對社會現實的反映。

四、80年代興起的「左右論述」，從90年代開始，因政黨更迭的
因素，轉化為統獨鬥爭的二元對立，文化上製造出大量民粹主
義的政治正確，取代了對台灣社會性質討論的現實主義。二元
統獨對立，將左右觀點的立場愈趨模糊化。

在台灣80年代小劇場運動史中，從報告劇、行動劇場到民眾劇
場[56]，構成一支重要的脈絡，在左翼劇場的推動中，具有承先啟後
的作用。即使現代劇場隨著歷史已然翻轉走上商業化，但今天重提
這段左翼劇場的脈絡，面對人事所經歷的滄海桑田，這些記述更令
人倍感珍貴。尤其在大陳離開我們的今天，也令人感懷他曾帶領我
們向前行的足跡。

後記

1991年我赴北京大學讀博，對於一個已經在大學任職的我，必
須辭去好不容易拿到的專任教職，父母與多數的人都不理解，但是
在大陳、曉波老師與蘇姐的鼓勵下，我還是毅然下了決心。特別是
大陳的鼓勵，他一直認為台灣的左統派年輕人應該要認識與瞭解祖
國。每次回台灣，由於父母家就座落在永康街，因此方便我去位於

---

56 在初期階段，民眾劇場的論述尚未被建構起來，這個名詞只能算是
   作為特定意識型態表現化的載體，到了後期報告劇及行動劇場通過
   具體實踐，成為獨立的表現形態，並發展為各自一套論述時，實已
   脫離民眾劇場所限定的範疇，但必要時它們仍可放置在民眾劇場的
   脈絡之中，以顯示其具備民眾性的性質。

潮州街的《人間》出版社探望大陳，更重要的是可以和他談在大陸
生活後所遇到的種種思考，我們的話題總是圍繞在大陸發展的現
狀，發展路線、社會變遷、社會性質及未來的可能性。

　　我到北大讀博期間，同時也積極參與了「滋根」在中國大陸有
關農村貧困與農村教育的行動與研究。隨著中國的城鄉人口大移
動，從1999年起開始逐漸關注進城的農民工及其子女教育的情況。
2000年我在北京的城鄉結合處，調查了50所的農民工學校及2000多
名的農民工子女，由於這樣的研究幾乎是開創性的，因而獲得了國
務院的批示，並進而參加了2003年國務院一號文件起草中的前期調
研工作。當我將這特殊的經歷與大陳、蘇姐、曉波老師分享時，他
們都為我作為一名來自台灣的研究者能真正的參與到國計民生的政
策調研中，並沒有被當成外來者而可以加入到祖國的發展建設中，
能為底層百姓發聲，盡到知識分子的一份責任而感到欣慰。

　　2004年5月我受邀鳳凰衛視的《世紀大講堂》，講述關於中國大
陸流動兒童教育的專題演講。除了家人，我並沒有告訴任何其他的
台灣朋友。在2005年春節回台灣時，當時由於調研工作任務繁重，
我的時間匆匆，沒有像往常一樣去出版社看望大陳，只在桃園機場
離開前，打了電話和大陳告別。沒想到大陳第一句話就說他在電視
上看到了我的演講，並鼓勵我一定要繼續把這個重要的議題好好研
究下去。不料這就是我和大陳最後的通話，電話那頭的語音彷彿還
在耳邊，那裡知道這竟是他給我最後的叮嚀。

　　2016年9月9日與12日，就在大陳離開我們的三個月之前，我和
老戰友王墨林以保釣歷史為主題的《美麗的島・美麗的人》報告劇
在北京清華大學圖書館報告廳與台灣會館公開正式演出。這是第一
次以台灣歷史為主題的報告劇在中國大陸出現。我們很欣慰看到兩
岸年輕人（大陸學生及大陸的台生）一起學習，共同演繹了這段20

世紀70年代台灣青年學子從島內到海外，掀起海外狂飆的保釣運
動，一起重新檢視那段青春不悔的歲月。在排演時，學生也一起與
我們重溫我們年輕時在台灣演出報告劇的經歷。有的參與的研究
生，研究的就是陳映真，大部分的演出者也都閱讀過大陳的小說。
雖然近在咫尺的大陳無法親眼看到我們把報告劇的歷史傳承交接到
這些新世代的年輕人手上，但我能清楚的知道如果大陳在，一定會
一如既往以飽含深情的目光和帶著感情的聲音，用您溫暖的手掌拍
著我們的肩膀，給我們打氣加油一樣。

　　大陳，我人生中重要的導師，感謝您，給我們這樣的機會，讓
我們在追思您的同時，還能重新認識歷史，並能與您留給我們的精
神一起共同奮鬥前進。

　　韓嘉玲，從事歷史研究與農村教育研究，關注並致力於中國大陸
弱勢人群社會公平議題。著有《社會發展的理論與實踐》、《播種
集：台灣農民運動人物志》以及關於流動人口、農村扶貧政策、城
市流動兒童教育的論文多篇。

中國憲法、黨與人民：
兼評高全喜的政治憲法學

鄭 琪

　　政治憲法學是中國大陸近十年來非常引人注目的一個憲法學流派。它提出了一種全新的問題意識和方法論來理解中國憲法。與受意識形態支配的傳統中國憲法學、以及「躲進紙上的憲法條文和西方諸國的憲法規範裡自我沉吟，探幽覽勝」的憲法解釋學和規範憲法學不同，政治憲法學「不再關注憲法條文的規範性解釋，不直接援引政治性的意識形態口號，也不看重憲法的司法化改革路徑，而是直指中國憲法的結構、創制權及其背後的憲法精神，以及憲法的內在動力機制，並把這些問題歸結為『政治憲法』的議題。」[1]

　　不過，儘管政治憲法學的學者們共用了問題意識和方法論，但這並不意味著他們是沒有差異的。該流派的代表人物之一高全喜教授就曾說，他和另一位著名的政治憲法學學者陳端洪之間的差別「從某種意義上遠遠大於我們與規範憲法學及憲法解釋學之間的差別。」[2]由於政治憲法學內部的各種分歧與差異，這使得對作為一個流派的政治憲法學進行評述頗為困難。因而，本文將只分析和探討高全喜

1　高全喜，〈政治憲法學的興起和嬗變〉，高全喜，《政治憲法學綱要》（北京：中央編譯出版社，2014），頁4。
2　同上，頁4-5。

的政治憲法學以及他對中國憲法的認識，對於陳端洪的觀點，筆者曾另撰文評述，此不贅敘[3]。

高全喜的政治憲法學始終堅持一種規範主義或規範性的維度。儘管他從來沒有明確地對他所反覆強調的規範主義或規範性下過定義，但我們仍可從他的論述中獲得較為清晰的認識。規範主義或規範性指的是憲法的「政治合法性與正義性」[4]，而它的目的在於限制或馴服政治權力[5]。因此，在高全喜的論述中，政治憲法學一方面要關心權力政治與憲法的關係、憲法的起源等核心問題，另一方面也要探索馴服權力的機制和道路。正是基於他對政治憲法學「應該如何」的定位，他在解釋中國憲法的時候就竭力挖掘中國憲法內部所具有的走向立憲主義的規範性因素。他認為，這種內在的規範「種子」，將使得中國憲制從非常政治到日常政治的轉變成為可能。不過，應該注意的是，高全喜著作中對政治憲法學的定位與對憲法的認知之間的關係並非是單向的。事實上，他對憲法是什麼的理解也決定了他對政治憲法學的定位。在他看來，「不關注或漠視規範價值的憲法只能是強權的邏輯，而不是憲法或憲政的邏輯」[6]。這樣，作為憲法的中國憲法自然就有其規範的價值，相應地，研究中國憲法的政治憲法學，也應關注其規範主義的維度。

然而在我看來，無論是高全喜對政治憲法學的規範性定位，還是他對憲法應該是什麼的理解，在某種程度上都遮蔽了中國憲法的

3　鄭琪，〈論制憲權、人民與憲法〉，《開放時代》，2012年第11期，頁126-134。Qi Zheng, "Chinese Political Constitutionalism and Carl Schmitt," in *Carl Schmitt Studien*, No. 1, 2017, pp. 43-54.
4　高全喜，〈政治憲法學的興起和嬗變〉，頁27。
5　同上，頁18。
6　同上，頁23。

本來面目。這是本文的第一部分首先要分析與批判的。與高全喜不
同，我想基於一種完全中立的立場，如其所是地去認識和解讀中國
憲法。在我看來，中國憲法並非是一個過渡性的憲法。從其根本的
結構（如黨國關係）來說，它是非常成熟和穩定的。如果從黨和人
民的關係來考察，我們會發現中國的憲法政治結構可以看成是一種
新式貴族制。所謂新式貴族制指的是一個政黨是統治者或制憲權主
體，而其餘的人們則是被統治的對象。這是第二部分所關注的內容。
而在第三部分，本文將提出，儘管這種新式貴族制有其理論上的合
理性，但在現實中卻存在著一個無法解決的難題。

一、作爲政治憲法的中國憲法及其規範主義

　　為了理解高全喜對中國憲法的認識，我們必須重新回到他對政
治憲法學的定位，因為他是根據政治憲法學的問題意識和方法論來
重新認識和闡釋中國憲法的本質的。政治憲法學的問題意識與方法
論在於，它「以『政治憲法』為中國憲法學的核心問題，通過一種
生命—結構主義的方法論，試圖對中國的百年憲制，尤其是中國共
產黨領導中國人民創制的共和國憲法，給予一種真實的揭示，並訴
求其未來的憲制改革。」[7]因此，政治憲法學的問題意識是想要認識
在中國實際地運作的憲法；而從方法論的角度則是通過關注「政治
性」、「政治與憲法的關係」、「人民、革命、制憲」等問題，來
理解中國憲法的過去、現在和未來。
　　基於上述問題意識與方法論，高全喜指出中國的政治憲法學有
兩個任務。首先，政治憲法學要探究憲法的產生機制以及其中的憲

7　同上，頁4。

法與政治的關係問題；而具體到對中國憲法的認識，政治憲法學需要「直面中國憲制的真實規則，看清其中實際運作的權力規則體系以及動力結構，進而搞清楚中國的這一現行憲制是如何產生、演變與落實的⋯⋯首先需要研究中國憲法的構成原理，其作為政治憲法的前世今生。」[8]其次，政治憲法學與規範主義有著緊密的聯繫。前者必須訴諸後者，「必須從政治現實主義走出來，必須建立自己的馴化權力的規範體系，這才是憲法學，而不是政治學（現實主義意義上的）。」[9]在高全喜看來，如果政治憲法學缺乏規範主義的維度，那麼它就淪落為現實主義意義上的政治學，也就是為強權政治辯護的意識形態政治。而政治憲法學作為一種憲法學，「必須預設其政治的先在性或優先性，但又並不屈服於政治學，而是馴化政治，從政治中推導出立憲主義和規範主義。」[10]因此，高全喜指出，「從某種意義上說，政治憲法學既是一種規範主義，又是一種憲法解釋學。政治憲法學不可能離開規範主義，也不能脫離憲法解釋。」[11]

在高全喜的論述中，中國現行的八二憲法是政治憲法。何謂政治憲法？高全喜寫道，政治憲法「依據的是非常時期的政治狀態，訴求的是人民的制憲權與立憲建國的政治意志和決斷，付諸的是與憲法律不同的憲法或根本法，在此政治性壓倒憲法性或法律性，具有絕對的優勢地位。」[12]因此，政治憲法指的是那些在非常態時期

8　同上，頁21。

9　同上，頁17。

10　同上，頁19。

11　同上，頁19。

12　高全喜，〈革命、改革與憲制：「八二憲法」及其演進邏輯〉，高全喜，《政治憲法學綱要》（北京：中央編譯出版社，2014），頁106。

政治性本質突顯的憲法。所謂的非常態時期主要指的是建國立憲的時刻，而政治性指的則是人民創制或決斷憲法的事實。由此，他認為：「任何一部現代憲法，都是政治憲法，或者說，都具有政治憲法的意義……誰能否定它們之為憲法的政治性以及其中的制憲建國之人民的政治決斷呢？所以，政治憲法並不外在於現代憲法，或者說，憲法並非只有憲法性而無政治性，憲法性本身就是政治的，就是人民創制憲法的政治性本身。」[13]

然而，這種政治性在政治共同體完成建國立憲後應該隱退。在政治性隱退之後，非常政治就進入了日常政治，即政治權力隱退在憲法之內並受到憲法的規制。這種狀態下的憲法就是與政治憲法相對立的日常憲法。用高全喜的話來說，日常憲法就是凸顯「憲法的法治性」或「法律性」的憲法，即憲法發揮了馴服權力的作用[14]。這就是他反覆強調的憲法的規範性。

儘管中國自建國以來一直就有憲法，而現行憲法也實行了三十多年，但在高全喜看來，中國還是沒有完成制憲建國的歷史使命。事實上，他說：「百年來的中國，還沒有走出所謂的『歷史三峽』，還處於一個特殊的制憲建國的立憲時刻，還處於從黨國體制到民主憲政體制的轉型期」[15]。這個對中國依然還處於立憲時刻的判斷，依賴於他對中國憲法的最終形態應該是什麼的看法。在高全喜看來，只有在建立了一個日常的民主憲政的國家後，中國的建國立憲時刻才算徹底結束。因此，他認為中國政治尚未進入日常政治，而是正處於從非常政治轉入日常政治的過渡期。而在這個過渡期內，

13　高全喜，〈政治憲法學的興起和嬗變〉，頁16。

14　同上，頁16。

15　同上，頁32。

憲法是改革的憲法。改革憲法是非常特殊的，一方面，它的政治性特徵依然凸顯，「中國憲法仍然還沒有達致日常的法治時期，政治性仍然是中國憲法的命脈」[16]。就此而言，它可以被歸入政治憲法。但另一方面，這種政治性特徵又在不斷地淡化或隱退，而規範性特徵則逐漸地生成。因此，要理解現行中國憲法，就需要從其政治性和規範性這兩個因素之間此消彼長的關係來進行分析。

不過，在這裡，我們看到了高全喜論述中的曖昧之處。當他說，任何一部憲法之所以成為憲法都是基於人民的政治決斷時，他肯定了中國憲法的政治性也在於其人民主權。但如果是這樣，那麼，當他說中國憲法還有待於從非常時期的政治憲法進入日常時期的規範憲法時，我們本該期待他論述改革憲法中作為制憲權主體的人民是如何隱退的，而憲法規範又是如何馴化人民的權力的。但實際上，他反覆強調的卻是，改革憲法的過渡期要實現從黨的領導過渡到人民代表大會制的領導。因此，中國憲法的政治性實質上是黨的政治權力。他不斷地提到，「『八二憲法』作為改革憲法的結構，其中的黨的領導原則最終要規範於憲法的人民主權原則、人民民主原則和憲法法制原則。我所謂的從非常政治到日常政治的轉變，其實質就其憲法意義來說，便是這個領導代表制的完善與制度性的象徵化或擬制化。」[17]而所謂的黨的「領導代表制」的「象徵化或擬制化」，是一個與黨的直接統治相對立的概念。「黨的領導的憲法學意義，已經從過去的個人獨裁性意志專斷，逐漸恢復到民主原則，恢復到具有規範性意義的憲法下的原則領導的象徵性領導的地位，而不再

---

16 同上，頁15。
17 高全喜，〈革命、改革與憲制：「八二憲法」及其演進邏輯〉，頁110。

是直接統治,用政治代替憲法。」[18]因此,「憲法下的原則領導的象徵性領導」指的是在憲法制定之後,黨對人民的領導要通過憲法,或更具體地說,要通過憲法所創制的人民代表大會制度來實現。這樣,憲法中政治性的隱退,有賴於作為規範性的人民代表大會制度的真正運行,或者更準確地說,規範性的人民代表大會制度的運行,有賴於黨的政治權力隱退於憲法之內。「改革憲法的改革內容,最為關鍵的便是改革黨的領導,使其納入憲法框架之中。黨在憲法下的象徵性領導作為改革的目標在尚未達成之時,人民代表大會制度乃至司法獨立就不可能真正實施。」[19]

高全喜在此的論述觸及到了問題的實質,因為一直以來,黨都把自己看作是人民意志和利益的真正代表,它是人民主權的一個「肉身化」機制,而人民代表大會制度則是人民主權的另一個表達機制,或者說是另一個肉身化機制。這樣,按高全喜的論述,憲法改革的難題實際上涉及從人民主權的一種肉身化機制向另一種肉身化機制的轉變。然而,高全喜不得不承認,這兩個人民主權的機制之間的關係問題在現實中並沒有徹底解決。換言之,本該隱退的前一個人民肉身沒有隱退,而本該出場的後一個人民肉身也沒法有效地出場。

但總體而言,高全喜的態度仍是樂觀的。他認為自己已在中國憲法中發現了其規範性的種子。其中一個種子就是中國憲法的制定,本身已經內在地包含著終結革命暴力、走向憲法規範的意蘊。「如果說共產黨中國的政治憲政主義其新一輪的發端就是『八二憲法』,那麼這個發端的總綱就是終結文革,步入常態政治,就是處理激進主義的革命問題,把革命主義的政治納入規範性的憲法之

---

18 同上,頁108。
19 同上,頁113。

中。」[20]而另一個種子則是體現在前四個修正案中的憲法邏輯[21]。
這些修正案把共和國重新定位為「現世理性主義的世俗國家」、實
現了國家和社會的分離、以及或許最為重要的是強調依法治國、保
護私有財產和人權。基於這兩個內在於政治權力的規範種子，高全
喜認為他找到了中國憲法走向自由的內在動力機制。他相信，終有
一天，我們會走出這歷史的三峽，走出非常政治，進入日常政治。

　　然而，令人遺憾的是，高全喜並沒有闡述如何從這兩個規範性
的種子生發出具體的規範性現實，畢竟，種子不一定能長成大樹。
這兩個規範性的種子在缺乏具體的動力機制和保障機制的情況下，
並不一定能像他所希望的那樣通向限制權力的規範性憲法。首先，
革命成功之後通過憲法的行為，並不必然意味著規制權力。在高全
喜看來，既然憲法已經出場，革命就要或就應該退場，這就是他所
謂的「革命的反革命」邏輯。因此，他認為憲法內在地包含了規制
或制約政治權力的要求。但他沒有看到，除了一種限制政治權力的
憲法之外，還有一種純粹為政治權力提供合法性的憲法，而中國憲
法從其誕生的那一刻起就一直屬於後一傳統。中國憲法的創制只是
讓黨無需直接政治性地統治人民，而可以借助憲法及其所創制的制
度來實現它的統治。無論如何，憲法是它實行統治的工具，但這個
工具並不能反過來限制它的政治權力。其次，儘管修正案中出現了
對法治、私產、人權保護等條款，但這些條款事實上並沒有產生高
全喜所期待的效果，即公民社會的發展，並走向進一步發揮規制權
力的作用。這些條款是入憲了，但也僅此而已，並沒有產生明確的
現實效應，而正是這種文本與現實之間的落差，反過來表明了所謂

20　高全喜，〈政治憲法學的興起和嬗變〉，頁24。
21　同上，頁25。

的規範只是徒具虛文。

高全喜對中國憲法的分析為何出現這種偏差？在我看來，這是由他所堅持的規範主義的立場所導致的，這種立場妨礙了他如其所是地接受中國憲法。在他的論述中，充滿了他對未來中國憲法應該是什麼的論述。但或許是出於政治上的考慮，他其實並沒有把中國憲法最終應該如何的內涵闡釋清楚，從他反覆提到的「從生存到自由」、「從生存主義到自由主義」、「從黨制到憲制」等字樣的描述，我們似乎只能感受到他對中國憲法未來的期許，這種期許的核心則是憲法對黨的政治權力的限制。因為在他看來，只有當政治權力退隱於憲法內的時候，一個日常的司法憲政國家才有可能出現。正是在這種來自未來的目光的關照之下，現行的憲法才是一個轉型或過渡中的憲法，而對這個轉型憲法，高全喜又堅持從政治權力的內部去尋找改革的規範性因素，因此才有了上述對兩個規範性種子的論述。然而，對這兩個種子得以實現的動力機制和保障機制，他又語焉不詳，這就使這所謂的種子只停留於一種美好的願望而已。

除了規範主義的立場所產生的問題外，高全喜對中國憲法的錯誤認識更深刻的根源在於他沒有直面黨、人民與憲法之間的真實關係。在他的論述中，儘管是黨領導人民制定了憲法，但人民才是真正的制憲權主體，因此我們的憲法屬於主權在民的憲法。黨的領導在憲法制定之後就要變成象徵性的領導，黨要通過憲法來領導，也就是通過全國人大代表大會制度來實現其領導。換個角度來說，全國人大代表大會代表了人民的意志，而黨既然要以人民的意志為自己的意志，那麼通過人大的統治實現了人民的意志，也就實現了黨的意志。這樣，作為人民的一個肉身化機制的黨要在制憲之後隱退，而另一個肉身化機制全國人大則要出場。只有這一隱一出的完成，才實現了他所謂的日常憲法狀態。然而，如果黨並不像全國人大那

樣只是一個徒具外形卻沒有自己的意志的肉身，如果它是一個既有
自己的意志又有自己的肉身的獨立機體，那又會怎樣呢？高全喜對
中國憲法的誤解正體現在這裡，由於把黨看作是從屬於人民的，所
以他才會以為人民首先形成其意志，而黨則以人民的意志為其意
志，這樣，黨對人民領導的內涵在制憲之後才可以被架空，因而才
可以是「象徵性」或「擬制性」的。但實際情況並不如此。

二、黨與人民關係的本來面目

如果要直面中國的現實，那麼我們就不得不作出這樣一個判
斷，即儘管中國共產黨的統治訴諸了人民的意志，但它依然是事實
上的制憲權主體，即政治主權者。這裡引起爭議的是「主權者」的
問題，即，誰擁有最高的主權權力？或者說誰是制憲權的主體？是
黨還是人民？按憲法第二條「中華人民共和國的一切權力屬於人
民」，似乎人民享有國家的主權。但在憲法〈序言〉中，提到更多
的卻是中國共產黨的領導（在〈序言〉的文本中，共出現了五次「中
國共產黨領導」的表述）：在中國共產黨的領導下，中國各族人民
取得了新民主主義革命的勝利，建立了中華人民共和國；在中國共
產黨的領導下，取得了社會主義建設事業的成就；在中國共產黨的
領導下，開始了改革開放，走上了社會主義市場經濟的道路；在中
國共產黨的領導下，團結了各民主黨派和各人民團體；中國共產黨
領導的多黨合作和政治協商制度將長期存在和發展……。而憲法則
最終以法律的形式確認了在中國共產黨領導下中國人民所取得的這
些「勝利」和「成就」：「本憲法以法律的形式確認了中國各族人
民奮鬥的成果，規定了國家的根本制度和根本任務，是國家的根本
法，具有最高的法律效力。」顯然，離開了共產黨，是無法理解這

些成就的，也是無法完成立憲活動的。因而，按憲法序言的意思來
看，中國共產黨才是真正的領導者。如果籠統地來描述我國的制憲
權主體，也許可以說是「中國共產黨領導下的中國各族人民」，但
這個描述過於含糊，它還是沒有確定誰是真正的制憲權主體：是共
產黨還是人民？兩者是一致的還是有差異的？其一致性何在，差異
性又何在？這些都是我們無法迴避的核心問題。

　　這裡的關鍵是「領導」一詞。我們需要理解的是它在憲法中的
意義。憲法第一條和第二條事實上涉及了黨與人民的關係。第一條
確立了工人階級作為我們國家的領導階級（這一點在憲法〈序言〉
第六段也提到了），但對這一條的理解必須參考黨章，因為黨章明
確地規定，黨是「中國工人階級的先鋒隊」。因此，工人階級對國
家的領導權實際上就是黨的領導權。但憲法第二條又規定了中華人
民共和國的一切權力屬於人民，人民通過全國和地方人民代表大會
來行使國家權力。於是，問題就在於：黨的領導權和人民所享有的
一切國家權力這兩者之間到底是什麼關係？既然我們前面已經確
定：黨和人民是領導與被領導的關係，那麼，黨的領導權顯然不屬
於人民所享有的國家權力中的權力。這也就意味著黨的領導權是一
種獨特的、超越於人民所享有的一切國家權力之外的權力。用白軻
的話來說，黨的權力是一種「政治權力」（political power）或「最
高的國家權力」（the highest national power），黨所享有的權威是
「政治權威」（political authority）或「最高的集體性政治權威」
（supreme collective political authority），而人民所行使的國家權力
則是一種「行政權」（administrative power）。「行政權力屬於國家
和它的機構——它們都受制於法律、並通過法律來行使權力。政治
權力和保護內在於憲法框架中的價值和構建國家的價值則屬於中國

共產黨。」[22]

　　不過，僅僅說黨的權力凌駕於國家之上是不夠的。事實上，它既超越於國家之上，又內在於國家之中。這一點體現在黨與人民的關係中，則是代表的觀念。「代表」在我們的憲法政治文化中是有著特定含義的。在憲法的序言中就明確地提到了「三個代表」的思想（第七段），而在黨章中，則更進一步闡述了「三個代表」的具體含義：「代表中國先進生產力的發展要求，代表中國先進文化的前進方向，代表中國最廣大人民的根本利益」。這裡的代表觀念既有與西方代議制傳統中的「代表」相似的地方，又有根本上不一樣的地方。「代議原則的簡單涵義是：議員是全體人民的代表，因而擁有不受選民支配的獨立權威。他們的權威並非來自個別的選民，而是始終來自全體人民。」[23]這種意義上的代表可以說是人民意志的一種集中體現，它是自下而上地形成的，即人民先形成他們的意志，而代表則充當這種意志的揚聲器，就像霍布斯所說的：「代表就是扮演或代表他自己或其他人。代表某人就是承當他的人格或以他的名義行事。」[24]這個意義上的代表是職能性的，當黨章中說中國共產黨「代表中國最廣大人民的根本利益」時，就比較接近這種含義。不過，即使在說黨代表人民利益的時候，黨章強調的也是「從群眾中來，到群眾中去，把黨的正確主張變為群眾的自覺行動」。

22　Larry Cata Backer, "The Party as Polity, The Communist Party, and the Chinese Constitutional State: A Theory of State-Party Constitutionalism," in *Journal of Chinese and Comparative Law*, 2009, vol. 16, p. 131.

23　施米特，〈羅馬天主教與政治形式〉，劉鋒譯，載《政治的概念》，（上海：世紀出版集團&上海人民出版社，2004），頁67。

24　霍布斯，《利維坦》，黎思復、黎廷弼譯（北京：商務印書館，1996），頁123。

（總綱，楷體由引者所加）也就是說，黨的代表說到底是自上而下
地實現的，這也是黨的代表根本上不同於西方代議制中的代表的地
方。

　　這種自上而下性的代表在黨的「領導」和「先鋒隊」角色中得
到更明確的體現。黨之所以是人民的代表，是因為它是人民的先鋒
隊。所謂先鋒隊，在此指的是一個先行把握住了「人類歷史發展規
律」（即黨章中所說的「先進生產力的發展要求」和「先進文化的
前進方向」）的團體或階層。在這個意義上，黨所代表的就不僅僅
是一個已經存在的「人民」共同體的意志，而是某種更高的東西（歷
史的真理）。更確切地說，人民的意志本身可以說是通過黨所代表
的這種「更高的東西」而被形塑的；也就是說，「人民」與其說是
一個已經存在的、現實的整體，不如說是一個有待引導、有待形塑
的東西。這正是前面所說的「領導」和「先鋒隊」的深層含義。黨
在這個意義上的「代表性」，就不再是自下而上的了，而是像施米
特在講到羅馬天主教時所說的那樣，是「自上而下的」[25]。黨先通
過它所把握的真理而形成自己的意志，接著又把它的真理－意志形
成國家的法律，並以法律的形式來形塑人民的意志。因此，黨的意
志與人民意志的一致性是一種自上而下的一致性。

　　從黨自上而下地代表人民的角度出發，我們就可以較為明確地
把握黨領導人民制憲的含義了。從根本上來說，是黨的意志決定了
我們的政治生活的形式。黨是真正的制憲權主體，也是最高權力的
享有者。第一屆全國人民代表大會儘管在名義上是制憲會議，但它
的實質功能是把原本屬於黨的決斷合法化為一國人民的決斷。從程
序上來講，我國憲法的制定也是一個從黨的層面到國家層面的過

25　參施米特，〈羅馬天主教與政治形式〉，頁66。

程：先由中共中央憲法起草小組提出憲法草案初稿，並經由中共中央政治局討論並通過，再由憲法起草委員會審議和通過，最後才交由第一屆全國人民代表大會通過。儘管有人或許據此認為，既然憲法最終是由第一屆全國人民代表大會通過的，那麼，這個代表大學才是真正的制憲會議，而人民則是制憲權主體。但是，這種理解把握的只是表象，而不是黨和人民的實質關係。說到底，憲法是黨而非人民的決斷，憲法制定的過程是黨的意志塑造人民意志的過程。

　　當然，在實際的憲法政治運作中，儘管中國共產黨是事實上的主權者，但是它也從來沒有放棄訴諸人民的意志。黨總是要通過全國人大把它的意志以憲法或法律的形式轉化為人民的意志，這正體現了對人民意志的訴求。在這個意義上，我們可以說，共產黨也同樣承認或接受了現代「民主」的理念。施米特曾把這樣一種政治體稱作一種「過渡性」的政治體。他說，在制憲權主體從君主向人民的轉變過程中，不但有反覆（君主復辟），也有過渡，即一種新式的貴族制或寡頭制。關於後者，他尤其提到了與共產主義組織相結合的蘇維埃統治和義大利的法西斯統治。他認為這兩種統治都包含著新式的貴族制要素，也就是說，在這兩個國家裡，少數派是制憲權主體。但儘管如此，施米特認為這兩個國家「並沒有放棄對人民意志的訴求」，因此「它們只是一個過渡，還沒有對政治存在的類型和形式作出最後決斷」[26]。

　　不過，施米特這樣說，是因為他接受了制憲權主體從君主向人民轉變的歷史目的論。但這並不妨礙這個政治體本身作為一個獨立的實體存在，也不妨礙少數派作為制憲權主體的實際有效性。從施

26　施米特，《憲法學說》，劉鋒譯（上海：世紀出版集團，2005），
　　頁91。

米特的角度來說，作出政治決斷的意志越是集中，其有效性也就越高。就此而言，我們甚至可以說，高度集權的黨國制國家比起西方式的代議制民主國家或許更能勝任政治決斷的要求。在這個意義上，我們不能將這個黨國制國家簡單地看作過渡性的政體。它的所謂過渡性，只是一種理論說明上的曖昧性，即黨作為一個先鋒隊，儘管它在事實上是自上而下地作出了決斷，卻又不得不訴諸下面的人民的意志，以賦予它的決斷一種合乎世界潮流的正當性。但這種理論上的曖昧性，並不妨礙其實踐上的獨立性和有效性。

正是由於黨和人民之間這種看似自下而上實際上卻是自上而下的關係，憲法所創制的全國人民代表大會就不可能完全地取代黨進行統治，也就是說不可能出現黨完全隱退在憲法之中的狀態。事實上，黨與人民的自上而下的關係，要求黨一直處於超越憲法之上的位置。相應地，憲法和法律是它不斷地塑造人民的意志的工具，而非如高全喜所期待的那樣，能夠起到規範性的作用。在某種程度上，我們完全可以說憲法賦予了黨對人民的統治的合法性。

只要認清了黨和人民的關係以及憲法的工具性價值，我們就不會像高全喜那樣樂觀地認為，在憲法制定之後，黨對人民的領導和統治會逐漸轉變成擬制性或象徵性的領導。事實上，在這樣一個由黨支配國家的憲法政治框架中，這種擬制化或象徵化是不可能的。如果實現了這種擬制化或象徵化，那麼它將完全不再是現行的制度。這種轉變需要一場革命來完成，而非僅僅是轉型而已。就此而言，我們就不得不承認，我們的憲法早已是一個成熟的穩定結構，而不是所謂過渡中的憲法。

三、德性、黨與人民

　　在把握住了黨、人民與憲法的關係之後，我們有必要思考這種
「新式貴族制」的憲法政治結構的問題之所在。在此，我們借用孟
德斯鳩的相關理論。孟德斯鳩講到，貴族政體的原則是德性。當然，
這種德性「既不是倫理美德，也不是基督教美德，而是政治美德。」
[27]所謂政治美德指的是政治體為了維持其存在，所要求於公民個體
的行為準則，因此它不同於個體私人層面上的自我道德要求。然而，
需要注意的是，儘管德性是貴族政體的動力，但它並不是該政治共
同體追求的目的；政治共同體的目的始終是安全，而德性只是實現
這種安全的工具[28]。而且，這種對德性的要求是從應然的角度來理
解的，即完善的貴族政體需要德性，但這不意味著每個人事實上都
有德性[29]。貴族政體之所以需要德性，是因為它內在地隱含著一個
難題，即貴族集團作為主權者，它既是立法者，又是執法者，它所
制定的法律用來約束平民是很容易的，但要同樣約束自己卻似乎很
困難了。正如孟德斯鳩所說：「貴族集團抑制他人有多容易，抑制
自己就有多困難。似乎要把同一些人既置於法律的權威之下，可是
又像是要把他們從法律的權威下解脫出來，這就是這個基本政制的

27　孟德斯鳩，《論法的精神》，許明龍譯（北京：商務印書館，2009），
　　頁1。
28　孟德斯鳩在第一章裡講到，組成政治國家的目的是為了避免戰爭狀
　　態，維持社會的存續，參看pp. 11-12. Thomas Pangle, *Montesquieu's
　　Philosophy of Liberalism* （Chicago: The University of Chicago Press,
　　1973）, p. 49, 57.
29　孟德斯鳩，《論法的精神》，頁35。

性質。」[30]為了解決這個難題,可以有兩個途徑:「其一,藉助偉大的德性,使貴族與平民在一定程度上處於平等的地位,這樣就能組成一個巨大的共和政體;其二,藉助較小的德性,以某種程度的節制使貴族內部相互平等,這樣他們就能保存自己。」[31]簡言之,即以「無私」來克服貴族與平民之間的矛盾,以「節制」來加強貴族內部的統一。

孟德斯鳩所反映的這個難題同樣類似於我們國家所面臨的憲法政治難題,即黨和憲法、法律的關係問題。一方面,憲法的序言和正文都強調「各政黨……必須以憲法為根本的活動準則,並且負有維護憲法尊嚴、保證憲法實施的職責」(序言第13段),「任何組織或者個人都不得有超越憲法和法律的特權」(第5條)。這表明黨是在憲法與法律的框架下活動的;這一點也同樣反映在黨章裡(「黨必須在憲法和法律的範圍內活動。」見總綱);但另一方面,正如我們在前一部分所分析的,黨作為國家的實際主權者,它在事實上又擁有超越憲法與法律的主權權力,而要讓主權者自覺地服從於他所制定的法律,這對於任何一個政治共同體來說都是很難的。

那麼如何解決這個難題呢?我們可以看到,黨對於這個問題的解決也類似於孟德斯鳩所提供的解決之道,即強調德性的重要性[32]。這種德性首先體現在黨和人民的關係上。就黨作為一個整體來

---

30 孟德斯鳩,《論法的精神》,頁29,譯文有修正。

31 同上,頁29-30,譯文有改動。

32 當然,限制黨權並不局限於對德性的強調。正如Randall Peerenboom
   曾提出的那樣,「任何法律體系都無法在理論或實踐中徹底解決最
   終政治權力和對這種權力施加限制的需要之間的衝突。在所有的體
   系中,限制將是一種程度的問題,是市場、法律、政治、軍事和社
   會力量結合的結果,它們體現在正式或非正式的制度、法典化的規
   則或非法典化的傳統和實踐中。」參看Randall Peerenboom, "Social

說，黨章明確規定：「黨除了工人階級和最廣大人民群眾的利益，沒有自己特殊的利益。黨在任何時候都把群眾利益放在第一位。」（總綱）。這裡體現的就是「無私」的德性。也正是因此，有學者把共產黨稱作是一個「德性團體」：「無產階級政黨本身相對於無產階級而言，則可以說代表了脫胎於階級的、純粹的德性原則。」[33] 通過這種「無私」的精神，黨實現了它與人民利益的一致性。而從黨員個體的角度來看，黨章也特別強調黨員「必須全心全意為人民服務，不惜犧牲個人的一切，為實現共產主義奮鬥終身。」「堅持黨和人民的利益高於一切，個人利益服從黨和人民的利益，吃苦在前，享受在後，克己奉公，多做貢獻。」（黨章第二條第二款以及第三條第三款）當然，在實踐上，黨員的這種獻身精神，更具體地體現在黨員對於國家法律的遵守和對國家利益的維護上（黨章第三條第四款）。用孟德斯鳩的話來說，就是愛祖國和愛法律。

黨的德性除了體現在黨和人民的關係上，也體現在黨的內部。首先，黨章強調黨員之間的平等：「在黨的紀律面前人人平等」。每個黨員都有義務「自覺遵守黨的紀律」。其次，黨重視內部的團結和統一，「堅決反對一切派別組織和小集團活動，反對陽奉陰違的兩面派行為和一切陰謀詭計」（黨章第三條第五款）。這強調了黨的整體性，黨員的忠誠就體現為對作為一個整體的黨組織的忠誠，而非對黨內某個派別或某個領導的服從。因此，黨員在入黨的

（續）
Foundations of China's Living Constitutiton," http://papers.ssrn.com/sol3/papers.cfm?abstract_id=1542463. 但由於本文的篇幅，我們在此只探討德性的關鍵性。

33 丁耘，〈德性、階級與政體——從亞里斯多德的政體學說出發〉，王紹光主編，《理想政治秩序：中西古今的探求》（北京：三聯書店，2012），頁56。

時候必須宣誓「永不叛黨」、「隨時準備為黨和人民犧牲一切」。
黨員要始終把黨的利益放在第一位，個人利益要服從於黨的利益，
而黨員與國家和人民的關係則是整體的黨與國家、人民關係在個體
層面的體現。

　　由此，黨員與非黨員，或黨員與群眾就形成了鮮明的區別。黨
員是一個具有特殊的政治德性的人，其德性就是愛黨和愛國，將公
共的利益置於一切個人利益之上；而非黨員或者群眾則是缺乏政治
德性的人，或者至少對他們沒有德性上的要求。他們可以追求自己
的個人利益，而不一定要以公共利益為重，當然前提是不能損害他
人的或公共的利益。他們在某種意義上是私人，其生活領域是私人
性的[34]。當這些群眾進入政治領域時，他們作為一個整體則轉化成
了人民。這也解釋了為什麼憲法第三條規定中華人民共和國的一切
權力屬於「人民」而非「群眾」，是人民而非「群眾」可以行使國
家機關的權力。當他們通過「各種途徑和形式，管理國家事務，管
理經濟和文化事務，管理社會事務」時，他們的身分就已經不再是
純粹的私人性的群眾了。但即使是作為政治性的人民，他們依然不
享有黨員所具備的那種政治德性。

　　儘管存在著德性上的差異，但是黨員和人民並不是兩個彼此孤
立和隔絕的團體。事實上，黨章非常強調黨員和普通人民的緊密關
係，黨在其工作中「實行群眾路線」，「不允許任何黨員脫離群眾，
凌駕於群眾之上」（黨章總綱）。黨員「永遠是勞動人民的普通一
員……所有黨員都不得謀求任何私利和特權」（黨章第二條）。更
為重要的是，這兩個團體事實上是相互開放與流通的：普通人只要

34　類似觀點，參看強世功，〈基本權利的憲法解釋〉，強世功，《立
　　法者的法理學》（北京：三聯書店，2007），頁124。

「承認黨的綱領和章程」，並願意參加黨組織的工作，他就可以提出申請，在考核合格後就能成為黨員（黨章第一條）；而那些「缺乏革命意志，不履行黨員義務」的黨員也可以被勸退黨。因此，黨員的身分不是建立在出身之上的，而是純粹地基於德性原則。

由於在黨與人民或黨員與群眾之間存在著德性上的差異，這種差異就決定了兩者間的關係，這種關係「既不是社會契約論中的委託代理的關係，也不是專制統治中的支配與服從的關係，而是人民代表與人民之間的領導與追隨的關係。」[35]不過，就其政治本質而言，我們仍可以說這種關係是統治與被統治的關係，但這是一種自上而下基於德性的統治。因此，黨員才是真正的公民，亦即可以真正地參與到國家最高權力的運用中去[36]。只有具有政治德性的個體才被允許參與公共政治生活，這一點可以說是古典意義上的「共和國」的特點，而作為公民的黨員正體現了這種古典的共和精神，至少從理論上來說，這是一些大公無私、無償奉獻的個體。也是這種政治德性確保了黨員參與並領導公共生活的政治資格。相比之下，非黨員則很難說是真正的公民，因為他們不具有這樣的政治德性，也無法在公共政治領域內做到先公後私，由此就決定了他們只能是共和政體中的被統治者。

以上的論述與分析，主要是從對黨章和憲法文本的規定的理解

---

35 強世功，〈基本權利的憲法解釋〉，頁125。不過我的觀點與強世功略有不同，強世功認為「人民是政治權威產生的最終源泉」，而我則認為，黨的政治權威的根源在於它所掌握的歷史真理及黨作為一個組織所具有的整體德性。參看強世功，上引文頁130-131。

36 關於黨員是政治公民與非黨員的其他身分之間的論述，參看Backer, "The Party as Polity, The Communist Party, and the Chinese Constitutional State: A Theory of State-Party Constitutionalism," pp. 109, 153.

出發的，因而是純粹理論性的。我們力圖採取一種中立的立場，來
考察中國的憲法政治中最為核心的黨國關係問題。從這種理論立場
出發，我們看到黨、國家與人民這三者之間的權力關係有其內在的
邏輯合理性，而黨對德性的強調更使這種政體具有了古典理想政體
的特徵。不過，理論是一回事，現實卻又總是另一回事。這是因為，
如孟德斯鳩所說，政治美德所要求的「捨棄自我」，「永遠是一件
十分艱難的事」[37]。正是因此，為了培養這種德性，「共和政體需
要教育的全部力量」[38]。孟德斯鳩曾詳細列舉了培養這種德性的各
種條件：如，它要求家庭教育、學校教育和社會教育的一致性，亦
即全社會的價值觀的統一；為此，公民不能參與商業貿易，甚至對
整個社會的商業精神都要所有限制，因為商業所帶來的財富會使人
產生貪欲，而貪欲則會破壞節制。在這樣的社會裡，公民自然地會
更關注個人的而非公共的事務。因此，一個崇尚經濟的社會是天然
地與無私捨己的政治德性相矛盾的。孟德斯鳩還講到，為了保持公
民的德性，古代的共和國設立了許多監察官和風紀官，以便對公民
的私生活進行嚴格的監控，甚至可以說是取消了其私生活，以便迫
使公民全身心地投入到公共生活中去，「公民之所以生活著、行動
著、思想著，全然都是為了國家，所以，公民不能拒不擔任公職」[39]。
凡此種種，都說明了德性之不易。相較之下，我們現在所處的是一
個商業主導的社會，發展經濟是黨和國家的中心目標，每個人都被
不斷地鼓勵去追求個人的合法利益。這樣，在無私、節制的政治德
性與整個社會的逐利風尚之間，不可避免地會產生一種緊張關係，

37　孟德斯鳩，《論法的精神》，頁41。
38　同上，頁40。
39　同上，頁74。

對黨員德性的強調也就很容易淪為一種偽善。於是，憲法的規定也
就成了紙上的條文，而缺乏落實它的內在動力。這在某種程度上也
說明了為什麼高全喜所發掘的憲法規範性種子，只能是一種希望而
已。

　　鄭琪，現任華東師範大學法學院助理教授，研究領域為政治哲學
與政治憲法學，著有*Carl Schmitt, Mao Zedong and the Politics of
Transition*（2015），另有論文發表於*Telos*、*Carl Schmitt Studien*、
《開放時代》、《浙江學刊》、《政治思想史》等專業刊物。

「天下」作為
意識形態

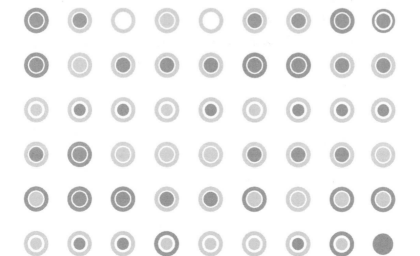

序 言

本期《思想》發表梁治平教授的〈想像「天下」：當代中國的意識形態建構〉長文。由於這篇文章所占的篇幅較大，所探討的問題又牽連甚廣，我們破例把這一篇文章視作專輯推出。

十餘年來，中國知識界關於「天下」的討論十分熱烈，陸續有許多著作問世。「天下」這個議題不僅是史學與政治哲學的學院問題，還涉及了中國人如何界定自身，如何想像世界，如何想像中國在世界上的位置，具有非比尋常的現實意義。在此中國崛起的時刻，中國大陸知識人對這個概念的思考與運用，自然引起了周遭世界的關注。

梁治平教授在這篇文章中，詳細地考察、梳理從趙汀陽、汪暉一直到晚近的多種重要著作，以及產生這些著作的宏觀背景。梁教授的文字清晰流暢，態度客觀持平，讓各個學者的立場充分呈現，有異議卻能寄以同情的理解，評論則中肯、溫和，又不失犀利。細讀這篇文章之後，我們可以掌握整個「天下」論述的面貌，尤其是天下論述的意識形態脈絡，對讀者的助益極大。

本刊關注「天下」議題在中國大陸的演變已久，先後發表過白永瑞、曾昭明、葛兆光等幾位學者的相關重要文章，值得有興趣的讀者查索參考。

——編者

想像「天下」：
當代中國的意識形態建構

梁治平

一

　　2018年央視春晚在北京的主會場之外，設有四個分會場，其中
之一設在山東泰安，用的是泰山東麓燭峰腳下「泰山封禪大典」的
舞臺。一時間，媒體上充斥了歷史上有關封禪的釋義和記載[1]。於是，
普通民眾都知道了「天命以為王，使理群生，告太平於天，報群神
之功」[2]的泰山封禪，是一椿象徵國家鼎盛、天下太平的盛事。而有
35年歷史且已成為國家項目的中央電視臺春節聯歡晚會選擇泰山腳
下封禪大典舞臺為其分會場之一，同時以多語種向海內外播出其節
目，當然也不單純是為了娛樂。也是在2月，央視春晚播出後3日，
央視網推出1分35秒的微視頻《家國天下》，視頻讓人們「透過習近
平總書記濃濃的家國情懷」，看到「他對家庭、對國家的使命與擔
當」[3]。這些節目和視頻，透過電視、互聯網和移動終端設備，為數

1　在百度上鍵入「2018春晚封禪大典」，可得46000條信息。

2　劉向，《五經通義》。

3　視頻中出現的除了習近平本人，還有習的家人（母親及妻女），以
　　及象徵人民的工農兵。視頻旁白內容如下：「這雙手，能傳遞給家

以億計的觀眾接收和觀看。熟悉近代以來歷史的人，對於這些現象
一定印象深刻。因為，出現於上述場景中的那些概念、名號和意象，
如家國、天下、封禪、教告、天命、太平等等，曾經是中國歷史上
居於支配地位的大觀念[4]，而近代以降，這些觀念以及它們所代表的
傳統，又成為各色革命質疑、批判甚而毀棄的對象，其地位一落千
丈，乃至不保。因此，它們在今天的重現，尤其顯得意味深長。不
難想見，在這種變化後面，發生了多少社會變革，有多少思潮激盪，
又有多少智慮與努力、成敗與希望，潮起潮落，動人心魄。我們因
此也想了解，這些變化究竟緣何而來，意義何在，又會把我們引向
何方。為此，本文特拈出「天下」這一古時最為顯赫、後歸於沉寂、
而於今為盛的中國大觀念，對其近代以來的命運、尤其最近十數年
間的復興略加考察。一覽其消息，梳理其脈絡，以明其軌跡，知其
所以，究其所以然之故。

（續）

　人愛的溫暖；也能將這溫暖傳遞到更多人的心間。這雙腳，能給家
　人帶來幸福的陪伴；也能深入群眾為大家帶來更好的發展。這副肩
　膀，是家人溫馨的避風港；也能勇敢地扛起民族復興的偉大理想。
　像愛家人一樣愛群眾，像愛家庭一樣愛國家。家是最小國，國是千
　萬家。」https://tv.sohu.com/v/dXMvMjk0Njg3MTMyLzk4MjI4NDA4
　LnNodG1s.html. 此外，2月23日，央視網又推出宣講習近平宣導的
　優良家風的微視頻《家風傳承》。該視頻以習近平語錄「注重家庭、
　注重家教、注重家風」做結尾語，強調的是「家庭的前途命運同國
　家和民族的前途命運緊密相連」（習近平語）之意。http://video.sina.
　com.cn/p/news/c/doc/2018-02-23/124168036119.html.
4 本文以「大觀念」一詞指具有以下特徵的人類觀念：屬於一個文化
　中的基本觀念，在該文化的思想世界中具有特殊的重要性，能夠表
　徵民族的精神特徵，具有豐富內涵，通常表現為概念群，即與該文
　化中的其他重要觀念互相連接，構成有緊密聯繫的意義之網。

二

　　古之所謂「天下」，實為一具有普遍意義的道德文明秩序。此道德文明秩序中，天生烝民，王受天命，敬德保民，推廣文教，由中而外，由近及遠。如此建立起來的天下，或狹或廣，可伸可縮，隨歷史條件而變化，卻可以規範家國，安頓人心。古人言「天下」，兼有描述、想像、理想、規範諸成分，因此在古代思想世界中，「天下」觀念既是人倚為認識和想像世界的概念架構，也是人用來證成或批判既有秩序的判準，其重要性自不待言[5]。然而，「天下」這一對古人如此重要的基本觀念，在近代中國社會轉型之際，卻被認為是造成國家積弱的主要原因而受到猛烈抨擊。批評者認為，以「天下」觀念為依託的華夷之辨，守持中國中心論，固步自封，不知世界之大，最終招致外侮。不僅如此，中國人過去只知有家，不知有國，只見天下，不見國家。改朝換代，無關其痛癢，故不以異族統治為意。此種天下主義不敵近世之民族主義、國家主義，其勢甚明，其理不言而喻。因此，中國欲圖強，就必須拋棄家族主義、天下主義，改宗民族主義、國家主義。在這種看法的支配下，「天下」觀念漸次被萬國、國家、世界等觀念取代。尤其是1900年以後，中國國勢日頹，國家主義的呼聲日益高漲，建立民族國家的步伐加快，「天下」觀念終於退出國家論述，幾至銷聲匿跡[6]。儘管如此，作為中國歷史上長期支配人心的大觀念，「天下」概念雖已遁形，其神

5　關於傳統天下觀念的含義、表現及流變，參見梁治平，〈天下〉，載郭齊勇主編，《儒家文化研究》第七輯（北京：三聯書店，2016）。

6　參同上文。

猶在，而以不同方式潛存、表現於中國人的思想和行為。即使是在
包括各種舊觀念在內的中國傳統文化受到徹底毀棄的革命年代，其
影響仍依稀可見、有跡可循。這意味著，要理解中國近代的政治、
社會及思想、文化變遷，人們須要深入到各種流行話語背後，細心
尋繹傳統思想的痕跡。以下列舉數點，以見其影響大概。

　　天下既為一普遍有效的道德文明秩序，必不以地域、種族為限
制。所以，傳統的夷夏之辨立基於文教，而非其他。然則宋以後，
尤其經歷元明及明清鼎革，一種基於種族和地域的夷夏觀逐漸興
起，而在清末發展為漢族中心的民族主義。於是，在清末的民族主
義思潮中，人們可以看到兩種互相競勝的民族主義，一種「以種族
為民族」，一種「以文化為民族」[7]。此種差異表現在民族國家建構
上，前者便是基於所謂「中國本部」十八行省的漢族國家，後者則
是融合了漢、滿、蒙、回、藏、苗諸族群，承繼清王朝統治疆域的
中華民族國家。民國肇始，五族共和，採取的正是後一種民族主義。
中華民族由此確立，成為中國現代國家的基礎。可以注意的是，這
樣一個建構近代國族「想像的共同體」的事業，不僅從一開始就承
繼了古代天下觀的文明論視野，且事實上繼承了清王朝的「天下」，
其完成也可以被視為對傳統「天下」觀的消化。進入1920及1930年
代，受到列強尤其日本肢解和瓜分中國的壓迫和刺激，中國學術界
對邊疆史地及民族問題的關注空前高漲，並借助於現代學術分科如
歷史學、考古學、語言學、人類學、民族學諸方面的研究，為中華
民族的統一性提供堅實的證據。此一努力，被學者稱為納「四裔」

7　楊度語。此兩種民族主義均帶有天下觀念的印記。以文化為民族的
　　取向自不必說，以種族為民族的排滿主張其實也沒有脫去華夷之辨
　　的色彩。

入「中華」的嘗試[8]。實際上，這種通過納「四裔」於「中華」、建
構中華民族的努力一直延續至今，在當下有關諸如新清史的論辯和
某種貫通古今的歷史哲學思考中都能夠見到[9]。不過，在關注這段歷
史時我們也不要忘記，儘管支配原則不同，同樣是整合諸民族的構
建「想像的共同體」的工作，早在中華民國建立之前數百年就已經
開啟並且獲得成功。正如清初諸帝強調文化的夷夏論來為清王朝統
治的正當性辯護一樣，清代思想學術的顯學今文經學尤其是其中的
《春秋》公羊學，標舉大一統觀念和禮儀原則，致力於構建一個根
據禮儀原則而非地域和種族組織起來的政治共同體。因此，毫不奇

8　參見葛兆光，〈納「四裔」入「中華」？1920-1930年代中國學界
　　有關「中國」與「中華民族」的論述〉。載《思想》第27期（台北：
　　聯經出版公司，2014）。應該說，當時的這種努力不只是思想、學
　　術的，也是政治實踐的。魯迅曾譏諷國民政府治理中國內陸邊疆的
　　「王化」舉措，如保障偽滿夫權、救濟蒙古王公、懷柔西藏達賴喇
　　嘛、宣慰新疆回民、征討廣西瑤民，令其「不戰而降」等。參見魯
　　迅，〈王化〉，載《魯迅全集》第五卷，頁135-136（北京：人民
　　文學出版社，1982）。關於魯迅的天下觀，參見韓琛，〈王道與霸
　　道——魯迅的天下觀〉，載《文藝研究》2016年第9期。

9　關於前者，參見《東方早報·上海書評》編輯部編，《殊方未遠：
　　古代中國的疆域、民族與認同》（北京：中華書局，2016）。該書
　　搜集了在該刊發表的31篇出於不同學者之手的文章和訪談，視角多
　　樣，內容豐富，頗能反映近年來知識界在此一主題上的興趣和認
　　識。同樣值得參考的還有張志強主編，《重新講述蒙元史》（北京：
　　三聯書店，2016）。關於後者，參見施展，《樞紐：3000年的中國》
　　（桂林：廣西師範大學出版社，2018）。該書的主旨之一是提供一
　　個統一的敘述框架，以便將中國歷史上不同地域、民族、文化納入
　　到一個統一的歷史之中。儘管這幾本著作在內容、形式及風格等方
　　面差異甚大，但最後都指向一個核心問題，那就是「何為中國？」
　　應該說，這也是本文所討論的諸天下論說所涉及的核心問題。關於
　　施展的著作，下文有更多介紹。

怪，清代注重邊疆史地研究的輿地學也是在今文經學的背景下發展起來[10]。這些發展和改變不但為日後國人的中華民族想像提供了重要的思想和文化資源，甚至直接構成了中國現代國家的物質基礎。

天下觀念的另一特徵是其超國家性，這種超國家性至少表現在兩個方面。首先，天下觀念與普遍的文明秩序和王道理想相連。「天下」的這一道德特性令其在價值上優於國家一類政治實體。其次，天下因文明而立，其範圍伸縮無定，漫無際涯。因此，對現代國家極具重要性的領土及疆界諸因素，在天下觀念的視野中並未受到同等重視。誠然，這也正是晚清以來天下觀念日漸式微、終至為民族國家觀念取代的根由。然而，近代中國知識與政治精英對天下主義的棄絕並不像表面看上去的那樣徹底。儘管在文化與政治、天下與國家之間，他們無一例外地選擇了後者，但在他們內心深處，古老的天下觀念與王道理想並未絕滅，它們不但作為某種思想上的習性存在，而且作為一種精神上的價值仍具感召力。畢竟，天下觀念乃是與其文化認同相關的歷史記憶的一部分，而且天下觀念所具有的那種超越性的道德理想，不只是強者包納四夷的文化意識形態，也是弱者對抗強權、增強本民族精神持守的思想文化資源。民國初年，中國知識界一度癡迷於互助主義尤其是世界主義，相信第一次世界大戰中協約國的勝利是「公理戰勝強權」、「大同主義戰勝種族偏見」。這種樂觀情緒所表露的，與其說是時人對於現實的冷靜判斷，不如說是其心底乃至無意識中對於天下大同的固執信念。儘管這種對公理勝於強權的信念在巴黎和會之後歸於破滅，國人對世界主義

---

10 參見汪暉，《中國現代思想的興起》（上卷）第二部《帝國與國家》
   第5章（北京：三聯書店，2004）。

的熱情再度讓位於民族主義[11]，但是這種民族主義仍然是參雜了世界主義的，或是以世界主義為其更高目標的。比如，孫中山在強調民族主義對世界主義的優先性的同時，就主張民族主義是世界主義的基礎和前提。他說：「我們要將來治國平天下，便先要恢復民族主義和民族地位，用固有的和平道德作基礎，去統一世界，成一個大同之治，這便是我們四萬萬人的大責任。……這便是我們民族主義的真精神」[12]。這裡，民族主義與世界主義之間的緊張轉化為一種歷史演進上的遞進關係，而這種朝向世界主義、大同之治演進的潛在可能，被認為恰好植根於中國固有文化的精神之中。這當然不是偶然的。

　　這種民族主義與世界主義的複雜關係，也表現在中國的共產主

11　比如曾在一戰後期大力宣揚互助論和世界主義的蔡元培後來就承認：「中國受了世界主義的欺騙，所以把民族主義失掉。所以，我們不談世界主義，談民族主義；民族主義達到了，才好談世界主義。」蔡元培，〈三民主義與國語〉。轉引自熊鷹，〈世界語文學中的民族問題〉，載《文藝研究》2016年第9期。關於當時中國知識界在此問題上的幻滅與反省，亦可參見該文。

12　孫中山，《三民主義》，頁67（北京：中國長安出版社，2011）。孫中山的民族主義思想中包含了世界主義和國際主義的理念，這一點恰是中國式的，有著中國思想傳統上的深厚淵源。更重要的是，具有這種思想特質的並非只是孫中山一人，而是當時幾乎整個知識精英群體。針對一直以來視五四運動為「愛國主義運動」的教科書式解釋，許紀霖指出，這是一場具有「世界主義情懷」的愛國主義運動。五四知識分子所追求的，是超越了「愛國主義中之狹隘性」的「世界主義的國家」，而這種「世界主義對於中國知識分子來說，意味著世界大同的理想，與傳統儒家的天下觀有著一脈相承之處」。（許紀霖，《家國天下：現代中國的個人、國家與世界認同》頁425、435、436[上海：上海人民出版社，2017]）最後，這種對世界主義的憧憬，也促成了中國知識分子對俄國革命和共產主義的接受。詳參該書第十四章。

義實踐中。

　　構建民族、締造國家無疑是20世紀中國革命的中心議題，但是在共產主義革命的背景下，這項議題的展開呈現出一種複雜特性。蓋因共產主義也是一種世界主義，其著眼點不是民族、國家一類分立的共同體，而是全人類。在共產主義的視野裡，民族自決、國家獨立一類目標並非沒有價值，但是這類價值只是過渡性的、工具性的。實現全世界無產者的聯合，解放全人類，才是其終極目標。最後，也像天下觀念一樣，共產主義指向一個大同世界，這個世界太平和諧，乃是人類的最後歸宿。對中國的知識者來說，這樣的觀念不僅與其傳統的認知結構相契合，其中所包含的理想也同樣有吸引力。誠然，共產主義話語與中國古典思想的表達方式初看全無關係，但是這種表面上的差異不應該掩蓋其內裡的某種同構性與親和性[13]。實際上，在馬克思主義中國化的過程中，這些淵源不同的思想資源結合互滲，達到水乳交融的程度。1935年冬，率領中央紅軍即將走完長征最後一段行程的中共領袖毛澤東登臨岷山峰頂，遠眺崑

13　關於共產主義的世界主義性質，以及它在這一維度上與傳統天下觀念的親和性，已經有很多學者指出。趙汀陽把馬克思的共產主義社會概念視為突破西方狹隘思想的一個例外。參見趙汀陽，《天下體系：世界制度哲學導論》頁30、32、66-67。施展強調，共產主義在中國的實踐是超越民族主義狹隘性，造就「普世民族主義」的仲介，而這種「在普世主義的視野當中走上了中國本位主義」的政治意識，「表達著中華帝國留存在中國人潛意識中的普遍主義衝動，同時又將其收斂在一種民族主義的載體上」。施展，《樞紐：3000的中國》，頁496。李永晶把「『天下』這一普遍主義原理」的發展分為四個歷史時期，其中第三個時期便是「共產主義的普遍性與革命外交」。參見李永晶，〈從「天下」到「世界」——東亞儒學秩序原理的過去與未來〉，載許紀霖、劉擎主編，《知識分子論叢》第13輯《新天下主義》，頁33-35（上海：上海人民出版社，2015）。

崙山脈，寫下一首氣勢磅礴的《念奴嬌·昆侖》，中有豪語，欲「倚
天抽寶劍」，將茫茫崑崙裁為三截，「一截遺歐，一截贈美，一截
還東國。太平世界，環球同此涼熱。」[14]這首言志色彩濃郁的〈念
奴嬌〉讓人想到《禮記·禮運》宣示的「大同」，想到古代領有天
下的王者[15]。而在政權鼎革、天下歸一之後，當初詩人言志的豪言

14　傳世的毛澤東詩詞雖不乏寫情狀物的篇章，但恰如論者指出，其詩
　　詞絕非單純的山水詩與抒情詩，毋寧說，它們都是抒發其政治願望
　　的言志詩，是與其政治意志與政治行為密切相關的記事詩。參見李
　　建軍，〈毛澤東詩詞的誄評與重評〉，載《領導者》2013年（總第
　　53期）。並非巧合的是，正是這段詞句，後來被一個「非常『政治
　　性』的思想家（或大理論家）」，德國人卡爾·施密特，及其中國
　　的推介者，同樣是政治性的理論家劉小楓，引用和解讀。後者從中
　　讀出了「本土性與普世性的牽纏」，一方面，「中國共產黨的理念
　　本質上是『依託鄉土』的，其現代性的政治使命在於：守護中國本
　　土的生活方式（Nomos）」；另一方面，「太平世界，環球同此涼
　　熱」的世界想像「並非是通過馬克思主義接通的自由主義線索，倒
　　有可能是通過中國傳統智慧接通的**某個古老的**中國思想線索」。劉
　　小楓，《儒教與民族國家》，頁197、217、219。粗黑體為原文所
　　有（北京：華夏出版社，2007）。在該書另一處，劉小楓更斷言，
　　馬克思主義與儒家思想具有實體意義上的「同質性」，那就是「對
　　人世完美性的追求，其實質包括大同世界、人民民主、財富平等以
　　及聖人正義論」。同前書，頁100。
15　數月之後，剛到達陝北的毛澤東又寫下一首詠雪的名篇〈沁園春·
　　雪〉。其下闋云：「江山如此多嬌，引無數英雄競折腰。惜秦皇漢
　　武，略輸文采；唐宗宋祖，稍遜風騷。一代天驕，成吉思汗，只識
　　彎弓射大雕。俱往矣，數風流人物，還看今朝。」該詞發表於1945
　　年國共和談之際，曾轟動一時，詞中「類似帝王口吻」（柳亞子語）
　　或以歷史上逐鹿中原一類英雄自居（吳組緗語）曾引發許多批評議
　　論。參見李建軍上引文。另李文引據其他史料指出，這首詞的寫作
　　日期可能是1945年8月28日，而不是流行諸版本注明的1936年2月。
　　錄此聊備一說。

壯語即變身為領袖意志，成為分別內外、劃定疆界的國策。有歷史
學家指出，中共建政後處理與鄰國關係尤其是領土劃界問題，其主
導思想和原則，與其說是現代民族國家的主權原則，不如說是「中
國歷史上傳統的『『天朝』』觀念與無產階級世界革命的理想」二
者的融合[16]。這意味著，在國際共產主義運動的大背景下，中國政
府處理與周邊國家以及「社會主義陣營兄弟國家」關係的行為邏輯，
只有參照傳統的天下觀念才能夠得到更好的理解。

　　已故美國學人列文森曾說：「近代中國思想史的大部分時期，
是一個使『天下』成為『國家』的過程。」[17]這種概括固然不錯，
但所揭示的只是這一思想演變過程中較為顯明的一個方面。而上述
種種所涉及的，則是此思想演變過程中較為隱晦的方面。顯明的方
面更多代表了歷史上新的、革命的、變化的力量，隱晦的方面則更
多與舊的、保守的、不變的要素相連。最終，這兩個方面共同作用，
決定了一個時代思想的本色以及受此思想指導和影響的行為的邏
輯。雖然，人們──尤其是身在其中者──常常對此隱晦部分缺乏

16　沈志華，《最後的「天朝」──毛澤東、金日成與中朝關係
　　（1945-1976）》（下冊）頁378（香港：香港中文大學出版社，2017）。
　　該書對1940-1970年代的中朝關係做了詳實和深入的研究。該書「對
　　毛澤東時代中朝關係歷史現象的描述和解釋」，據其作者自承，大
　　體按照「並行不悖且具有內在邏輯關係的三條線索或基本思路展開
　　的」，其中第一條就是「中國傳統的宗藩觀念與朝鮮提倡的『主體
　　思想』及反『事大主義』之間的博弈」。作者還指出，同樣作為大
　　國領袖，在處理外交事務中的領土、國民、經濟利益等問題時，毛
　　澤東與史達林行為取向明顯不同，這種不同被歸結為前者的天下觀
　　與後者的領袖觀之間的差異。參見該書（下冊）頁459。更詳細的
　　敘述，參閱該書（下冊）第五章及最後的「結語」。

17　列文森，《儒教中國及其現代命運》頁87，鄭大華、任菁譯（北京：
　　中國社會科學出版社，2000）。較詳細的論述，參見該書頁82-92。

認識，甚至完全沒有意識，而這部分是因為，中國近代史上的新思想新觀念新話語挾革命風潮而來，摧枯拉朽，受此衝擊，舊的思想觀念及話語盡失其正當性，全面退出整個社會的話語體系，即便其影響仍在，也曲折幽暗，隱而不彰。然而，1980年代以來，尤其是進入21世紀以後，隨著中國經濟與社會生活的巨大變遷，思想文化領域也發生了顯著變化。在此過程中，執政黨一改其激進的反傳統立場，對所謂傳統文化展現出愈來愈友善甚而尊崇的態度，從而極大地改變了上述情形。一時間，國學成為顯學，古代經典重新獲得人們的尊重，古代政治智慧的現代意義也得到廣泛承認。在這樣的背景下，天下觀念復從晦暗不明處現身，趨向前臺，成為人們熱衷討論的對象。論者由不同立場出發，各取所需，圍繞天下觀念，或加申說，或予改造，藉以重述歷史、解釋現實、想像未來，競相賦予此一古代觀念以當代意義。

三

在當下眾多有關「天下」的論說當中，趙汀陽對他所謂「天下體系」所做的哲學闡發大概是迄今為止最引人注意的一種。2005年，趙汀陽將此前已經發表的兩篇討論天下體系的文章，連同一篇新撰寫的導論：〈為什麼要討論中國的世界觀〉，合為一集，以《天下體系：世界制度哲學導論》（以下簡稱《天下體系》）為名出版。此書甫一出版，即在學界引起廣泛的關注和討論。2011年，趙汀陽再版其書，其中收入中外相關報導及評論15篇。又5年，他出版了《天下的當代性：世界秩序的實踐與想像》一書，對前書主題做了進一

步闡發[18]。

在簡述趙著構想的天下體系之前，有必要了解趙汀陽重新思考天下觀念的雙重思想背景。此雙重思想背景的主題，用他自己的話說，一個是「**重思中國**」運動，一個是對全球化背景下「世界仍然是一個非世界」的觀察。

何謂「重思中國」運動？趙汀陽認為，1980年代以來中國在經濟上的成功，極大地改變了中國與世界的關係，相應地，中國的文化和思想的世界意義也凸顯出來。中國既已站在世界舞臺的中央，就須要思考世界問題，承擔對世界的責任，給出關於世界的思想。然而，人們這時卻發現，中國在知識和思想上並沒有為此做好準備。儘管近百年來有關中國的論述不僅指數，但是這些論述大多可以歸在「檢討中國」的名下。它們直指中國歷史、文化和社會中的各種問題，攻之不遺餘力。此類批判雖非全然無據，卻不能切實指出中國的希望所在，更看不到中國對世界可能有的貢獻。更嚴重的是，純屬負面的批判以「釜底抽薪的方式打擊了人們對國家、社會和文化的自信心」，從而助長了社會的集體性墮落、腐敗和道德淪喪，是「對國家、社會和文化的**集體性不負責任**」[19]。與此不同，「重

18　參見趙汀陽，《天下體系：世界制度哲學導論》（南京：江蘇教育出版社，2005）；再版（北京：中國人民大學出版社，2011）；趙汀陽，《天下的當代性：世界秩序的實踐與想像》（北京：中信出版社，2015）。在這兩部直接以「天下體系」為論述對象的著作之外，作者的另一些著作如《壞世界研究》（北京：中國人民大學出版社，2009）和《兩面之詞》（北京：中信出版社，2014）也涉及這一論題。此外，作者就同一主題撰寫文章多篇，但其基本觀點並無改變。因此，本文下面的討論主要參考其2011年版的《天下體系：世界制度哲學導論》一書展開。

19　趙汀陽，《天下體系：世界制度哲學導論》頁3-4。楷體為原文所

思中國」是一種從正面反思中國的思想運動，其歷史意義在於「試
圖恢復中國自己的思想能力，讓中國重新開始思想，重新建立自己
的思想框架和基本觀念，重新創造自己的世界觀、價值觀和方法論，
重新思考自身與世界，也就是去思考中國的前途、未來理念以及在
世界中的作用和責任」[20]。趙汀陽由中國古典思想範疇入手來建構
中國的世界觀，就是為了回應這一時代的要求。

　　然則，為什麼是天下觀念？趙汀陽認為，「重思中國」所涉及
的，「既是基本思想問題又是宏觀戰略問題。這決定了『中國問題』
首先是個哲學問題和政治學問題」[21]。顯然，中國古典思想中，天
下觀念最適合做這樣的觀察和分析。而同樣重要的是，天下就是世
界。如果說，「重思中國的根本目的是重思世界」，就是讓「關於
中國的思想發展成為關於世界的思想」[22]，從天下觀念入手就不失
為一個最佳選擇。根據趙汀陽的觀察，中國古代的天下觀，至少在
理論意義上，為當今世界提供了一個它所急需但又缺乏的完整的世
界理念。那麼，當今世界的狀況是怎樣的呢？還是用他的話說，「世
界仍然是一個非世界」，確切地說，全球化已經把整個世界連成一
體，但是這個世界只是地理學意義上的整體，而不是政治學意義上
的。它無法像國家那樣為人們提供歸屬感。結果是，「世界不屬於
哪個國家，也還不屬於世界，更不屬於人民，而只是被爭奪被損害
的生存空間」[23]。誠然，今天的世界上存在諸如聯合國這樣的國際
組織和機構，但在趙汀陽看來，它們並不是真正意義上的世界制度，

　　有。
20　同上，頁5。
21　同上。
22　同上，頁11。
23　同上，頁74。

而不過是民族—國家間交往的附屬物。國際關係中的支配性原則不
是世界主義的,而始終是民族主義的和國家主義的,這讓世界陷入
混亂,讓全球化(globalization)變成全球分化(global-breaking),
至今「無法發展出一種普適的世界人民概念以及一個共用的世界社
會」[24]。就是在這樣的背景下,作為應對之道,趙汀陽重新提出中
國古典的天下理念。

根據趙汀陽的看法,中國傳統的天下理念至少包含三層意義,
即地理的、心理的和倫理/政治的。其中,倫理/政治的天下「指
向一種世界一家的理想或烏托邦」,其「突出意義在於它想像著並
且試圖追求某種『世界制度』以及由世界制度所保證的『世界政府』」
[25]。這種天下觀展示了一種真正的世界主義視野,它具有無遠弗屆
的包容性,所謂「天下無外」。「『天下無外』原則先驗地
(transcendentally)預設了世界是一個整體的政治概念,那麼,天下
體系就只有內部性而沒有外部性,也就取消了外人和敵人的概念:
無人被理解為不可接受的外人,沒有一個國家、民族或文化被識別
為不可化解的敵人,任何尚未加入天下體系的國家和地區都被邀請
加入天下的共在秩序」[26]。天下的這種整體性與開放性,至少在理
論上,「排除了把世界作分裂性理解的異端模式和民族主義模式」
[27],從而令世界事務可以在世界的層面被對待和處理。同樣重要的

---

24 同上,頁78。趙汀陽把這一點歸因於西方思想中根深柢固的「分裂
    的政治」意識,後者則淵源于基督教思想文化。在這個問題上,甚
    至作為西方思想世界中一個異數的共產主義也不例外。參見前書,
    頁17、67。

25 同上,頁28。

26 《天下的當代性:世界秩序的實踐與想像》導論「之一」。

27 《天下體系:世界制度哲學導論》頁35。

是，天下是一個根本性的範疇，它優先於國家、民族一類共同體，「是思考各種問題的最後尺度」[28]。這就保證了各種超越民族、國家的世界性價值和利益能夠得到充分的尊重和關照。此外，根據趙汀陽的敘述，天下理念還有一層文化的意義。這層文化的意義是由諸如禮和仁以及家庭性原則體現的。「家庭性被假定能夠充分表現人性」，故成為「處理一切社會問題、國家問題乃至天下問題的普遍原則」[29]。「禮不往教」的原則不以己美加於人，體現了一種區別於主體性原則的「他者性原則」。由此定義的天下想像，「是一種能夠把文化衝突最小化的世界文化制度，而且這種文化制度又定義了一種以和為本的世界政治制度」[30]。

總之，儘管中國的天下理念產生於三千年前，但它在知識論、方法論、價值論、世界觀等幾乎所有方面，都像是為人類解決今天的世界性危機準備的。趙汀陽最後總結說，今天的政治哲學亟需轉向，它

> 需要創造一種新的世界觀和一種新的政治分析框架，以便能夠按照世界本身的目的去理解世界，同時，按照世界的尺度去重新詮釋關於世界的各種問題。而這樣的政治原則正是中國天下理論所強調的根本原則，即天下是天下人的天下，天下的選擇必須是天下所有人的人性選擇，不可以是某種意識形態、宗教和文化或者某個國家和民族的選擇，不可以由國家、民族和特定文化來代替世界。或者說，世界必須由世界人民來定義，而

---

28 同上，頁31。
29 同上，頁46。
30 同上，頁57。

不能由某些人民來定義。

　　換言之，「以天下理論為哲學核心的中國政治哲學無疑是關於
世界制度最深厚的理論準備」[31]。
　　以當代關切重新闡發「天下」理念，《天下體系》並非始作俑
者，然而其題旨宏大，篇幅簡約，觀點鮮明，言辭銳利，論證簡捷
有力，頗具思想上的衝擊力。不僅如此，作者宣稱以世界觀世界，
以無立場為立場，但其理論建構的出發點卻是中國古典的知識論、
價值論、世界觀，其論證更是在一系列古代與現代、中國與西方、
理想與現實的對立中展開[32]，以至其哲學的、概念的、理想的和指
向未來的論述，同時深具政治的、制度的、現實的和當下的意蘊。
這或者是此書能夠激發諸多學科學者關注並保持其影響力的主要原
因[33]。不過，正如一位域外評論者指出的那樣，《天下體系》的暢

31　同上，頁107。
32　此類古／中、今／西二元對照之例書中俯拾皆是，如以天下／世界
　　主義對民族／國家主義，家—國—天下對個人—共同體—國家，倫
　　理對法律，王道對霸道，秩序對自由，民心對民主，和諧對分裂，
　　他者性原則對主體性原則，關係理性對個人理性，孔子改進對帕累
　　托改進，等等。由於這種對照同時具有「優劣」的含義，而受到一
　　些評論者的批評。論者或批評其以古代理想與當代現實比較的方法
　　未盡妥當（參見徐建新，〈最壞的國際關係與最好的天下理論？〉，
　　載趙汀陽，《天下體系：世界制度哲學導論》）；或批評其立場有
　　華夏中心主義之嫌（參見《探索與爭鳴》2016年第5期劉擎等人關
　　於「天下體系」的評論）。
　　儘管趙汀陽的《天下體系》既不是最早的、也不是唯一的討論「天
　　下」的論著，但大概是迄今為止引發關注最多的一種。下面僅舉數
　　例。2010年2月出版的《領導者》雜誌以專欄形式刊登了歐美學者
　　對該書的評論文章，這些文章後來多收錄於該書2011年的新版中；
　　2016年3月，《探索與爭鳴》雜誌藉趙汀陽新書《天下的當代性：

銷，「是因為它趕上了一波以中國方式解決世界問題的興趣浪潮，特別是對如何用傳統的天下概念將看似矛盾的民族主義（nationalism）和普世主義（cosmopolitanism）話語結合起來的興趣」[34]。事實上，很多評論者都注意到這一在思想、學術、藝術以及大眾文化諸領域均有表現的「興趣浪潮」，並把《天下體系》的出版及其反響置於一種更宏大的社會和文化背景下來理解[35]。這也是本文的視角和興趣所在。基於這樣的視角，本文所關注的，與其說是某一「天下」論述的內在理路或其設定議題的能力，不如說是諸天下論述之間的同異，以及今此類論述成為中心議題的時代動因。為此，我們先要對圍繞天下觀展開的其他論述稍加梳理。

作為一種曾經居於支配地位、後來又遭擯棄的古代觀念，天下概念重回話語中心有賴於傳統文化的復興，尤其是儒學的復興。因此，如果我們發現若干有關天下的論述直接與儒學的復興相關，那也是很自然的。實際上，從一種更根本的意義上說，最早提出並且

（續）————————————

世界秩序的實踐與想像》出版之機，組織了「天下秩序與人類命運共同體」高峰論壇，圍繞「天下體系與未來世界秩序」主題展開討論；2018年第1期的《文史哲》「人文前沿」欄目刊出包括趙汀陽本人文章在內的筆談：「『新天下主義』縱論」；同年6月，具有國際背景的博古瑞研究院中國中心召開題為「什麼是天下：東亞語境」工作坊，其中多篇會議論文涉及趙著，趙汀陽本人也參加了會議並第一個報告了論文。筆者感謝該工作坊的組織者安樂哲教授和宋冰女士惠允我參考並引用會議論文，

34 柯嵐安，〈中國視野下的世界秩序：天下、帝國和世界〉，載趙汀陽，《天下體系：世界制度哲學導論》，頁130。

35 有評論提到了張藝謀的電影《英雄》、2008年北京奧運會的口號「同一個世界，同一個夢想」、流行的「和諧社會」的說法，以及諸如《中國震撼》之類的熱銷圖書。參見Banyan，〈天底無事可曰新〉，載趙汀陽，《天下體系：世界制度哲學導論》，頁127。

設定這一議題的正是當代大陸儒學，其源頭可以追溯到蔣慶於1995年出版的《公羊學引論》[36]。

　　《公羊學引論》最初作為「國學叢書」的一種出版，但與一般所謂國學研究不同，是書並非公羊學之研究著作，而實為一部當代的公羊學論著。換言之，蔣慶之為作者，並非現代學科分類中的學者，如哲學或歷史學者，而是公羊學的當代傳人。其視公羊學，並非客觀外在的研究對象，而是具有生命信仰的歷史傳承。然而，與歷史上公羊家不同的是，蔣慶接續、標舉之公羊學，面對的是百年來新舊秩序更替過程中舊學在西學衝擊與壓迫下全面崩解、儒學主體性盡失、充其量只能退守於私人領域的大變局，故其重點在儒學的政治性、制度性與實踐性，期以展現傳統儒學的立法和建制功用。此即其所謂政治儒學。蔣慶的這一努力在揭示儒學政治傳統的現代意義的同時，開啟了當代大陸儒學的兩大關注點，一是對清末公羊學及其代表人物康有為的再認識，一是對儒家王道理想及外王實踐的再評價。這兩大關注點都與傳統的天下觀念有關，因此皆有助於促成當下的天下論說[37]。

36　該書寫成於1992年，1995年由遼寧教育出版社出版，後於2014年在福建教育出版社修訂再版。

37　康有為依託于公羊學傳統，托古改制，發展出一套超越近代民族主義和國家主義的大同說，而儒家王道理想實際構成了天下主義的義理核心。過去數年，轉向政治儒學的大陸新儒學以「回到康有為」相號召，促成了康有為熱。不過，令大陸新儒家感興趣的，不是康有為的烏托邦構想，而是其「保國保種保教」思想。對康有為的再認識以及相關研究，參見曾亦，《共和與君主──康有為晚期政治思想研究》（上海：上海人民出版社，2010）；唐文明：《敷教在寬：康有為孔教思想申論》（北京：中國人民大學出版社，2012）。圍繞康有為的更多討論，參見《天府新論》2016年第6期所刊之「回到康有為」專題。此外，同一主題也被列為2016年的儒學年度熱點

　　《公羊學引論》書成後5年，蔣慶寫成《政治儒學》一書。後書
「依儒家今文經典的根本精神與政治智慧廣論當今中國面臨的學術
問題、文化問題、政治問題與現實問題」[38]，實為前書所闡發的儒
家義理在當代的應用。有意思的是，此書初擬作為「天下論叢」的
一種印行，後者的宗旨則是要「透過討論文化問題探索解決『文明
衝突』難題」。蔣慶在該書自序中寫道：

> 本書所依之理據源自《春秋》，《春秋》者，孔子治天下之萬
> 世法也。孔子假魯國242年的歷史托為一部人類史把春秋各國的
> 存在看做天下世界，以《春秋》書法條例表達了孔子治天下的
> 王綱大法，故《春秋》一經最集中的體現了中國文化處理「天
> 下」問題的政治智慧與根本原則（「天下」問題即今日所謂「文
> 明衝突」問題與國際關係問題）。職是之故，在今日之中國談
> 「天下」問題而欲解決之，舍《春秋》之義法與智慧無由也。
> 「天下論叢」的編輯旨趣在希望廢棄國際關係中弱肉強食的社
> 會達爾文主義規則，此正孔子作《春秋》「撥亂世而反之正」
> 的根本原因也。故《春秋》所探明者，以仁、義、禮、讓等社
> 會道德法則治天下後世也，此即以孔子之王綱大法取代國際交
> 往中之社會達爾文主義規則也。[39]

(續)────────────

之一。相關文章，參見任重主編，《中國儒學年度熱點》（2016）。
（福州：福建教育出版社，2017）。關於王道與天下主義，參見干
春松，《重回王道：儒家與世界秩序》（上海：華東師範大學出版
社，2012）。

38　蔣慶，《政治儒學：當代儒學的轉向、特質與發展》，頁38（台北：
養正堂文化，2003）。該書在中國大陸有三聯書店版（2003）和福
建教育出版社的增訂版（2014）。

39　同上，頁39。不過，該擬議中的「天下論叢」並未出版。

　　這一主旨後來以一種儒家色彩略為淡化的方式，且輔之以經濟學論證，由服膺儒家的經濟學家盛洪在「天下主義」的大標題下加以發揮[40]。關於盛洪的天下主義論述，本文不擬詳述，這裡只指出一點：若以之與趙汀陽提出的天下體系論相對照，則二者在立場、方法、論證及風格上的差異顯而易見。雖然，這兩種天下論說共用的關切與話語也十分明顯。比如它們都可以被視為對亨廷頓文明衝突論的回應；它們都不滿意於現有的西方尤其是美國主導的國際秩序，而視之為霸道；它們也都提到康德的永久和平論，但都認為這種理論並不能切實有效地解決上述問題，而其局限性源自於西方文化的固有品格和內在邏輯；基於同樣的觀察，它們對西方政制原理及某些基本價值均有質疑或保留。反之，它們都相信中國古典的天下觀念與王道理想具有思想上的超越性和制度上的優越性，能夠克服支配國際秩序的社會達爾文主義，為世界帶來真正的永久和平；它們也都非常看重傳統中國文化中作為基本價值載體的「家」，都透過對家庭原理的詮釋來闡發理想的社會關係；同樣，它們都推重傳統的仁、義、禮諸價值，認為它們構成了一種超越現有秩序理念的良好秩序的道德與制度基礎；最後，儘管這兩種天下論述都援用西學的論證方法，並有限地承認和吸納某些西方文化價值，其論說方式都隱含了中西文化上的二元性差異，而這種差異，至少在它們

40　參見蔣慶、盛洪，《以善致善——蔣慶與盛洪對話》（增訂本）（福州：福建教育出版社，2014）；盛洪，《儒學的經濟學解釋》（北京：中國經濟出版社，2016）。盛洪雖為經濟學家，卻也是天下主義最早的宣導者之一，而他注意到儒學和天下主義思想，也跟閱讀蔣慶著作有關。關於這一點，參見他為上引蔣慶的《政治儒學：當代儒學的轉向、特質與發展》及《以善致善——蔣慶與盛洪對話》所做的序言。

所關注的問題上，其高下優劣判然可分。

在一些歷史學家看來，上述天下論說，無論哲學的，公羊學的，還是經濟學的，都無視既有的史學研究，屬於「非歷史的歷史」[41]。這種批評妥當與否姑且不論，它至少提出了一個需要天下論者認真面對的問題。因為無論如何，對於當今的天下論說而言，「天下」的歷史維度不容忽視，其意義值得發掘。而在這方面，最具代表性的著作應推姚中秋於2012年出版的《華夏治理秩序史》。

《華夏治理秩序史》兩卷四冊，篇幅浩大。第一卷《天下》由傳說中的帝堯開始，追溯天下意識的形成。在姚中秋看來，「天下意識之覺醒與天下的構造，是華夏作為一個文明與命運共同體而進行治理的開端」[42]，藉著這一躍遷，天下才從地理意義上的概念，變成治理意義上的概念，華夏文明也才從人類學意義上的存在，成為文化—政治意義上的存在。毫無疑問，這是一項極其宏大艱難的事業，成就這一事業，時日漫長。根據其敘述，天下經由帝堯的「合和之道」、帝舜的「共治」實踐、皋陶的「規則之道」、益、夔的夷夏之辨和樂治之道方始成形；又歷經禹夏及商政的承續、反復乃至革命，最終經由文、武、周公的創造性發展，終於呈現出其完備成熟的樣態。第二卷《封建》以周制為中心，詳論「天下秩序」的制度安排與治理機制，如契約型的君臣關係、共同體主義、共和之道、禮與禮治等等。值得注意的是，是書對中國古典時代天下秩序的觀察和描述雖然主要基於儒家經典及相關記述，但其中明顯可以

---

41 葛兆光，〈對「天下」的想像：一個烏托邦想像背後的政治、思想與學術〉，載《思想》第29期，頁3（台北：聯經出版公司，2015）。
42 姚中秋，《華夏治理秩序史》第一卷《天下》（上冊）頁99（海口：海南出版社，2012）。

見到奧地利學派社會理論和英國憲政主義學理的背景[43]。這表明，姚中秋並沒有把他所探究的「治理秩序之道」看成僅僅是華夏—中國的。實際上，是書開篇宣明其宗旨，自承「這是一本求道之書」，而所求之道既然是「大道，則必然是普遍的」[44]。不過，這種普遍性因為與天和天下的觀念相聯繫，便有了一種特殊的表現和保證。因為，作為古人崇拜對象的天以「絕對性和普遍性」為其顯著特徵[45]，天無所不至，籠罩大地，照臨生民。天的這種普遍性賦予天下之人以普遍意識，讓他們意識到人性的普遍性，從而得以超越種群、地域、風俗的個別性，發展出後人所謂天下主義。通過對最早產生於堯舜時代的夷夏之辨思想展開分析，姚中秋總結出天下主義的基本特徵。天下主義以普遍人性為其前提，而人性之所以是普遍的，就是因為人都生活在天之下。誠然，文明程度的不同客觀存在，地方差異也不易消除，但那都是相對的、可變的。重要的是，人有著共同的心性，都追求文明的生活，他們能夠彼此溝通，最終也可以通過互相學習和適應，生活在一個共同體中。「因此，優良的天下治理之道只有一個」，並無內外之分，「優良的治理秩序也必然是由內向外擴展，最終及於整個天下，覆蓋所有人」[46]。當然，這並

---

43 事實上，在轉向儒家思想之前，姚中秋的興趣主要在於研究和推介奧地利學派尤其是哈耶克的思想，宣導「普通法憲政主義」。而在此之後，他則致力於闡發和建構「儒家憲政主義」。《華夏治理秩序史》就是試圖以歷史方式呈現儒家治理之道的憲政主義性格和樣貌的一種嘗試。關於「儒家憲政主義」的更多闡釋，參見秋風，《儒家式現代秩序》，尤其卷下《制度》篇（桂林：廣西師範大學出版社，2013）。

44 同上，頁3。

45 同上，頁156。

46 同上，頁254

不意味著文明的單一化，更不是類似歷史上的秦制所實現的那種粗
暴一統。在其書第二卷，姚中秋通過對周代服制和禮、俗關係的研
究，揭示了天下秩序的特性及內在機理：作為一種優良的治理體系，
周禮能夠自我擴張。當然，這種擴張不是基於征服和強制，而是通
過展示文德的魅力來達成。周人「並不強制改變各種族群的『俗』，
但是，普遍的禮制規則及其所蘊含的價值，還是藉助其文明所具有
的吸引力，逐漸由華夏中心向天下之四周，由社會上層向下層滲透」
[47]。在此過程中，天下秩序在維持其凝聚力的同時也保持了多樣性。
在姚中秋看來，「這就是人間治理的最高境界」[48]。

　　《華夏治理秩序史》百五十萬言，洋洋灑灑，出經入史，考辨
制度，闡明原理，其中不乏對歷史文本的細緻解讀，以及基於這種
解讀對歷史過程的想像與重構。不過，在繼承了五四精神的講求科
學的現代歷史學眼中，這樣的著述仍然可以被視為「非歷史的歷
史」。在這個問題上，我們可以看到一種富有意義的重大分歧，這
種分歧同時在古、今與中、西兩個維度上展開。

　　如前所述，姚中秋將其書視為一部探求華夏治理大道的「求道
之書」，而非一部「科學、客觀的歷史著述」，從而一開始就把自
己同「當下主流歷史著述」區別開來[49]。據其「作者告白」，他所
採取的立場是古典史學的，其方法是「以經為史，以史明經」。所
謂古典史學，用他的話說，實際是一種「治國之學」，是亞當‧斯
密所謂「立法者的科學」中的重要組成部分[50]。因為在古典史學的
視野裡，史家的責任不簡單是記錄史實，為人們提供純粹的知識，

47　姚中秋，《華夏治理秩序史》第一卷《天下》（下冊），頁617。
48　同上，頁622。
49　姚中秋，《華夏治理秩序史》第一卷《天下》（上冊），頁18。
50　同上，頁22。

而是「面向人和歷史的終極目的，對歷史中的人、事作出道德——歷
史的判斷，從而能指明人之應然，敞開理解大道之門」[51]。這樣的
史學深具道德和政治價值，本身就是一種「推動歷史趨向其目的的
道德力量」[52]。姚著之所以採取古典史學立場，當然是因為在他看
來，現代的科學的歷史學不具有這樣的道德和政治價值，無法滿足
當今中國人認識並接續其固有治理之道的迫切要求。除此之外，現
代的、科學的歷史學之所以不可取，更是因為，這種現代知識形態
在中國的建立與展開，同時也是一個「去中國化」的過程。這種去
中國化不僅表現在價值上對中國傳統種種的否定與摒棄，也表現在
認識上對中國歷史文化傳統以及體現於其中的「道」的系統扭曲與
普遍無知，以至於「現代中國的歷史學實際上是反歷史之學」，而
「這本來就是啟蒙知識分子分派給它的歷史使命」[53]。換言之，作
為現代知識、話語、學科的一個重要組成部分，中國現代史學的建
立是通過「以我批判前人」甚而「以他者批判自我」[54]完成的。

關於這一以自我否棄和主體性滅失為特徵的具有深厚時代背景
的思想學術和文化變遷，蔣慶有更直接的論述。在〈論「以中國解
釋中國」〉一文中蔣慶指出：「我們今天生活在一個西方學術話語
稱霸世界的時代，我們每個人不管願意不願意，或許都成了按照西
方學術價值來思考與講話的人。」[55]在這樣一個時代，「中國學術

---

51 同上，頁21。

52 同上。

53 同上，頁12-13。這一判斷與前述「非歷史的歷史」之類的說法正
    相對應。它們所反映的不只是史學和學術立場的不同，甚至也是政
    治立場的不同。

54 同上，頁14。

55 蔣慶，《再論政治儒學》頁262（上海：華東師範大學出版社，2011）。
    同書有〈再論〈以中國解釋中國〉〉一文。這兩篇文章較為集中地

的基本義理被顛覆解構，解釋系統被驅逐取代，中國傳統的學術喪
失了話語權力進而喪失了話語權利，中國的學人已經不能按照中國
文化自身的義理系統來思考問題與言說問題，中國的學術領域已經
成了西方學術的殖民地」[56]。因此，當務之急就是要改變這種局面，
而對於蔣、姚輩新儒家來說，這就意味著回歸儒學自身的義理結構
和解釋系統，「把思考事物的邏輯、理解世界的規則、評判歷史的
標準、指導人生的價值以及研究學術的規範、評價學問的體系重新
建立在儒學的義理結構與解釋系統上，用儒學的義理結構與解釋系
統來理解並解釋中國與世界」[57]。一句話，就是要「用中國解釋中
國」。顯然，《公羊學引論》和《政治儒學》都是「用中國解釋中
國」的嘗試，《華夏治理秩序史》也是。面對百年來中國思想界「去
中國化」造成的局面，它們都力圖回到中國古典思想傳統，以「返
本開新」的方式重建「**中國性**」[58]。

　　事實上，重新發現和建立「中國性」，幾乎是當下各種天下論
說共同的思想背景，而直接點出「中國性」的也不限於姚著。在其
闡發中國古典天下觀念的文化哲學著作中，陳贇也把「天下」視為
古典中國性的核心觀念。按陳贇的理解，「天下」指向一種無遠弗
屆的「境域」（horizon）總體，其中體現的政治意識完全不同於注

（續）───────────────
　　　表達了蔣慶對此問題的看法。
56　同上，頁263。
57　同上，頁278。
58　姚中秋，《華夏治理秩序史》第一卷《天下》（上冊），頁14。楷
　　　體系引者所用。他還認為，「當下中國正處於『中國性』復歸的時
　　　節」。同前。與此相呼應，一部針對當代中國傳統文化復興現象展
　　　開實證研究的著作就定名為「中國回歸」。參見康曉光，《中國回
　　　歸───當代中國大陸文化民族主義運動研究》（新加坡：世界科技
　　　出版公司，2008）。

重「空間」（space）的希臘／西方式「中心聚焦式的政治意識」。
因為在中國古典視域中，政治的根本在「各正性命」，「物各付物」，
也就是讓天下萬物各得其性。所謂「為政以德」，「就是讓不同的
個人各得其性，只有當個人各自以其自身的方式獲得自身的本性
時，人君才走在為政的道路上」[59]。這決定了古代政治的本質是引
導性的（無為）。人君為治，其責任就在於保持天、地、人之間的
貫通與通達，此之謂「道」，此之謂「公」。作為政治最高目標的
「天下有道」，就是「天下人都有路可走」[60]；作為古代政治理想
的「天下為公」，就是「藏天下於天下」：讓天下所有存在者各以
符合其本性的方式成就自身[61]。對古典思想中以「各正性命」為政
治本質的強調，也凸顯了「地方」的重要性。如果說，「本真的政
治」意味著道路的敞開與通達，那麼，作為「道路」所連接的存在
者「居住」的「地方」，就是這本真政治的另一個維度，它構成了
政治生活的倫理基礎。政治生活中「地方」的確立，彰顯了政治經
驗的多樣性和政治參與的多元路徑，進而也成就了自發性秩序的社
會基礎[62]。然而，隨著中國進入現代，古典政治得以展開的「天下」

---

59 陳贇，《天下或天地之間：中國思想的古典視域》，頁6（上海：
　　上海書店出版社，2007）。

60 同上，頁39。

61 以通達性為公的中國公私觀及其與希臘公共性的比較，參見陳著，
　　頁26-38。陳著對中國古典天下觀念的闡釋就發端於莊子「藏天下
　　於天下」的思想，這讓讀者想到趙汀陽立足於老子的「以天下觀天
　　下」對天下觀念的闡發。

62 陳著對自發性秩序的討論，主要是圍繞作為政治正當性的天命論展
　　開的，但是這種自發性秩序只有在世界—地方的思想和實踐架構中
　　才有可能。其關於「地方」的論述，參見頁39-68；關於自發性秩
　　序的討論，參見頁69-86。其中關於禮俗的論述，也讓讀者想到姚
　　著的相關論述。

逐漸消隱，在民族國家的政治架構中，具有多樣性的「地方」被齊
一化，個人則被從家族和地方性中抽取出來，成為法律上獨立、平
等的個體。「這種為了現代性『總體動員』的要求而徹底根除地方
的現象，引發了政治形式的深刻變化」[63]，並因此產生了現代的希
臘式「政治」（politics）與在它眼中是「非政治」的中國古典政治
之間交織纏繞的緊張關係。在陳贇看來，這種緊張就構成了「現代
中國的個人生存之根本性困境的一部分」[64]。

　　同是對天下觀念的哲學透視，也同樣是借助於中、西思想的比
較來展示「中國思想的古典視域」，但與前述趙汀陽的天下論說不
同，陳著的關切集中在對現代中國所處境遇的認識上，更重要的是，
他把天下思想理解為一種「以具體的生命為指向的文化政治原則」，
而不是一種「建構國際關係秩序的模式」或者「政治外交原則」[65]。
基於這樣的理解，所謂從天下到民族—國家的轉變，其實意味著個
人生存形式的深刻改變，自此以後，「在個人的生命中，天下不再
可能，世界不再可能」[66]。那種不受任何地域的、文化的和政治的
束縛向著更高的人性開放、在天地之間成就自身的可能性，因此而
被封閉。在陳著看來，人性和生命（而非制度、秩序和倫理）層面
的這種改變，才是中國近百年來所遭遇的最深切的危機。而當下出
現的基於文化的中國認同，其實

　　並沒有達到古典思想意義上的「中國性」。古典的「中國性」
　　立足於地方，但通過地方的文化形式，卻達到了深刻的普遍性

63　同上，頁63。
64　同上，頁65。
65　同上，頁104。
66　同上，頁106。

與開放性，向著其他的文化形式開放自身，不斷地立足於地方
並同時突破地域性的限定，在不同地方的相互通達中開啟整個
的天下，開通天地之間的那個維度。[67]

與之相對，民族國家認同所抵達的「中國」只是一個從世界中
分離的地方，而不是整個的「天下」。換言之，「向著古典『中國
性』的回歸的現代性姿態，在某種意義上又是在拒絕古典的『中國
性』」[68]。

四

陳著由十年間先後寫成的若干文章組成，其中一篇是對汪暉關
於中國現代性的論著即《現代中國思想的興起》的評述。狹義上，
後者或非專門論述天下的論著，但它與諸天下論者身在同一思想和

67　同上，頁108。

68　同上，頁109。在稍晚的一篇文章中，陳贇談及「中國現代革命話
　　語」中兩種「關於中國道路的構想」，即「國民黨的新民本主義道
　　路」和共產黨的「延安道路」，從而將其關於天下的哲學思考延伸
　　到制度、秩序和倫理的層面。他認為這兩種構想「都是在儒家思想
　　這個背景視域中展開的」，都由古典的天下思想所規定。而「中國
　　思想」要走向成熟，就須要「面向中國的自身經驗」。文章最後指
　　出在民族—國家基礎上回歸天下、重建文明國家的三重路徑，即重
　　建禮樂文明（國家途徑）、重構歷史觀（文化途徑）和重建文明個
　　體（個人生命之根本）。詳參陳贇，〈天下思想與現代性的中國之
　　路——中國問題·中國思想·中國道路論綱〉，載任重、劉明主編，
　　《儒學復興：繼絕與再生》，頁62-74（中國政法大學出版社，2012）。
　　這是一種具有整全性的「文明論」視角，更詳盡的論述，參見陳贇，
　　《儒家思想與中國之道》第三卷《儒家思想、中國道路與文明復興》
　　（杭州：浙江大學出版社，2016）。

知識語境，有著同樣的思想關切，甚至共用某種知識譜系。更重要
的是，這部歷十餘年而成的思想史巨著視野開闊，史料豐贍，理論
深邃，其頗具反思性的討論或者揭明了後來某些天下論說中未曾言
明的思想預設，或者在某些重要方面開啟了後來與天下論說相關的
討論[69]，或者為某些更具現實關切的中國敘述提供了認識論和知識
論的基礎[70]，因此同樣值得我們關注。

汪著要探究的問題可以歸結為二，即第一，「中國（尤其是現
代中國）的含義是什麼？現代的中國認同、地域觀念和主權意識是
如何歷史地形成或建構的？」第二，「如何理解中國的現代？這種
自我確認所導致的思想轉變究竟包含了哪些內容？」[71]顯然，這也
是今天的天下論者面對的問題，後者關於天下的論述雖然各不相
同，事實上都包含了對這些問題直接或間接的「回答」。

汪著關於現代中國的討論從各種流行的中國歷史敘述開始，根
據汪著的分析，這些敘述可以被歸納為兩種不同的中國敘事，即作

---

69 該書意欲回答的問題「何為中國？」，也是諸天下論說的核心議題。
　　此外，汪著闢專章討論康有為的思想，對其建構儒學普遍主義的努
　　力展開研究，對於當下的「康有為熱」也有開風氣之先的作用。

70 汪著雖然是一部思想史論著，但是深具現實關切。黃宗智在他的一
　　篇評論中指出：「換句話說，『帝國』中國並不那麼像帝國，而『民
　　族國家』的中國也並不那麼像一個民族國家。這就是汪暉重新闡釋
　　中國政體史的核心所在，也是他為當前和未來中國探尋一種替代性
　　政治視野的概念空間的重要部分。」黃宗智，〈中國的現代性：評
　　汪暉《現代中國思想的興起》〉，載《讀書》2008年第8期。關於
　　汪著的現實性格和內在關切，參見戴錦華等，〈超越「左」與「右」〉，
　　載《天涯》2010年第5期。該文係2010年7月在北京召開的「別求新
　　聲──汪暉的學術世界與當代中國思想之進路」學術座談會的摘
　　要。

71 汪暉，《現代中國思想的興起》（上卷）第一部《理與物》，頁1。

為帝國的中國敘事和作為民族—國家的中國敘事。儘管這兩種敘事
有不同的表現形式，並衍生出複雜和微妙的樣式，卻都是以（傳統
的專制的）帝國與（現代的民族的）國家的二元概念／認識結構為
基礎的。然而，中國研究中這種占支配地位的帝國／國家二元論其
實「植根於19-20世紀歐洲的知識傳統之中」[72]，是當時的「歐洲人
為論證民族—國家及其主權形式的合法性而建構出來的」[73]。它不
能說明我們恰切地認識中國社會的近代轉型，並令人信服地回答上
述問題。人們早就注意到，與其他前現代帝國相比，中華帝國不但
存續時間最長，它在保持其巨大規模及其穩定性方面的表現也無與
倫比。不僅如此，近代以還，當各傳統帝國早已在民族主義的浪潮
中分崩離析之後，中國卻是世界上僅有的將前19世紀帝國的幅員、
人口和政治文化保持在一個主權國家和民族範疇之內的社會[74]。這
種現象用帝國／國家的二元論無法解釋。相反，要對這些現象做出
有說服力的說明，須要深入中國社會內部，在動態的歷史過程中發
現其演變的內在邏輯。循此，汪著指出，現代中國其實是帝國自我
轉化的產物，作為一種政治共同體意識的民族認同其實就植根於帝
國傳統內部，而不是一個純粹的現代現象[75]。換言之，在晚清以降
的政治、文化和社會運動中，真正的新事物與其說是「民族主體」
的產生，不如說是業已在舊制度內部形成的「民族主體」在一系列
新的歷史條件下的「更新」[76]。汪著分別以中國歷史上王朝尤其是

---

72 同上，頁23。
73 同上，頁29。汪著對這一今人稱之為東方主義的歐洲思想譜系的追
   溯和梳理，詳參該書頁23-47。
74 同上，頁21。
75 同上，參見頁74。
76 同上，頁78-79。

少數民族王朝的合法化方式以及中國現代方言運動與民族主義的關
係為例，來說明歷史變遷中「中國」認同的形成。在前一個事例中，
儒學正統理論為外來少數民族提供了一種跨越族群、語言和文化差
異來建立「中國王朝」的正當性依據[77]，一種超越族群認同的中國
認同框架。這是一種「承認各族群及其文化的獨特性」的「平等主
義的中國認同」。儘管歷史上的王朝更迭經常伴以血腥暴力，但是
這種中國認同還是「為民族和解、族群共存和消弭戰爭提供了一種
理念」[78]。在後一個事例中，中國的方言運動不像在世界上其他地
方那樣成為分離性的民族主義力量，而是中國認同內部的一種增加
其豐富性的地方性表達。像前一個事例所表明的一樣，現代的中國
民族認同「並不能消解地方性、方言文化，以及族群的、地方的或
宗教的認同」[79]。

　　汪著的上述描述雖然針對的是「中國」，卻讓讀者自然地聯想
到天下論者所說的「天下」：一種將內與外相對化的開放的、擴展
的、包容的、內部多樣化的文明秩序。這同樣涉及對中國的認識。
「中國是一個帝國還是民族─國家或偽裝成民族─國家的帝國？中
國是一個政治性的概念還是一個文明或文化的概念？」[80]汪著以質
疑方式提出的這些問題，包含了慣常出現於各種中國／天下論述中
的一些基本概念，如帝國、文明和文化。康有為就把「中國」理解
為一種文明或文化的概念，在他眼中，「中國」既「不是民族─國

77　同上，頁83。

78　同上，頁87。更詳細的討論，參見汪暉，《現代中國思想的興起》
　　（上卷）第二部《帝國與國家》第五章。

79　同上，頁78。導論之外，更詳細的論述，參見該書附錄一：〈地方
　　形式、方言土語與抗日戰爭時期「民族形式」的論爭〉。

80　汪暉，《現代中國思想的興起》（上卷）第一部《理與物》，頁20。

家，也不是帝國，而是一種文化的象徵和載體」[81]。今天，這樣的
「中國」被認為是「國家體與文明體重疊」的「國家—文明統一體」，
也就是「天下」[82]。對此種類型的「國家」，有些人乾脆稱之為「文
明國家」（civilization-state），或「裝作民族國家的文明」（a civilization
pretending to be a state）[83]。這些關於中國的表述都是基於一種判斷，
即現代中國並非普通的民族國家，但它們同時又或隱或顯地具有汪
暉所批評的帝國／國家的二元論色彩。有論者受此概念啟發，欲保
留對中國特殊性的認識，同時克服其中包含的東方主義因素，發明
了「文明型國家」（civilizational-state）一詞，以此來說明中國的崛
起、中國模式、中國的未來以及中國的世界使命。

　　按「文明型國家」鼓吹者張維為的話說：「中國崛起是一個『文
明型國家』的崛起。」所謂「文明型國家」，就是「一個數千年古
老文明與現代國家形態幾乎完全重合的國家」，而中國是世界上唯
一一個這樣的國家[84]。換言之，現代中國既不是傳統帝國在民族國
家偽裝下的延伸，也不是一般理解的民族國家，而是二者的融合，

81　參見汪暉，《現代中國思想的興起》（上卷）第二部《帝國與國家》，
　　頁783-784。
82　吳稼祥，《公天下：多中心治理與雙主體法權》頁41（桂林：廣西
　　師範大學出版社，2013）。
83　Lucian W. Pye, *The Spirit of Chinese Politics*, p. 235. Harvard
　　University Press, 1992。今天，美國學者白魯恂的這句名言，因為一
　　個英國人將之用於關於中國的預言而變得廣為人知。參見馬丁・雅
　　克，《當中國統治世界——中國的崛起和西方世界的衰落》，張莉
　　譯（北京：中信出版社，2010）。不過，儘管都以「文明國家」一
　　詞來指稱現代中國，二者背後所抱持的想法卻相當不同，這種不同
　　不只是個人觀點上的，還有著鮮明的時代烙印。
84　張維為，《中國超越：一個「文明型國家」的光榮與夢想》，頁252-253
　　（上海：上海人民出版社，2014）。

「中國首先是一個現代國家,而中華文明的種種特質又使它與眾不同」[85]。具體言之,與現代民族國家相比,文明型國家不但具有「超大型的人口規模、超廣闊的疆域國土、超悠久的歷史傳統、超深厚的文化積澱」,而且有「獨特的語言、獨特的政治、獨特的社會、獨特的經濟」,且「其中每一點都包含了傳統『文明』和現代『國家』的融合」。具有如此「超強的歷史和文化底蘊」的「文明型國家」,「不會跟著別人亦步亦趨,不會照搬西方或者其他任何模式,它只會沿著自己特有的軌跡和邏輯繼續演變和發展」[86]。張著對「文明型國家」的描述,展現了我們業已熟悉的「天下」圖景:超大規模的政治體,協和萬邦的「百國之和」;也包含了天下論述中常見的中西古今的對比式:民本對民主,民心對民意,家國─天下對國家,王道對霸道,求同對趨異等等。關於張著立足於作為「文明型國家」之中國崛起及發展提出的主張,如解構西方話語,尤其是「西方不少人堅持的所謂『普世價值』」,建構強勢的中國話語等[87],

---

85 張維為,《中國震撼:一個「文明型國家」的崛起》,頁64(上海:上海人民出版社,2011)。

86 張維為,《中國超越:一個「文明型國家」的光榮與夢想》,頁253。張著對文明型國家的基本描述主要由馬丁・雅克的著作鋪衍而來,其最重要的改變則是把一種對中國的外部描述和分析,變成了一套內部的敘述和主張。

87 張維為,《中國超越:一個「文明型國家」的光榮與夢想》,頁131、148。張著認為,執政黨提出的「三個代表」和科學發展觀都是這個話語體系的重要組成部分,但只有這些話語還不夠。「我們還需要進行話語內容和形式的創新,構建包括**民間話語、學術話語**和**國際話語**在內的大話語體系,構建接地氣的、有學術含量的、能與國際社會進行溝通和對話的更大規模的話語體系」。(同前,頁137。粗黑體係引者所用)另外,其《中國震撼:一個「文明型國家」的崛起》也有專章論話語建設。

也是許多（當然不是全部，但同時也不限於）天下論者的訴求。

張著還認為，因為其超級特性，對「文明型國家」的治理必定與眾不同，由此形成了中國「獨特的政治文化觀」，後者即是中國政權最大的合法性來源。「這種歷史合法性的最大特點就是『選賢任能』的政治傳統和『民心向背』的治國理念」。這一傳統和理念體現了中華民族的政治智慧，不但是「中國在數千年歷史的絕大部分時間內都遠遠領先西方的關鍵所在」，「也是中國模式今天超越西方模式的核心競爭力之一。」[88]

張著提到的中國政治之獨特性的另一個表現，是它「具有巨大的包容性」。中國「歷史上有朝貢制度、藩屬制度、將軍都護府制度、改土歸流制度、郡縣制」等，這些制度在「文明型國家」的架構中「可以相處得非常自然」。今天，中國實行「一國兩制」和民族區域自治制度，同樣體現了「制度的多樣性和包容性」。而這些，「在西方現代『民族國家』的理念下是難以想像的」。[89]

張著的論述風格介乎媒體與政論之間，論斷多而論證少。不過在這兩個問題上，有同時代學者試圖提出更具學理性的系統論證。政治學者貝淡寧關於賢能政治的專論，就嘗試對前一問題做出系統的思考和論證。貝著先以英文出版，旋即被譯為中文印行，並在英語尤其是漢語學界引起熱烈討論[90]。像在張維為那裡一樣，「選賢

---

88 張維為，《中國震撼：一個「文明型國家」的崛起》，頁73。
89 同上。
90 在《文史哲》和《中華讀書報》聯合舉辦評選出的「2016年度中國人文學術十大熱點」中，「貝淡寧《賢能政治》出版，政治治理的中國模式再引全球熱議」位列第七。評選公布的說明詞如下：「改革開放以迄21世紀初期，中國經歷了一個快速工業化、市場化和城市化的進程，經濟實力高速崛起，引發國際社會的強烈關注，人們懷著濃厚的興趣，試圖一探崛起背後的根由，中國特殊的政治治理

（續）

　　模式因之成為全球矚目的焦點。與此同時，以『普選』為特徵的歐美政治近年來出現異動，民族主義與民粹主義大行其道，一人一票的西方民主模式的正當性遭遇空前挑戰。在此背景下，加拿大籍政治學者貝淡寧所著《賢能政治：為什麼尚賢制比選舉民主制更適合中國》英文版於2015年出版，中文版也於2016年推出。作者旗幟鮮明地指出，根據廣泛認同的善治標準，選舉民主不一定比現行的尚賢制的表現更好；由傳統政治文化而來的政治尚賢制比西方民主制更適合像中國這樣的大國，它能夠有效地規避民主選舉制的缺陷。此論一出，旋即在國內外引起關於『賢能政治』與民主政治孰優孰劣的激烈爭議，中國政治治理模式的前景也因此吸引了全球更多的注意力。由於『尚賢制』的理念前提根植於深厚的儒家文化土壤，隨著《賢能政治》的熱銷，儒家學說的政治思想遺產亦引起廣泛關注。」

　　值得注意的是，該「十大熱點」的另外兩項，學術「本土化」和自由主義遇阻，既可以被視為貝著引發熱議的背景，也與本文討論的主題密切相關。其中，位列第一的「哲學社會科學工作座談會召開，『本土化』漸成人文研究之主流取向」項下說明指出：「近四十年來，中國以獨特的道路和方式實現了大國崛起，制度安排、社會結構、發展路徑等等在很大程度上溢出乃至顛覆了基於西方歷史經驗得出的諸多以往被認為具有『普適性』的社會科學結論。伴隨著這一歷史性的變化，一方面是西學範式和框架對於中國經驗與現實的解釋效能愈見式微，中國人文社會科學各領域漸次轉向尊重自身的事實和特點，從學理上發現並闡述『真實的中國』、鍛造尊重本土經驗的理論模型；而另一方面，中國也亟需在世界範圍內形成與其經濟實力和地位相匹配的思想、學術、文化上的話語權與軟實力。2016年5月17日，哲學社會科學工作座談會在北京召開，習近平在會上強調，哲學社會科學工作要著力構建中國特色哲學社會科學體系，提煉帶有中國標識的概念範疇，集中反映出意識形態對於學術本土化的期待和推動。學術本土化思潮因此席捲當下的整個人文社會科學領域。」。

　　位列第六的另一「熱點」是「自由主義遭遇大面積質疑，學術氣候正在發生重大變遷」，其下說明詞指「20世紀80年代起，新自由主義開始成為西方國家的主流思潮。然而，近年來以自由主義理念為根基的社會治理實踐所映射出的制度失效與合法性受損，使得自由

任能」的理念和實踐，在這裡是作為「中國模式」的一部分和民主的替代物提出來的[91]。貝著認為，「政治尚賢制的觀念和實踐是中國政治文化的核心」[92]，而一種糅合了基層民主、中間試驗和高層尚賢的國家治理方式，構成了他認為的「中國模式」的特徵，也是這種模式的優長。同樣，貝著也提到國家規模問題，認為在選擇和評判制度時，「國家規模的大小是舉足輕重的考量」[93]。這是一種注重實效的立場，而這種立場被認為更符合東亞社會的文化。因此，就像張維為用良治／劣治的分類來替換流行的民主／專制範疇一樣，貝淡寧用「善治」的概念來對抗教條主義的民主論。最後，儘管貝著並不認為中國的政治尚賢制可以被簡單地推廣到世界其他地方，但他仍然認為，這種制度對西方的民主制度構成了實質性的挑戰，因此不排除有一天，政治尚賢制「會成為全球占支配地位的政

（續）————————————————

主義價值觀在世界範圍內遭受前所未有的信任危機。……這一動向映現到國內思想界和學術界，表現為自由主義思潮在社會科學各學科的支配性影響遭遇阻遏，作為社會科學基本預設的自由主義在中國的『學術殖民』現象受到越來越多的質疑和批評。而且，這種質疑和批評正在從社會科學領域向人文學術領域延展，顯示出當下學界正發生方向性轉折，人文社會科學諸多學科也因此面臨『預設調整』和『規範重建』的歷史性任務」。https://www.sohu.com/a/134142188_661185。

91 貝著的英文書名和中文書名略有不同。前者為《中國模式：政治尚賢制與民主的限度》（*The China Model: Political Meritocracy and the Limits of Democracy*），其以中國經驗質疑民主普世性的傾向甚為明顯。相比之下，該書中文書名《賢能政治：為什麼尚賢制比選舉民主制更適合中國》則轉而向內，重在說明「中國道路」的合理性與正當性。

92 貝淡寧，《賢能政治：為什麼尚賢制比選舉民主制更適合中國》，頁177，吳萬偉譯（北京：中信出版社，2016）。

93 頁XIV。

治制度」[94]。

就在張維為發表《中國震撼》的前一年，法律學者強世功也將其關於中國香港問題的系列文章結集出版。儘管這本書的書名是《中國香港：政治與文化的視野》，作者要回答的問題卻是「『中國』究竟意味著什麼？」[95]的確，只看目錄中的關鍵術語如帝國、主權、王道與霸道、中國、革命、政治與法律，就不難想見作者的關切所在。那麼，何為中國？強著區分了指稱「國家」的兩個英文詞：country和state。前者「是與特定的土地聯繫在一起的政治組織，強調的是國民與所居住國家的自然領土之間的內在關係，並依賴人們對土地的自然情感將國民團結在一起」；後者「是依賴抽象的法律制度建構起來的政治組織，更強調『公民』與『國家政體』之間的內在關係，它依賴法律將公民團結在一起」[96]。「一國兩制」的英文翻譯，「國家」一詞採用的是country而非state。強著認為，這個選擇「精確地把握了『一國兩制』思想的精髓」[97]，因為，按照基於現代國家即state構造的政治哲學來衡量，「一國兩制」這樣的國家制度安排不合法理，實踐中也存在名實不符的種種問題[98]。然而，在強著

---

94 頁ⅩⅩⅦ。

95 強世功，《中國香港：政治與文化的視野》，頁367（北京：三聯書店，2010）。

96 同上，頁191。

97 同上，頁200。

98 參同上書，頁192-199。有國際法學者認為，近代主權概念並不能恰當地描述實際存在的國家關係，他們舉出的例證就包括重新對香港行使主權的中國。按照其看法，作為中國一部分的香港與中央政府之間關係的情況，接近於中國朝貢關係內部的權力架構。參見汪暉，《現代中國思想的興起》（上卷）第二部《帝國與國家》，頁697注178。另外，馬丁‧雅克也以中共處理香港問題採用的「一國兩制」為例，來說明中國作為文明國家而非民族國家的性質。參見

看來，這恰恰表現出中國國家形態的特異性：中國「是一個歷史上形成的『文明國家』，而不是人為建構起來的『民族國家』」。而

> 香港回歸在政治哲學上的正當性恰恰不是現代國家理論中的社會契約思想，而是歷史傳統的正當性，……由此，「一國兩制」中的「國家」，不僅在制度建構上是反現代國家的，而且其政治哲學基礎也是反現代國家理論的，而這種富有想像力的政治建構和政治思想，恰恰來源於中國古典的政治傳統。[99]

這個傳統就是天下的理念。

像我們在其他天下論者那裡看到的一樣，強著也是在比較西方法政思想的基礎上來刻畫「中國」特性的。比如，他認為中國的封建制與羅馬共和國和大英帝國都遵循差異原則，但二者精神迥異。西方的差異性是基於種族，中國的差異性是基於文明與教化；西方的差異性具有強烈的斷裂性和對立性，中國的差異性則是相對的、可以相互轉化的；解決西方式差異帶來的二元對立的緊張關係，是對「他者」的改造、同化或消滅，相反，儒家文化主張的「天下大同」是包含了差異性的「和而不同」，後者「更強調差序格局中『中心』與『邊緣』之間的互惠關係，以及『中心』對『邊緣』的道義責任」[100]。這也正是「一國兩制」的精神所在[101]。著眼於這種觀念

（續）————————————

Martin Jacques, Civilisation state versus nation-state. http://www.martin jacques.com/articles/civilization-state-versus-nation-state-2/

99 同上引強世功書，頁200。

100 同上，頁223。

101 詳參上引書，頁215-236。在這部分，強著還提到作為天下構造核心的「家」的觀念，作為天下治理思想的禮治和德治，以及作為天

的延續、歷史的傳承，強著強調，一國兩制既不是中共出於策略考
慮的臨時舉措，也不是鄧小平本人的個人創造。作為一種制度安排，
「一國兩制」的原則與精神與先前中央對台政策「葉九條」和更早
的作為「中央治理西藏的基本法」的「十七條協議」可以說一脈相
承，而在鄧小平主政之前，毛澤東早已通過對西藏問題的處理，奠
定了一國兩制的思想基礎，而這樣的構想「其實都來源於中國歷代
君主治理邊疆的政治技藝」[102]。進一步說，中共處理香港（當然也
包括澳門、台灣以及早先的西藏）問題的做法，「展示了中國共產
黨最深層的思考實際上延續了儒家傳統的天下觀念。這種『天下』
觀念超越了階級和民族，也超越了主權國家的概念」，而「只有理
解中國共產黨理論與傳統儒家理論在最深層次上的一致性，才能理
解中國革命的特殊性。」[103]這種從鄧小平到毛澤東到儒家傳統的一

（續）

  下正當性來源的「人心」。

102 同上，頁161。其實這也是國民政府處理西藏問題的基本辦法。關
   於「一國兩制」歷史源流的詳細論述，參見強著第7章。

103 同上，頁117。強著第5章詳細講述了毛澤東及其領導下的中國共產
   黨的天下胸懷和天下戰略思想。儘管與馬克思主義學說不符，而且
   除了最近幾十年，中共建黨和建國以來一直以反傳統為己任，強調
   中國共產黨對中國歷史傳統的繼承，卻是當下這一派論者的共識。
   有人認為：「中國執政黨本質上是中國歷史上統一的儒家執政集團
   傳統的延續，而不是代表不同利益群體進行互相競爭的西方政
   黨」。（張維為，《中國震撼：一個「文明型國家」的崛起》，頁
   72）用另一個學者的話說，西方政黨是「代表黨」，中國共產黨是
   「領導黨」。領導黨的責任是「要告訴這個整體，中國從哪裡來，
   現在何處，未來到哪裡去」，然後「引領我們走」。曹錦清，〈百
   年復興：中國共產黨的時代敘事與歷史使命〉，載瑪雅，《道路自
   信：中國為什麼能》（精編本）（北京：中信出版社，2014）。這
   類觀點的更多表述，詳見下文。

致性，被甘陽用儒家公羊學的術語概括為「通三統」[104]，而且，並非巧合地，強著與甘陽所著《通三統》被列入同一套叢書《「文化：中國與世界」新論》中出版，而叢書的主編就是甘陽本人。

在說明其編纂旨趣的「緣起」中，甘陽著重指出了以下幾點：第一，在中國與世界的關係中，「所謂；『中國』，並不僅僅只是聯合國上百個國家中之一『國』，而首先是一大文明母體」[105]。第二，「真正的大國崛起，必然是一個文化大國的崛起；只有具備深厚文明潛力的國家才有作為大國崛起的資格和條件」[106]。自然，中國具有這樣的資格和條件。遺憾的是，第三，中國文明所積累的「龐大的文化資本，尚未被現代中國人好好利用過，因為近百年來的中國人基本是用西方一時一地的理論和觀點去看世界，甚至想當然地以為西方的理論觀點都具有普遍性」[107]。由此形成的對西方的看法，以及據此又形成的對中國的看法，有許多都須要加以檢討。因此，第四，今人須要「重新認識中國，重新認識西方，重新認識古典，重新認識現代」[108]。最後，第五，通過這種努力，「中國思想學術文化」將走向成熟，其標誌就是「中國文明主體性之獨立立場的日漸成熟」[109]。

---

104 詳參甘陽，《通三統》（北京：三聯書店，2014）。
105 同上，「緣起」，頁1。甘陽認為，20世紀中國的中心任務是建立近代「民族國家」，但21世紀的中心任務是超越民族國家的邏輯，而自覺地重新將中國建設成「文明國家」（civilization-state）。參見甘陽，「從『民族—國家』走向『文明—國家』」。載《書城》2004年第2期。
106 同上，頁2。
107 同上，頁3。
108 同上，頁4。
109 同上，頁6。據甘陽自陳，他借用中國古典思想傳統中的「通三統」

（續）————————————

概念，就是想要來「討論全球化時代中國文明主體性的一些問題」。
甘陽：《通三統》「自序」頁1。這裡應該提到甘陽的同道與合作
者劉小楓博士。儘管其本人沒有出現在本文正文引述的天下論者之
列，但他的問題意識和思考卻是圍繞其中的核心問題展開的。不僅
如此，作為一個多產的著作者和諸多學術專案的組織者，他也經常
扮演引領學術思潮的角色。表面上看，他為之耗費大量精力的西方
古典學研究距中國現實甚遠，但實際上卻深具現實意味。在為一本
題為《從普遍歷史到歷史主義》的譯文集所寫的「編者的話」中，
他表明了自己的編選旨趣：「在當今世界政治格局中，我國戰略位
置不斷上升，如何從中國文明的立場和角度理解世界歷史，日漸成
為迫切的理論問題。我們不僅需要認識現代世界形成的歷史，也得
認識西方理解世界歷史的歷史」。（劉小楓編，《從普遍歷史到歷
史主義》，譚立柱等譯。北京：華夏出版社，2017）該書列入他所
主編的「經典與解釋」叢書的子序列「世界史與古典傳統」叢書出
版，而在為後者所寫的「出版說明」中，他更表明了這樣的關切：
「中國在世界秩序中的政治地位和文明地位果真隨著中國的經濟
崛起而飆升了嗎？」答案不言而喻。因此，中國知識界要做思想文
化上的努力，而這種努力可以由「理解世界」開始：「盛世之下的
國朝更應知曉世界事務，世界事務的要害不在於繁瑣的國際事務，
而在於理解世界本身。」。這也是譯事的意義：「立足華夏大地，
譯介歐美世界有關世界史的書寫與再書寫，絕不僅是單純了解各國
風俗，而是了解現代世界的生成機理，更無疑是在華夏文明又起一
程的新時代使用密藏那筆墨（mise en abyme）的筆法正視我們自
身。**保國、保種、保教的歷史使命必須也只能在世界敘事中完成**」。
（粗黑體係引者所用）這裡，知識的旨趣完全是政治性的。實際上，
劉小楓並不諱言其政治關切。在為他與甘陽共同主編的《政治哲學
文庫》撰寫的「總序」中，兩位主編把政治哲學定義為「一種超學
科的學問」，因為，「政治哲學是一個政治共同體之自我認識和自
我反思的集中表達。此外，政治哲學的興起一般都與政治共同體出
現重大意見爭論有關，這種爭論往往涉及政治共同體的基本信念、
基本價值、基本生活方式，以及基本制度之依據，從而必然成為所
有人文社會科學的共同關切」。（甘陽、劉小楓主編，《政治哲學
文庫》總序。載劉小楓，《現代人及其敵人：公法學家施米特引論》
頁2）這段話可以很好地用來說明甘、劉二人的學術旨趣。也不妨

　　顯然，在本文已經論及的思想語境中，甘陽的上述認識與判斷具有相當的代表性，甚至可以被視為某種共識性表達。儘管上面提到的諸多學者出於不同學科，其論述方式不同，思想資源不同，關注之問題不盡同，作為其出發點的立場也有差異，但他們大都以「中國崛起」為背景，強調中國作為所謂文明國家的獨特性，都認為這種獨特性及其巨大價值沒有被正確地認識，因此都主張要重新認識中國，尋回中國性，確立中國文化的主體性，並以真正屬於中國的視角去認識世界。為此，他們都對百年來支配中國思想學術的西方普遍主義話語展開批判，指出基於西方經驗的政治、法律和社會理論的局限性，以及流行的普世價值論的虛假性[110]。承載了這些含義

(續)

　　說，他們所關注、宣導和從事的學問，都可以歸在政治哲學的範疇之下。劉小楓在政治哲學方面的最新著作，是其透過英美學界施特勞斯學派和劍橋學派的論爭對美國政制優異性提出質疑的一本新書：《以美為鑑：注意美國立國原則的是非未定之爭》（北京：華夏出版社，2017）這裡還可以順便指出，施米特和施特勞斯正是經由甘、劉二人的大力推介而為中國學界所熟悉，不過，就像這兩位學者本人，中國語境中的施米特和施特勞斯也頗具爭議。對強世功的施米特法律觀的批評，參見陳冠中，《中國天朝主義與香港》，頁118-122（香港：牛津大學出版社，2012）。對所謂「中國施派」主張的分析和批評，見王煒，〈從布魯姆對羅爾斯的誤解看施特勞斯學派政治哲學及其中國變體〉，載《天府新論》2017年第6期。最後，我們可以趙汀陽的看法來結束這段介紹。趙汀陽以政治哲學為第一哲學，並認為「『中國問題』首先是個哲學問題和政治學問題」。（趙汀陽，《天下體系：世界制度哲學導論》，頁5）在這樣的意義上，本文所討論的問題，根本上也都是政治哲學問題。

110 有一本書的書名把這種立場表露得淋漓盡致。參見曾亦、郭曉東編著，《何謂普世？誰之價值？當代儒家論普世價值》（增補本）（上海：華東師範大學出版社，2014）。關於這本意見表達多於學理闡發的書，下文還將多次提到。

的天下論說因此具有鮮明的本土色彩和批判性，也因此激發起眾多
批評和回應。

五

　　根據其所採取的形式，對前述天下論說的回應大體可以分為三
類。第一類是對諸天下論說的直接批評；第二類是針對此類論說的
替代性理論主張；第三類則是區別於前述諸說的另類天下敘述。其
中，第一類回應又可以根據其所針對的具體議題，區分為個別性的
批評和總括性的批評。趙汀陽提出「天下體系」後引出的諸多評論
自然屬於前一類，貝淡寧的「賢能政治」論引發的熱評和強世功的
香港論述引起的批評也屬於這一類[111]。在此之外，也有人針對已經
成為熱議話題的「天下」概念進行反思，或者指出這一概念應用上
的困境，或者嘗試提出有效利用這一概念的方法[112]。不過，鑑於本
文的目的不在於探求「天下」概念原理，而在梳理「天下」話語脈
絡，我們更注意的是對於天下論說的總括性批評。
　　韓國學者白永瑞也許是最早就當下中國的天下論說展開綜合分
析的域外學者。在其2014年初以中文發表的文章中，他以「帝國」
（不同於「帝國主義」）概念為核心展開分析[113]，而把當下流行的

---

[111] 對趙汀陽的「天下體系」、蔣慶的政治儒學以及貝淡寧的「賢能政
　　治」等，各方評論甚多，不贅舉。對強世功香港論述的評論似不多
　　見，筆者看到的只有陳冠中的評論文章，該文不但極具針對性，也
　　因為出於一位香港文化人之手而更值得注意。詳下文。

[112] 參見崇明，〈民族國家、天下與普遍主義〉；李永晶，〈從「天下」
　　到「世界」——東亞儒學秩序原理的過去與未來〉，均載許紀霖、
　　劉擎主編，《新天下主義》。

[113] 白永瑞對「帝國」的簡單定義是：「擁有廣闊的統治領域，同時常

諸如朝貢體制說、文明國家說和天下論都視為帝國話語。在白文的
介紹中，除了天下論者慣常引述的白魯恂和馬丁·雅克的說法，我
們還能看到若干韓、日學者的類似觀點，如柳鏞泰關於中華民族論
具有「內化了的帝國性結構」的說法，全寅甲所謂「帝國性國民國
家」，白井聰所謂「作為帝國的中國」等，這些說法都被認為有助
於認識現代中國。不過，白文注意到，晚近一些中國知識分子開始
引入文明國家這一概念時，他們是在「用『文明國家』來表達在現
代化與去西方化（de-westernization）取得成功後的自信及對本國文
明的肯定。其代表人物是甘陽」。而人們「無法不從他的主張中感
受到中國民族主義的欲望」。在「文明國家」之外，「對擴散帝國
話語起推波助瀾作用的，還有『天下』概念」。在這一部分，白文
主要討論的是趙汀陽的《天下體系》，也順便提到本文下面將要論
及的「新天下主義」說。它對以「天下」面目出現的這種帝國話語
的質疑和擔憂似乎都集中於一點，即它忽略了周邊的聲音和主張，
而無法達成它所聲稱的普遍性，或者更糟，變成一種新的霸權。此
外，在白文看來，這種傾向於在西方民族國家概念之外解釋中國的

（續）

　　常表現出對外膨脹傾向的廣域國家。因為統治領域寬廣，所以帝國
　　具有統合多種異質性（heterogeneity）的寬容（或包容）原理。簡
　　言之，帝國性的特點是寬容與膨脹。當然，構成帝國的各個要素之
　　間不可能平等地結合，（帝國的）中心會對其周邊進行支配，即形
　　成一種「中心─周邊」關係，這種中心與周邊的支配─被支配關係
　　成為帝國的基本結構」。參見白永瑞，〈中華帝國論在東亞的意
　　義──探索批判性的中國研究〉，《開放時代》2014年第1期。本
　　文引自網路版。http://www.aisixiang.com/data/72241-6.html。在這個
　　定義中，「寬容與膨脹」被作為「帝國性」的特點加以強調，這似
　　乎突顯了「帝國」周邊國家（通常是更小的政治體）的視角，在這
　　樣的視角裡，它們代表了正面和負面兩種價值。以下引文均出自該
　　文。

帝國話語雖然強調歷史傳統的連續性，卻不一定符合歷史實際，蓋因其核心在於「重思中國，重構中國」（白文引趙汀陽語），就此而言，「帝國話語應該被稱為『作為計畫的帝國』（empire as a project）」。也因為如此，白文認為學界應當採取積極態度，介入這種話語，而其介入的方式，便是提供某種「周邊地區」即它所謂「核心現場」的視角。這些「核心現場」的例證，包括了台灣、沖繩和朝鮮半島。白文便是由此「核心現場」發出的聲音[114]。

另一個由「核心現場」（強著所謂「邊緣」）發聲的是香港資深文化人陳冠中。他在強世功的《中國香港》一書面世後即發表長文〈中國天朝主義與香港〉，對強世功的香港論述展開批判。在對強文展開正面討論之前，陳冠中先對「現下某一種政治意識形態」加以概述。這種政治意識形態，據他看來，主要包括以下內容：「一、中國不是現代（西方）意義的民族國家或帝國；二、當代中國黨國體制是……『傳統中國政治遺產』的繼承者；三、大清帝國是傳統中國天朝式政治視野的極致表現，也是今後中國政治想像的模版」，他把這樣一套話語稱為「中國天朝主義」[115]。他認為，較之「中國模式」、「北京共識」一類說法，「天朝主義」一詞在描述中國現狀、尤其是經濟制度諸方面或有不足，但是作為政治上「規範性、建構性的引導意識形態」，它卻有著「更強的傳統文化內涵，地緣政治衝擊，及『大歷史』或『長歷史』意義的企圖心」，而且，因

---

114 白永瑞最後寫道：「面對中國崛起這一全球性難題，帝國話語中包含著一種期待，那就是『作為帝國的中國』不僅成為有利於中國人的帝國，同時成為有利於世界所有人的『好帝國』。但是為了使這個『自我實現的預言（self-fulfilling prophecy）』真正得到實現，光靠理解中國『帝國性』的歷史與現狀是不夠的。」
115 陳冠中，《中國天朝主義與香港》，頁88-89。

為其中多了對既有體制「歷史主義的解讀及國體演變的訴求,增添了中國往後政經體制變形的不可測性」[116]。從「周邊」的立場出發,陳冠中針對強世功的中國論述和香港論述著重指出兩點。第一,一個中央集權、自稱繼承帝國的傳統政治理想、以超越現代主權觀念的文明國家自居的「天朝」,難免令其周邊小國尤其是那些獲得獨立時間不長的民族國家疑慮和擔心,而這是否真的符合當前中國的國家利益是一個問題[117]。第二,具體到香港,儘管「天朝主義在取向上是維護『多元一體』的一國多制格局的」,但是它傾向於把對香港的統治視為「中央審時度勢、因地制宜的統治術」,而不是以「地方人民的自治權利」來看待一國兩制,這使得特區自治的憲法地位受到貶抑,增加了中央與地方之間的猜疑[118]。另一方面,「天朝主義的論述架構還傾向於將特區『去政治化』,視特區為實現中央統治術的被動對象」,這種思路「比較不能處理特區早已形成的主體性」,不但與特區現實有著認知上的落差,削弱了其對香港現狀的解釋力或開拓力,「甚至可以造成治理策略的誤判」[119]。

也是在這一時期,與白、陳二人的批評相呼應,歷史學者葛兆光發表長文:〈對「天下」的想像:一個烏托邦想像背後的政治、思想和學術〉,對諸天下論說進行了系統梳理和批判。該文搜羅文獻詳贍,對天下論說之主要人物、觀點及議題皆有論列,可知其非

---

116 同上,頁89。

117 參見上引書,頁110-113。此中涉及的「主權」問題是所有天下論者,無論其立場如何,都必須面對的。由於強調維護國家主權是中國外交政策的一貫主張,強世功的超主權說主張難免陷於尷尬。更多的分析,參見上引書,頁104-116。

118 陳冠中對強文國家論述的超法律性質的分析,參見上引書,頁116-122。

119 同上,頁126-127。

一時興發之作，而是作者對該現象持續關注和思考的結果。葛文的
討論從歷史開始，這倒不完全是因為他本人的歷史學家身分，而更
多是因為在他看來，眾多天下論者的「天下」論述，太無視既有的
歷史研究，不過是「非歷史的歷史」，或「反歷史的歷史想像，充
其量只是表現一種浪漫情懷和崇高理想」[120]，難免一廂情願之譏。
同樣可以被視為歷史議題的還有近年來伴隨天下論說迅速升溫的康
有為熱，以及對康有為所承接的公羊學傳統的再認識。因為這一脈
思想「最能刺激現代『天下』想像」[121]，乃是後者重要的思想淵源，
葛文專門拿出兩節篇幅對之詳加辨析。在葛文看來，一些當代學者
（主要是蔣慶、汪暉和後來主張「回到康有為」的一眾學者）對公
羊學尤其是清中葉至晚清公羊學諸家的解說太過現代，脫離了歷史
語境，大有郢書燕說之嫌，「傳統儒家文獻中有關『天下』的一些
理想型論述」，就是這樣「一步一步被詮釋為現代版的『天下主義』」
[122]。

　　在學術之外，葛文還討論了天下論說興起的政治和思想背景。
葛文注意到，「天下主義」最初大抵是作為相對於「民族主義」而
與「世界主義」同義的理念提出來的，但是很快就轉化為「偽裝成
世界主義的民族主義」。其原因，簡單說就是「所謂『中國崛起』
引起的興奮與刺激」，同樣重要的，還有「這十幾年間中國大陸主

---

120 葛兆光，〈對「天下」的想像：一個烏托邦想像背後的政治、思想
　　和學術〉，載《思想》第29期，頁9（台北：聯經出版公司，2015）。
　　儘管葛文是在台灣的思想學術刊物上發表，其在大陸學界的傳播卻
　　並未受到影響。
121 同上，頁33。
122 同上，頁32。

流政治意識形態的[123]變遷，……中國逐漸放棄了改革開放初期『韜
光養晦』或『不爭論』的策略，開始追求作為『世界大國』的所謂
『中國夢』」[124]。在這樣的背景下，一些源自西方的批判理論，如
薩義德的東方主義理論和哈特與尼格瑞的帝國論，在中國廣為流
行，「啟動了潛藏在中國知識界心底很久的民族主義或國家主義」
[125]，以及「中國清算『百年恥辱』的情感、批判『現代性』的思潮
和重建『天下』體系的雄心」[126]。於是，借助於「帝國」、「天下」、
「文明國家」這樣一些沒有明確界定甚至似是而非的概念，眾多天
下論者「把歷史上的中國特殊化，一方面試圖把古代中國的朝貢體
系打扮得很文明，一方面讓現代中國免於接受現代制度之約束」
[127]。作為一個歷史學者，葛兆光表示他「實在不能贊同這種一步一
步旁行斜出的過度詮釋，也不能贊同這種將概念抽離歷史語境的想
像」[128]，而他最擔心的是，「古代中國『天下』秩序中原本就隱含
的華夷之分、內外之別、尊卑之異等因素，以及通過血與火達成『天
下歸王』的策略，是否會在『清洗百年恥辱』的情感和『弘揚中華
文明』的名義下，把『天下主義』偽裝成世界主義旗號下的民族主
義，在中國崛起的背景下做一個『當中國統治世界』的『大夢』？」
[129]葛文自承沒有能力對「天下主義」做善惡是非的判斷，卻表達了
對於「天下」觀念優異性的強烈質疑。他最後問道：憑什麼古代中

---

123 同上，頁19-20。
124 同上，頁23。
125 同上，頁25。
126 同上，頁26。
127 同上，頁28。
128 同上，頁53。
129 同上，頁54。

國儒家提供的方案是「王道」,而現代西方思想提供的卻是「霸道」?
「這使我們不得不一再地回到問題的起點:誰是世界制度的制定
者?誰來判斷這個制度的合理性?」[130]

　　其實,歷史學家對於自己的設問並非沒有答案。在兩年後一篇
針對「大陸新儒學的政治訴求」的文章中,葛兆光將前文中未曾明
言的政治立場明確化了。在這篇更富挑戰色彩的文章中,本文前面
提到的「當代儒家論普世價值」的討論集,因為多「率性之言」、
「激切之論」[131],而成為其痛批的對象。作者對大陸新儒家標舉政
治儒學,「要從文化建設轉到政治參與」「感到愕然」,更對其「驚
世駭俗的政治設想」「感到驚詫」[132]。在作者看來,在中國思想和
自由、民主、人權這類「現代西方的普世價值」[133]之間劃清界線,
表明大陸新儒學已經走上了一條「極端主義道路」[134]。針對論者藉
由「回到康有為」提出的「如何維護這個延續自大清帝國的多民族
國家」的問題,作者回答說:「如果不是在公平、自由和民主的基
礎上,推動制度的認同,並兌現每個人的『國民』身分,給每個國
民提供安全、幸福和自尊,從而使之自覺接受國民身分,認同這個
國家,還能有什麼其他途徑呢?」[135]

---

130 同上,頁55-56。

131 在該書的出版發布會上,編者之一的曾亦自承書中「有種種過激的
　　言論」,出席發布會的一位嘉賓則說書中多「率性之言」。參見曾
　　亦、郭曉東編著,《何謂普世?誰之價值?當代儒家論普世價值》,
　　頁202、203。

132 葛兆光,〈異想天開:近年來大陸新儒學的政治訴求〉,載《思想》
　　第33期,頁243(台北:聯經出版公司,2017)。

133 同上,頁245、250。

134 同上,頁254。

135 同上,頁261-262。

六

　　毫無疑問，天下論說的出現和流行，表明了中國學術思想界在
內外刺激之下的一種衝動，反過來，這種衝動對中國學術思想界本
身也構成一種足夠強的刺激，對於這樣的刺激，即使是像葛文這樣
針鋒相對的批評顯然也是不夠的。它需要替代性的理論來平衡。事
實上，我們也確實看到了這樣一些理論主張，然而，耐人尋味的是，
這種具有與前述諸天下論說抗衡意味的主張，最廣為人知的一種，
其名稱就叫做「新天下主義」。

　　之前著有《當代中國的啟蒙與反啟蒙》[136]、對中國當代思想學
術動向具有敏銳觀察力的許紀霖教授，顯然從一開始就關注後來變
得炙手可熱的「天下」議題。2015年，許紀霖在他主編的題為「新
天下主義」的《知識分子論叢》第13輯，組織了一個「新天下主義
在當代世界」專號[137]，其中，他本人的文章〈新天下主義與中國的
內外秩序〉列於篇首[138]。而在此之前和之後，他已經發表了一系列

---

136 許紀霖，《中國當代的啟蒙與反啟蒙》（北京：社會科學文獻出版
　　社，2011）。就其內容而言，該書完全應該被列入這裡所說的對諸
　　天下論說的批判性回應，但是耐人尋味的是，這種回應最後被整合
　　進所謂「新天下主義」的主張之中。這種姿態又引起了像葛兆光這
　　樣的天下論批判者的不滿。後者的批評，參見葛兆光，〈對「天下」
　　的想像：一個烏托邦想像背後的政治、思想和學術〉，載《思想》
　　第29期，頁23。

137 之前出版的同樣由其主編的《知識分子論叢》第10輯和第11輯，主
　　題分別是《何種文明？中國崛起的再思考》和《多維視野中的個人、
　　國家與天下認同》。顯然，它們關注的是同一問題。

138 該專輯的其他文章中，這裡要特別提到的是另一位主編劉擎的文
　　章，〈尋求共建的普遍性——從天下理想到新世界主義〉（許紀霖、

圍繞中國近代轉型、國族建構與自我認同的文章[139]。這些文章後來
被整理、統合為一本新書，其書名為《家國天下：現代中國的個人、
國家與世界認同》。

　　像趙汀陽一樣，許紀霖對「天下」問題的思考始於對現實世界
的不滿，而且這種不滿也與這個時代的民族國家意識有關。不同的
是，前者的不滿針對的是民族國家時代世界的無序狀態，後者的不
滿卻首先指向中國，指向中國崛起過程中所面臨的日益嚴峻的內、
外緊張局勢[140]。許紀霖相信，造成這種緊張局勢的根本原因，便是

（續）

　　劉擎主編，《知識分子論叢》第13輯《新天下主義》）。劉文並不
　　否認諸天下論者賦予傳統「天下」觀念的某些優異性質，如開放與
　　包容，但更強調舊天下觀的現代轉化，即在他所謂的「文化遭遇」
　　中尋求一個「共建的世界」。按照這種觀點，文化主體性並不是一
　　個固定的概念，而是一個內、外界線被不斷破除的變化的、生成的
　　概念。這種「新世界主義」主張的針對性顯而易見。順便說一句，
　　該文還以〈重建我們的全球想像：遭遇論視野下的新世界主義〉為
　　題，收錄在一個由東亞知識分子群體共同討論和編輯的文集中。參
　　見鈴木將久主編，《當中國深入世界——東亞視角下的「中國崛起」》
　　（香港：亞際書院有限公司，2016）。

139 參見「愛思想」網的許紀霖專欄，其中與本文主題密切相關的文章
　　包括：〈新天下主義：重建中國的內外秩序〉、〈現代中國的家國
　　天下與自我認同〉、〈兩種啟蒙的困境——文明自覺還是文化自
　　覺？〉、〈天下主義、夷夏之辨及其在近代的變異〉、〈多元文明
　　時代的中國使命〉、〈中國如何以文明大國出現於世界？〉、〈共
　　和愛國主義與文化民族主義〉、〈從尋求富強到文明自覺——清末
　　民初強國夢的歷史嬗變〉、〈中國憑什麼統治世界？〉、〈普世文
　　明，還是中國價值？〉等。http://www.aisixiang.com/thinktank/xujilin.
　　html

140 自然，兩位學者之間的不同不止於此，毋寧說，這兩種天下論述所
　　由出發的基本立場相當不同，其敘述風格上的差異更大。但是另一
　　方面，他們在關於中國文明與國家特徵方面也分享某些基本的判
　　斷。

19世紀末由西方傳入中國而如今已成為全社會「宰制性思維」的「民
族國家至上意識」[141]。而有效的對治之道，在他看來，就在於建立
一種與民族國家意識對沖的思維，這種思維便是他所謂的「新天下
主義」。

　　正如其名稱所示，「新天下主義」源自中國古代傳統，即今人
稱之為天下主義的文明傳統。這種文明傳統的要義在於，「天下的
價值是普世的、人類主義的，而不是特殊的，不是某個具體的民族
或國家的」[142]。儘管古人也講「夷夏之辨」，但古之夷夏「不是固
化的種族概念，而是一個相對的、可打通、可轉化的文化概念」[143]，
具有這種普世胸懷的天下主義，「只關心其價值之好壞，不問種族
意義上的『我的』、『你的』，只要是『好的』，通通拿來將你我
打通，融為一體，化為『我們的』文明」[144]。遺憾的是，自近代中
國由歐洲引入民族主義以後，其天下主義的文明氣象消失殆盡。許
紀霖也引了白魯恂關於中國是一個偽裝成民族國家的文明的名言，
但指出一種實際上相反的情況，即今日之中國實際上成了一個偽裝
成文明國家的民族國家，「因為它是以民族國家的方式治理著一個
龐大的國家，而且以民族國家至上的思維處理國家事務和調整利益
衝突」[145]。如前所述，這正是許紀霖所指認的問題的癥結所在。因

---

141 許紀霖，〈新天下主義與中國的內外秩序〉，載許紀霖、劉擎主編，
　　《知識分子論叢》第13輯《新天下主義》，頁3。
142 同上，頁4。
143 同上，4-5。
144 同上，頁5。
145 同上，頁17。在另一篇文章裡，這段話的表述是：「白魯恂說中國
　　是一個用民族國家偽裝的文明國家，按照中國的本性來說，這話不
　　錯。然而偽裝得時間長了，假作真來真亦假，今日的中國真的忘記
　　了自己的文明本性。文明國家考慮的是天下，而民族國家想的只是

此,今天中國要做的,就不只是實現民族與國家的復興,而且要完成「民族精神的世界轉向」,進而言之,「中國所要重建的不是適合於一國一族的特殊文化,而是對人類具有普遍價值的文明」,這種具有普遍價值的文明,「就是以普世價值形態出現的『新天下主義』」[146]。

關於「新天下主義」之新,許紀霖強調有兩點:一是去中心和去等級化;二是創造一個新的普遍性的天下。前一點的提出自然是針對傳統天下主義以華夏為中心的等級性、差序性的「權力/文明秩序」,其方法便是要加入「民族國家主權平等的原則」,對內實現漢族與其他少數民族之間法律上的平等,對外尊重他國主權,與之和平共處。此之謂「承認的政治」。後一點的提出則是針對「民族國家利益至上的狹隘立場」,就是要用普世主義去平衡特殊主義,用普世文明原則去限制國家主權。此之謂「共用的普遍性」。這樣的「新天下主義,是傳統天下主義與民族國家的雙重超克」[147]。

以主權平等原則取代等級性、差序性的「權力/文明秩序」,這種主張至少在國家間關係方面不難理解,但是基於「共用的普遍性」的「新天下主義」究竟何指?許紀霖解釋說,以往的天下的普遍性,都是由某個核心民族為中心,經由其精神的世界化轉向而成,

---

(續)————————————

主權;文明國家追求的是普世之理,而民族國家在意的只是一己之勢。自晚清之後,中國被西方列強的勢力打怕了,越來越重視勢,而不在乎理,以理代勢、勢就是理,在中國似乎成為不可逆轉的趨勢。」許紀霖,〈中國如何以文明大國出現於世界?〉,載《文化縱橫》2013年6月號。本文引自網路版:http://www.aisixiang.com/data/64681.html

146 許紀霖,〈新天下主義與中國的內外秩序〉,載許紀霖、劉擎主編,《知識分子論叢》第13輯《新天下主義》,頁6。

147 同上,頁7-8。

而新天下主義所屬意的新的普世文明，「不是從某個特殊的文明變異而來，而是各種不同文明所共同分享的普世文明」[148]。它是以「各種文明與文化的『重疊共識』為其特徵」，體現了儒家「和而不同」的理想[149]。許紀霖又引用台灣學者錢永祥關於三種不同的普遍性的區分，指任何以一個國家或民族或文明為中心的普遍性均屬於「否定他者的普遍性」；而以「價值中立」相標榜的自由主義所主張的「普世價值」，因為「無視各種文明與文化的內在差異」，則屬於「超越的普遍性」；至於新天下主義的「共用的普遍性」，它「既不追求某個特殊文明的支配地位，也不輕視各大文明的特殊趨向，而是在各大文明之間尋求對話，通過平等的互動獲得共用的普遍」，即類似「承認他者的普遍性」[150]。說到這裡，人們或許想要知道，這種「天下人所共用的普遍性」，這種「不同文明與文化之間所獲得的『重疊共識』」[151]，究竟存在於何處？其具體的表現形式是什麼？對此，許紀霖也有初步的答案。在稍早的另一篇文章裡，許紀霖提到「超越於各軸心文明之上」的「近代啟蒙的普世文明和普遍人權」，認為這便是造就各文明間和諧的基礎。更確切地說，它們

---

148 同上，頁9。

149 同上，頁10。「重疊共識」的說法自然來自於羅爾斯，許紀霖對這一原則的發揮，見頁11。劉擎的新世界主義則主張超越「重疊共識」。參見劉擎，〈尋求共建的普遍性——從天下理想到新世界主義〉，許紀霖、劉擎主編，《知識分子論叢》第13輯《新天下主義》頁61。

150 同上，頁10-11。許紀霖在這裡似乎暗示了一種超越自由主義的立場，但無論其思想資源，還是其更實質性的表述（詳下），都表明他的立場仍然是自由主義的。也正是這一點，構成了「新天下主義」與前述其他天下論述的基本差異。

151 同上，頁10。

就是「聯合國各種宣言、決議所確定的自由、民主、法治、人權、
公平正義等[為]普世的文明價值觀」[152]。

關於新天下主義在中國內外秩序中的應用，本文不擬詳述，只
引許文最後一段，以見其願景：

> 傳統帝國與追求同質化、一體化的現代民族國家不同，其內部
> 存在著多元的宗教和治理體制，而其外部秩序則是以朝貢體系
> 為中心的互惠、分享的國際貿易、政治與倫理複合型網路。這
> 一傳統帝國的天下主義智慧，給今天的啟示在於：過於單一和
> 齊整化的民族國家思維對內無法化解邊疆與民族問題，對外無
> 助於緩和與周邊國家的主權爭端。在民族國家同一性思維之
> 外，應該補充帝國富有彈性的多樣性和多重體制予以平衡。具
> 體而言，在核心區域，要施行「一個制度，不同模式」；在邊
> 疆區域，要實現「一個國家，不同文化」；在港澳臺地區，要
> 試驗「一個文明，不同制度」；在東亞社會，要承認「一個地
> 區，不同利益」；在國際社會，要適應「一個世界，不同文明」。
> 如此乃能建立新天下主義的內部秩序與外部秩序，創造中華內
> 部各民族、東亞社會各國家的並存共贏局面，並且為未來的國
> 際秩序創造一個新的普遍性。[153]

---

152 許紀霖，〈中國如何以文明大國出現於世界？〉。許紀霖重視文明
　　與富強的區分，並強調前者對後者的優先性。至於文明的內涵，按
　　照他的解釋，則是「自由、民主、平等、公正」這些「現代文明的
　　普世價值」。許紀霖，《家國天下：現代中國的個人、國家與世界
　　認同》頁220（上海：上海人民出版社，2017）。

153 刊載於《知識分子論叢》第13輯的這篇文章被刪去了自「具體而言」
　　至「不同文明」一段。本文這裡引用的是網路完整版，文章標題為：
　　〈新天下主義：重建中國的內外秩序〉。http://www.aisixiang.com/

　　需要指出的是，儘管表面上許文並未針對其他天下論者的觀點
展開論辯，但實際上，許文立論具有極強的針對性。比如，許文強
調文明與文化的區別，認為前者關心「什麼是好的」，甚至什麼是
普遍好的，而後者只關注「什麼是我們的」，針對的就是各式各樣
的中國特殊論[154]；他又特別區分晚清強國夢的兩個目標：文明與富
強，認為文明包含了特定的價值目標和理想，如自由、民主、平等、
公正這類普世價值，而富強之為目標則不具任何價值關懷，純粹是
技術性的，這針對的是風行不輟的國家主義[155]；他還指出傳統天下
主義的不足，尤其是通過主張秉承天命構建中心／邊緣的等級性關
係，這樣的時代已經過去，讓我們不能不想到如今又甚囂塵上的各
種天命論[156]。他更明白宣稱，新天下主義要超越「各種各樣的華夏

（續）

data/91702.html。對許紀霖宣導的「新天下主義」的批評，參見白
永瑞：〈從核心現場重思「新的普遍」：評論「新天下主義」〉，
載《開放時代》2016年第1期。從「新天下主義」涉及的內部秩序
的角度看，白永瑞提出的主要問題仍然同主權有關。

154 許紀霖：〈新天下主義與中國的內外秩序〉，載許紀霖、劉擎主編，
《知識分子論叢》第13輯《新天下主義》，頁5-6。

155 許紀霖在另一處指出：「富強是中性的、去價值的，從世界實踐來
看，可以與各種不同的意識形態嫁接，產生不同的現代性制度類
型。而文明則有著確定的價值內涵：自由、平等、民主，以及相應
的制度建構，包括現代的法治、責任制政府等等。」（許紀霖，〈中
國如何以文明大國出現於世界？〉）關於富強與文明這兩個觀念在
清末民初的變化，以及其中所反映出的中國人思想的改變，詳參許
紀霖，《家國天下：現代中國的個人、國家與世界認同》第八章和
第九章。

156 參見許紀霖，〈新天下主義與中國的內外秩序〉，載許紀霖、劉擎
主編，《知識分子論叢》第13輯《新天下主義》頁7-8。天、天命、
天道等語詞，可以被視為傳統天下觀念中的有機成分，因此，隨著
天下觀念的再度興起，這種或那種天命論的流行也在意料之中。不
過，比較早已日常用語化的「天下」一詞，「天命」一詞的含義和

中心論」和歐洲中心論，「它不預設任何一種文明代表21世紀」；
「一個康德式的普遍、永久的和平秩序與世界秩序之普遍規則，不
能以西方文明的遊戲規則為準繩，更不能從對抗性的反西方邏輯之
中獲得」[157]。這些宣示明顯指向那些常見於天下論述中的立場、觀
點和說法。

　　同樣值得注意的，是中國在此新天下主義建立和實現過程中可
能扮演的角色。在〈中國如何以文明大國出現於世界？〉這篇文章
裡，針對姚中秋教授提出的「世界歷史的中國時刻」的論斷，許紀
霖問道：「當世界歷史中的中國時刻呼之欲出的時候，中國自身準
備好了嗎？中國將以什麼樣的姿態出現於世界？是西方文明的追隨
者、挑戰者，抑或發展者？再進一步追問：那又是誰之世界歷史，
何種中國時刻呢？」根據其觀察，「21世紀的世界面臨著一個幾百
年來從未有過的多元格局，它將改變和結束西方統治世界的歷史」，
當然這並不意味著中國會成為世界歷史的中心。儘管如此，「以中
國的天下智慧，來重新構建未來世界的多元文明秩序，將是一個可
欲的方向」。因為，在這個所謂「後軸心文明」的時代，以往由歐
美主導的一神教文明秩序將被新的多神教文明秩序所取代，而「中
國儒家文明中的和諧觀念，將為世界的多神教新秩序之建立，提供
重要的東方智慧」。這就是所謂的「中國時刻」，而這個中國時刻
的出現，「不是僅僅參與現存世界秩序，而一定是以中國的智慧重
新定義世界歷史，改變世界秩序的時刻」。問題是，在過去一個多
世紀追求富強的過程中，中國丟失了「文明」。「到目前為止，中

（續）
　　　用法顯然更特別，更容易讓人聯想到諸如天子、帝君或某個王朝。
　　　當代天命論通常與被聲稱的政黨或國家的「歷史使命」有關。詳下
　　　文。
157 同上，頁10。

國的崛起只是富強的崛起，還不是文明的崛起」。而「要進一步發
展，成為改變天下的世界民族，下一步則是文明的崛起」。不過，
這種文明崛起並不是另行一套，而是要「順應主流文明」，吸納「各
軸心文明和民族國家所公認的普世價值」，並在此基礎上「有所創
新、有所發展」。如此，「中國才能真正成為一個世界民族，中國
文明對全人類才有偉大的貢獻」[158]。

　　該文最後以「中國準備好了嗎？」之問結束。顯然，作者並不
認為中國已經準備好了，因此，文章關於「中國時刻」的界說，表
達的更多是一種期許和指引。儘管如此，像我們在其他天下論述中
看到的一樣，許紀霖對具有深厚文明底蘊的「中國」深具信心。因
為「中國不是一般的民族，盤古以來就是一個世界性的民族，是有
著天下主義胸懷、對世界精神有擔當的民族」。因此也是具有「義
不容辭的世界歷史使命」的民族[159]。關於這種對於中國或中華民族
的自信和期許，我們在最新的天下論述中可以看到兩種截然不同的
「回應」。

　　2017年6月，具有廣泛影響的《外交事務》雜誌刊登了美國社會
學家Salvatore Babones的一篇文章。文章標題是：〈美國的天下：當
中國哲學遇到美國的力量〉[160]。Babones在文章中把中國學者們熱

---

158 以上引文均見許紀霖，〈中國如何以文明大國出現於世界？〉。
159 同上。這段關於「中國時刻」的論述，尤其是其中諸如世界精神、
　　世界秩序、世界民族、世界歷史使命一類說法，不能不讓人想到黑
　　格爾。事實上，許文在討論「中國時刻」概念時，也確實提到黑格
　　爾。借助於黑格爾來界定中國的世界歷史地位，在後來施展的《樞
　　紐：3000年的中國》一書中有系統的展現。詳見下文。
160 Salvatore Babones, "AmericanTianxia: When Chinese Philosophy
　　Meets American Power," in *Foreign Affairs*. 2017-06-22. https://www.
　　foreignaffairs.com/articles/2017-06-22/american-tianxia?cid=int-lea&p

議的「天下」（Tianxia）概念移用於美國主導的世界秩序[161]。照他的說法，今天的美國（America）已經不僅僅是一個國家（The United States），「它還是它部分地照自己的樣子再造的那個世界的文化、經濟與制度的中心」。Babones認為，西方世界還沒有找到一個合適的詞來描述這樣一個擴展意義上的美國，因為現代西方還從未見過一個像當今美國這樣的國家。而上一次世界像這樣組織在一個單一的核心國家周圍是在15世紀，當時，東亞就是以明代中國為中心組織起來的。而那時的中國並不只是東亞的首領或霸主，它是從緬甸延伸至日本的政治與文化王國的核心國家。當時的那個世界就被叫做「天下」。本文提到的天下論者大概都會對Babones以明代中國為「天下」範例不以為然，但他的這種做法也許只是表明，他所持的是一種更具現實色彩的天下觀。對於一些中國學者提出的指向21世紀的新天下論，Babones直截了當地提出了誰為天下共主的問題[162]。儘管中國崛起是一個不可改變的事實，但在Babones看來，21

（續）────────────────

gtype=hpg. 以下引文均出於該文。

161 Babones在文章中特別提到趙汀陽，作為他所說的「一些倡言天下觀念的中國學者」的代表。

162 對於主張21世紀是中國的世紀的人來說，這當然不是問題。但在趙汀陽那裡，這個問題被有意無意地迴避了，卻又被他的對話者抓住不放。在同趙汀陽的通信中，法國哲學家雷吉斯·德布雷對天下體系所設想的「普世政權」的可行性表示懷疑：「它將由誰選出？它對什麼人負責？它的法律將來自哪一種啟示？它對人民的宣言將用拉丁字母還是漢字？還是兩個都用？但是如是這樣，那麼義大利文或者德文又如何？因為如果是這樣的話，又將是一個統制現象，一種勢力輕重的體現，一種特殊性對其他特殊性的勝利」。雷吉斯·德布雷、趙汀陽，《兩面之詞：關於革命問題的通信》，頁56，張萬申譯（北京：中信出版社，2014）。他接著又說，在這個未來的「人類大家庭」裡，「問題不僅是根據各種文明和人口狀態而有著多種家庭形式（夫系、核心系、單家長系、擴大系等），還需要確

世紀的天下共主肯定不是中國，而只能是美國。因為美國占據了世
界所有網路系統的中心位置（centrality），由此產生的一個結果便
是，美國不但是世界上最受人青睞的資金匯集地，更重要的是，它
還成了世界人民（當然也包括中國人民）最心儀的目的地。那些居
住於美國的天下的來自中國和其他地方的跨國精英都有著與美國的
共同紐帶，並由此形成了共同的價值，其中最重要的，正是個人自
我實現（individual self-fulfillment）的美國價值。Babones寫道：「『生
命、自由和追求幸福』均為不可讓渡的權利，這一理念是美國所特
有的，但它已不再是美國獨有的了。如今，全世界的精英都認識到，
把他們自己的幸福置於傳統的民族和宗教信仰之前是正確的甚至道
德的。」正因為存在於全球無數個人（尤其是其中的精英）與占據
中心位置的美國之間的這種內在聯繫，美國的天下便超越了民族國
家，而變得無遠弗屆。最後，當天下統一於一個分級系統時，人們
關心的便是在系統中向上攀爬，而不是推倒這個系統。「這令美國
的天下比世界上任何系統都更穩定，包括中國明代的舊的『天下』。
這個系統也許並不總是公平的，卻是和諧的。它會就這樣存在下去」
163。

（續）

定誰是『家長』，或說怎樣來指定『家長』？」（同前，頁57）對
於這個問題，趙汀陽承認自己十多年來「一直為這個問題大傷腦
筋，至今想不出最佳答案」。（同前，頁76）跟趙汀陽不同但又類
似，許紀霖聲稱新天下主義所追求的普遍性突破和超越了各種各樣
的中心論，從而取消了這一問題。但對Babones這樣的人來說，這
恐怕還是一種迴避。因為在他看來，一個真正的天下必得有一個使
之和諧的核心國家，明代的天下就是如此。

163 上述各種論點在作者同一主題的專書中有更詳細的表達。詳見
Babones, S.（2017）. *American Tianxia: Chinese Money, American
Power, and the End of History*. Bristol, UK: Policy Press.趙汀陽認為，

　　與Babones的「美國的天下」形成鮮明對照的,是在幾乎同一時間出現的一部結構宏大的中國史著作。在這部雄心勃勃的著作中,年輕的中國學者施展試圖以一種黑格爾的方式重新講述三千年的中國歷史。

　　施著一開始就提到包括趙汀陽、許紀霖、葛兆光在內的一批學者的著作,作為他所謂近年來出現的「歷史熱」的一個表徵,而「歷史熱」的出現,在他看來,則是「一種深刻的身分焦慮」的反映,這種身分焦慮的出現,是因為中國崛起帶來了其自身以及周遭環境的深刻改變,以至於它過去習慣的參照系不再有效,基於這個參照系設定的國家目標也失去了方向。中華民族走到了「沒有路標的十字路口,不知何去何從」[164]。於是,從這個民族的精神內部,產生了一種對於新的歷史敘事或說新的歷史哲學的渴求,這種新的歷史敘事或歷史哲學並不是要簡單地再現過去,而是「要提供一種精神秩序,為過往賦予意義,為當下確定座標,為未來勾勒方向」。它要「幫助一個民族通過過去看到未來,它會在最深刻的意義上,告訴一個民族,究竟我是誰、我想要什麼、我應到哪裡去」[165],一句話,它要回答「何謂中國」這個具有根本性的問題。

　　施著的討論由中國歷史的特殊性入手。在施著看來,「中國歷史的根本特殊性」體現於兩點:其一,中國是一個軸心文明的載體;

(續)———
　　Babones所說的美國的天下仍然是帝國,而非天下。美國體系所奉
　　行的源自基督教一神教的單邊普世主義和個體理性,都與「天下」
　　理念不相容,它們是造成衝突的原因,而不是消弭衝突的方案。就
　　此而言,「『美式天下』不是未來的一個可能世界,而是一個不可
　　能世界」。趙汀陽,〈天下究竟是什麼?〉未刊稿。博古睿研究院
　　中國中心工作坊:「什麼是天下:東亞語境」。
164 施展,《樞紐:3000年的中國》,〈導言〉,頁2。
165 同上,〈緒論〉,頁2。

其二，中國具有超大規模。第一個特點與普遍性相關：「軸心文明的特徵在於其普世主義取向，絕不自囿於一族一地，而是以天下為思考單位；對應地，軸心文明不會設定自己由某一特定族群擔綱，它所關注的只是文明本身是否獲得普遍傳播。軸心文明的這一特徵，使得中國的精神結構中天然地有著普遍主義的衝動。」[166]至於第二個特點，即中國的超大規模，不但表現在人口和財富方面，也表現在地理以及帝國內部秩序的複雜性方面。這兩個特點相互交織著在歷史中展開，表現為一種特殊性不斷被轉化為普遍性的螺旋上升過程。因此，

> 新的歷史敘述必須能夠在以下諸方面發現特殊性之上的普遍性和多元性之上的一致性：在空間意義上，發現中原與非中原地區的內在一致性，以及中國與世界的內在一致性；在時間意義上，發現古代歷史與近現代歷史在精神現象學邏輯上的內在一致性。如此，則內安邊疆，外安四鄰；如此，中華民族潛意識當中的普世主義衝動、直觀可見的超大規模屬性，以及其中隱含的世界歷史民族的潛力，才能真正地獲得釋放和通往建設性的方向。[167]

施著為自己提出的任務是否成功地完成了，這個問題可以交給讀者去判斷，這裡要做的是簡略勾勒出其基本思路，以便更好地理解對於這種新的歷史敘述至關重要的「特殊性之上的普遍性和多元性之上的一致性」。

---

166 同上，〈導言〉，頁3。
167 同上，頁7-8。

　　首先，如前所述，這是一部黑格爾式的歷史敘事，其中許多關鍵概念帶有明顯的黑格爾色彩。其中最重要的是，歷史被理解為自由精神的展開和自我實現過程，並表現為一種特殊性不斷上升為普遍性的辯證運動。

　　其次，中國歷史的發展被認為服從於這一精神運動，然而，這一特殊性轉化為普遍性、重新成為特殊性、再轉化為普遍性的不斷上升的複雜過程止於清代，且陷入一種歷史循環的困境，僅憑其自身的精神資源無法脫困。這時，與西方文明的相遇使中國文明新的超越成為可能。

　　再次，20世紀的革命和改革將中國帶入一個新的發展階段，其精神特徵是以共產主義為仲介的「全球視野」的展現，「這種全球視野是中國幾千年歷史上前所未有的一種宏大格局的表達，是傳統中國所謂普遍主義理想的一個升級版」，它為中國再次超越自我「提供了必需的精神容量」[168]。

　　最後，展望未來，「源自西方的現代法權—價值觀念與法律技術[將]內化於中國的精神當中」，從而實現「個體的特殊性與普遍性」的「合題」，最終化解中國傳統帝國所面對的困局。在此過程中，西方文化也得以「突破局限，真正獲得其普遍性」[169]。

　　顯然，對於這部洋洋50萬言的大書來說，以上概括太過簡略和抽象，其含義不易理解。因此，作為一種補充，下面僅就施著的歷史論述與本文主題關係最密切的部分，再稍加說明。

　　第一個問題：「天下」。毫無疑問，施著並不以「天下」觀念為其討論對象，甚至「天下」一詞在書中出現的次數也不多，然而，

---

168 同上，頁34。
169 同上。以上概括，參見頁19-34。

將「天下」列為施著的核心概念當不為過。因為,「天下」觀念被認為具有「普世主義取向」,而這正是中國作為軸心文明載體的基本特徵,體現了一種「中國歷史的根本特殊性」。自然,視中國為「一個軸心文明的載體」,也可以被看成是一種「文明國家」論。

第二個問題:民族主義。相對於「天下」之類觀念,民族主義無疑屬於特殊性範疇,因此,即使在特定歷史條件下民族主義不可避免且具有正當性,終究是需要超越的對象。這種超越在今天表現在兩個層次上:一是超越漢民族主義以達成「中華民族主義」;一是超越「中華民族主義」以達成「普世民族主義」,最終實現「中國的世界歷史使命」[170]。

第三個問題:中國。施著中有關中國的簡略說法包括:「一個軸心文明的載體」、「超大規模國家」、「世界歷史民族」、「海陸仲介/樞紐」、「世界秩序引數」等等[171]。這些說法當中,「世界歷史民族」最具黑格爾色彩:「所謂世界歷史民族,不在於對世界的征服或控制,而在於該民族能夠通過自身的精神運動而把握世界歷史的命運,從而引領人類精神的普遍自覺。」[172]今天,「**歷史內在地要求著中國的崛起進入一種精神自覺,主動擔當起推動世界秩序再均衡乃至重構的使命**」[173]。

第四個問題:世界秩序。施著認為,「自地理大發現以來,……世界秩序便是西方秩序的外化」。這一世界秩序「在原則上來說是為全人類的,但西方的主導又使其所承諾的形式正義不夠『形式』,

---

170 同上,頁29。
171 同上,〈導言〉,頁8。
172 同上,頁34。
173 同上,頁36。楷體係原文所有。顯然,施著對作為「世界歷史民族」的中國在世界歷史中的地位的理解與黑格爾截然不同。

更使得西方的實質正義對其他文明的實質正義形成一種壓制」[174]。比如，美國主導的世界秩序，就因為「現實中欠缺對唯一霸權國自利傾向的制衡機制，而使其普遍主義遭受質疑」。於是，「真實的普遍主義世界秩序」被寄望於「一個開放的未來」。通過「可能是幾種彼此差異的普遍性理想」的持續交往，「逐漸演化出超越於任何一個理想之上的普遍秩序」。其具體樣態「無法預先判斷」[175]。只能說，其最終目標應該是「讓形式正義成為真正的形式正義」，「讓實質正義各得其正」[176]。

在結束對當代天下論說的簡略考察之前，還應當提到兩本風格迥異的著作。第一本是前數年的一部暢銷書——吳稼祥的《公天下》。這部著作的標題很容易讓人想到黃宗羲，想到蘊含於古代天下觀中的批判傳統。事實上，透過「公天下」的理念來檢視和評估中國歷代政制，也的確是該書的一條主線。不過，吳著的關注點毋寧是這樣一個更具功能性的問題：一個超大規模的政治共同體，如

---

174 同上，頁38。
175 同上，頁36。儘管施著認為「真實的普遍主義世界秩序」將產生於不同的普遍性理想的交往，但它對非西方文明的普遍性理想語焉不詳（其說法是：「包括中國在內的其他文明地區在當下所提出的普遍主義主張，則有待進一步完善」。同前），這與它關於西方的普遍性和普遍主義具體內容的明確表達恰成對照。
176 同上，頁38。施著這類說法給人的印象是，作為西方秩序外化的世界秩序，至少就其理念而言，體現了真正的普遍主義，就此而言，這種理念的充分實現，包括將所有非西方文明完全納入其中，讓它們在其中實現自己的普遍性，就是「真實的普遍主義世界秩序」的真正實現。施著出版後，《探索與爭鳴》雜誌社曾就該書組織了專門的學術研討會，並以單行本形式出版了完整的討論記錄。參見《探索與爭鳴》編輯部，《優秀青年學人支持計畫》第二輯《重述中國：從過去看見未來》。

何能夠既保持穩定，同時又不失活力？

　　與前面提到的天下論述不同，吳著所謂「天下」雖然內在於中國歷史，卻不是中國獨有之物。因為，按其定義，「天下」首先與規模有關：「所謂『天下』，就是具有不確定邊界的大規模和多民族政治共同體。」[177]進一步說，如果國家與文明一體，政治體與文明體相重疊，這樣的「『國家—文明統一體』就稱之為『天下』」[178]。按照這樣的定義，世界歷史上可稱為「天下」的政治共同體並非只有中國或華夏文明。不過，歷經內外各種衝擊而延續至今的，卻只有中國。這也意味著，中國數千年來始終面對上述問題，而在吳稼祥看來，這也是自帝禹至今四千年來中國一直沒有擺脫的一個政治困境。換句話說，中國歷史上的各種政制安排，都是處在穩定與活力之間的某個點上，而始終沒有達至最佳平衡。區分不同的政制安排，測定它們各自距離穩定與活力之間最佳平衡點的位置，並為之排序，探究和闡明其中的原理、機制，進而找到解決這一難題的有效辦法，這些，便構成了吳著的基本內容。那麼，這樣一種「歷史政治學」[179]的分析與「公天下」的理念有何關係？吳著認為，「中國政治的活力與穩定問題，從政治操作層面來看，其實是個分權與集權問題」[180]。其歷史的表現，便是數千年來不絕於耳的郡縣與封建之爭，「公天下」的理想則是制度論爭與批判後面的價值依據。

---

177 吳稼祥，《公天下：多中心治理與雙主體法權》，頁32。他又說：
　　「這樣的共同體，在世界史上就是世界性帝國。」同前。
178 同上，頁41。
179 這是姚中秋的說法。詳見姚中秋，〈超大規模與中國治理之道〉，
　　載《讀書》2013年第5期。吳稼祥自己則表示他做的是政治理論研
　　究，意不在歷史。參見「共識書會」第十期——「吳稼祥談《公天
　　下》」。
180 吳稼祥，《公天下：多中心治理與雙主體法權》，頁19-20。

　　毫無疑問,「公天下」之說來自於《禮記‧禮運》的「天下為公」,吳著稱之為「公天下之理」,其核心包括:第一,國家最高權力不專屬於一人且終身占有,故而有「禪讓」;第二,國家並非一家之私產,故謂「天下為公」,而非「天下為家」;第三,無論最高權力還是地方統治權,均非世襲,是謂人「不獨子其子」[181]。這樣的理想便是古人所說的「道」、「大道」,它是「華夏民族最大的祖宗成法,或者說,是不成文憲法」[182],即今在實行家天下的後世,仍被懸為理想,且不同程度地體現於國家制度。具體地,吳著將家天下的政體形態分為五種,即平天下、兼天下、霸天下、分天下、龍天下,而根據理念、結構、壓力三要素評判其優劣。比如,根據理念看「家」的大小。「『家』越大,越接近於華夏民族最高政治理想:天下為公」。在結構方面,多中心治理優於單中心治理,以其能夠緩解規模壓力;而在壓力方面,非高壓優於高壓,因為後者意味著個人自由和地方自治的喪失,以及社會活力和創造力的窒息。據此,由文、武、周公創制而實行於西周、春秋的政體「兼天下」,便因為其「多中心治理」、「單一封建制」和「負壓政治」而被列為最優;嬴政及秦國歷代君主創制而實行於秦帝國的政體「霸天下」,則以其「單中心治理」、「單一郡縣制」和「高壓政治」被列為最劣,如此等等。問題是,華夏歷史上最優良的政體不但距今遙遠,而且不能保持穩定,傳之久遠。即使天下論者津津樂道的漢、唐、尤其大清,按吳著的排序,也只有其初期可列為次優政體,漢武帝以後之兩漢、中唐、宋、元、明及中晚清的政體,皆屬最劣,

---

181 參同上書,頁2。
182 同上,頁112。

與實行霸天下的秦同列[183]。儘管如此，華夏治理之道的機理與機制既已被探明，走出困境的路徑也就顯現出來，就如吳著副標題所示，那就是「多中心治理與雙主體法權」。

儘管在副標題中並列，「雙主體法權」卻是在吳著最後一章才出現的新概念，而且，對於這一新的概念，吳著的解釋也極盡簡略。若以人們較熟悉的概念解釋，「雙主體法權」就是「公民法權」和「地方法權」，前者是「新的權威形式」，後者是「新的多中心治理」。「這種雙主體法權體制，在美國，就是一人一票（選舉權）和一州一長（民選）以及一州兩票（在參議院的席位）；在西方政治學裡，這被稱為「複合共和制」，或「聯邦制民主」[184]。這樣的「雙主體法權，對於大規模政治體而言，不僅具有解壓功能和均壓功能，在結構上，還具有穩壓功能」[185]。同時實現這些功能，可以「使公天下理念、大規模統一和創造性活力兼得」[186]。這裡，吳著還以「雙主體法權」去直接定義作為政治體制概念的「大公」。在他看來，唐虞之世的「讓天下」和西周的「兼天下」，仍然只是「小公」，行之於當世的「選天下」才算是真正的「大公」[187]。吳著寫道：「多中心治理的雙主體法權制，就是本書所謂的『大公天下』，其目的，……就是兼得規模與活力，遠超堯舜，近趕美歐」[188]。

關於吳稼祥的「公天下」論，還可以補充說明兩點。

---

183 參同上書，頁320-322。吳著的論證由許多自撰的概念、分類和定理完成，本文不能詳述。
184 同上，頁329-330。
185 同上，頁331。
186 同上，頁333。
187 參同上書，頁335-336。
188 同上，頁334-335。

　　其一，關於軸心文明。吳著兩處談及軸心文明，所費篇幅雖簡，其重要性則無可置疑。這一方面是因為，雅斯貝斯的「世界歷史軸心」說所列的四大文明，中國文明居其一；另一方面也是因為，「『軸心期』是人類文明精神的重大突破時期」，它實現了人類精神「從神話到理性、從超驗到經驗、從特殊性到普遍性」的轉變[189]。並非巧合地，作為雅斯貝斯認定的軸心民族之一的華夏民族，其歷史上最優良的政體也出現在這一時期。不獨如此，吳著還發現，軸心期的另外三大文明：古希臘、以色列和古印度，當時也都處於「多中心政治時期」，也都追求「『普世性』的理性」。相反，「在大規模帝國時代，[人類]精神反而龜縮於神話和迷信的『特殊性』」。吳著認為，這或許是因為，「專制需要神話和鬼話，而自治需要理性和反思」[190]。

　　其二，關於未來世界文明。儘管也涉及其他文明，但是與多數天下論述不同，吳著的論述對象基本限於中國，因此，「未來世界文明」並非其範圍內的議題。儘管如此，吳著末章兩段引文卻為我們了解其基本立場提供了一點線索。這兩段引文均出自吳稼祥本人。一段是關於中西文明「基因」的比較，其基本看法是：西方文明的基因是來自古希臘的「邏各斯」，華夏文明的基因則是「道」。二者的根本區別，一是前者尋求自我確定，後者則處在動態之中；

---

189 同上，頁17。楷體係引者所用。不過，「『漢民族』作為一個世界性民族開始形成並登上歷史舞臺」，按吳稼祥的看法，卻是在西漢文景之治時期。這時期的中國，「創造了人類歷史上一個新的文明模式──黃河流域地區多民族、超大規模的政治統一與小農經濟結合」。其內容包括：「第一，締造了一個以大規模的政治體作為承擔該文明的核心國家；第二，提供了超民族的文化認同。」同前。
190 同上，頁326。

二是前者只有一種衝動，即「外化」和「客觀化」，後者則總是兼具「外化」與「內化」兩種衝動。「如果把外化看作是傳播與擴張，把內化看作是吸收與生養，那麼，西方文明則是一個直線擴張的文明」，而「外化或擴張『過度』，就是這種文明的常態」[191]。另一段講「道基因外化為太極」所具有的擴展性，這種擴展中的太極圈有三個特點，即完善、非敵和包容。太極圈沒有缺口，也不以任何東西為敵，更不怕接觸和異己，相反，「它的發展是靠把碰撞的異己轉化為相容的成分而實現的」[192]。「因此，以道為基因的東方文明完全可以包容西方文明，成為一種東方特色的世界文明。你可以將之稱為『新大同文明』」[193]。

　　顯然，「文明」是諸天下論說的核心觀念之一。但令人費解的是，天下論者雖喜用這一概念，對其含義卻多不加細究。這可能是因為，一方面，晚清以降，文明一詞被廣泛使用，其含義似乎已不言自明。另一方面，諸天下論者論及「文明」，大多重在其歷史的、哲學的宏觀層面，或不覺有深入考辨其含義及流變的必要。然而，這並不意味著對文明概念的這種處理總是恰當的。事實毋寧正好相反，既然中國是一種文明的載體，文明是中國的某種屬性，對於何為中國、何為天下、何為良好秩序或優良政制一類問題的回答，就在相當程度上取決於論者對何為文明這一問題的理解。著眼於此，本節將以介紹一位人類學家對「文明與中國」的思考作結。

----

191 吳稼祥，〈兩次大呼吸——東方文明的大成與文明國家的使命〉，載《戰略與管理》2009年（內部版）3、4期合刊。轉見上引書，頁337。

192 吳稼祥，〈兩次大呼吸——東方文明的大成與文明國家的使命〉，轉見上引書，頁338。

193 吳稼祥，《公天下：多中心治理與雙主體法權》，頁338。

　　本文前面曾提到列文森關於中國近代思想轉變的著名論斷，即「近代中國思想史的大部分時期，是一個使『天下』成為『國家』的過程。」正如我們所見，在許多天下論者看來，這一不得不然的歷史轉變，同時也是一個「削足適履」的過程。這一過程造成了今日中國面臨的某些具有根本性的問題，而要解決這些問題，首先要回到「文明」的立場上去重新認識中國。在抱持這種看法的人當中，就包括了人類學家王銘銘，只不過，他所遭遇的這個問題，具有特定的學科背景和知識脈絡。簡單地說，近代社會科學原本是為了滿足近代民族國家需要而在此國家的框架之下發展起來的，當此特定知識體系傳入中國，更因為要服務於「強國」目標而成為所謂「國族主義社會科學」。然而，作為一種認識工具，這套以民族國家為基本單位建構起來的知識體系並不能很好地說明中國的現實。因為，中國並不是近代國家理論奉為典範的那種nation（民族）與state（國家）一一對應的國家，而仍具有「文明體」的特徵：一個包含許多社會的社會，一種囊括多種文化的文化，一個多民族的國家。前輩學人吳文藻名之為「一國多族」，費孝通稱之為「多元一體」，王銘銘的說法則是「超社會體系」[194]。所謂「超社會體系」，根據其文章中的用法，不過是「天下」和「文明」的另一種說法，是這兩個概念的人類學表達，而中國之所以被視為一個「超社會體系」，正是因為中國人保有天下觀念，因為中國始終是一個文明體。著眼於這一點，王銘銘提出了認識中國的「三圈說」，即傳統上有明確

---

194 參見王銘銘，《超社會體系：文明與中國》，頁316-319、426、113、330-334等處（北京：三聯書店，2015）。該書收錄了王銘銘的15篇文章，涉及主要觀點多有重複，故本文這裡和下面引述的觀點多散見於全書。筆者感謝三聯書店的馮金紅女士，她提醒我注意王銘銘的研究並提供了該書。

編戶紀錄的「熟」的「核心圈」,具有「半編戶格局」,介乎文、野之間的「中間圈」,和被視為「生」「野」的「外圈」[195]。此所謂「三圈」,客觀上是「中國的世界秩序」,主觀上是「中國的世界智慧」,以此為「天下」「文明」「超社會體系」的「代名詞」和「論述綱要」,重新認識和講述中國,固然「是因為不滿足於國族時代社會科學對社會、文化、民族、國家給予的割裂性定義,及這些割裂性的定義衍生出來的種種關於社會實體中心與邊緣的二分法」[196],如「經濟基礎/上層建築」「中央/地方」「大/小民族」「中/外」等等,更是為了「將非西方社會內部秩序的複雜性之理解深入地推進到它們的歷史和方法基礎本身,在於對不同於孕育社會科學的近代西方文明的『其他文明』『其他世界』『其他視角』的求索」[197]。就此而言,「作為『中國問題』的『超社會體系』論,是對作為文明體的『國家』的某種歷史回歸,這一回歸的宗旨在於使生活於國族時代的社會科學研究者在重新體會『社會』的多層次化中,修訂其『社會秩序原理』」[198]。

王銘銘的上述論述固然頗具人類學特色,但是到此為止,其理路與其他文明中國論者無大差異。接下來的部分則有所不同。這種不同主要表現在以下幾個方面。首先,儘管「超社會體系」論是針對「中國問題」提出的,但「超社會體系並非『中國特色』」,因

---

195 參見上引書,頁143-145。

196 同上書,頁145。又參見頁148和162等。

197 同上書,頁162。

198 同上書,頁133。對王銘銘來說,這意味著重新獲得中國「自己的世界」,即「自己賴以處理社會間、文明間、民族間關係的世界智慧」,而這個「自己的世界」,在中國受另一個「天下」的誘惑與壓迫,甘願或不甘願地投身於國族營造運動時已然失去。參見前書頁160。

為,「沒有一個社會不包含內部的多樣性和廣闊的對外關係視野」,
在這意義上,「任何一個社會都是超社會的」。換言之,「超社會
體系」說不是一種「中國特殊論」[199]。其次,與此社會觀相對應,
其文明觀也是如此。具體說,王銘銘把文明衝突論者所強調的文明
間關係內化,使之成為文明內關係,從而大大增加了文明圖景的複
雜性,同時也令經常被人們視為固化實體的「文明」變得流動不居,
富有彈性與變化。他提出的所謂「三圈」本身也是如此[200]。最後,
就如他喜歡引用的法國人類學家莫斯的說法:「文明的歷史,就是
不同社會的各種物品和成就之間迴圈流動的歷史」,他強調文明是
「互為主體、互為文化轉譯的不同版本」,一方面各有其體系,「你
我有別」,另一方面又「你中有我、我中有你」[201]。因此,要真正
「理解中國」,就必須「超出中國」[202]。而「通過接受交流來糾正
國族的文明自戀」,才是「通向希望的必由之路」[203]。

　　王銘銘的文明—中國論述富於學理性,其思想學術淵源主要有
三:一是西方19世紀以來的人類學、社會學理論;二是以吳文藻、
費孝通以及弗里德曼和施堅雅等人為代表的中國研究;三是王銘銘
本人躋身其中的中國人類學、民族學學者所做的田野研究和理論思

---

199 參同上書,頁127。
200 關於內化的文明觀,參見上引書,頁418-426;有關「三圈」的相
　　對性,參見上引書,頁144-145。
201 同上書,頁99。後面這種說法出自費孝通。
202 王銘銘的說法是「超出中國而理解中國」。參見上引書,頁156。
203 同上書,頁100。漢語學術界近年有影響的文明論研究還有劉禾主
　　編的《世界秩序與文明等級:全球史研究的新路徑》(北京:三聯
　　書店,2016)。該書作者和編者的視角與王銘銘的相當不同,但是
　　同樣富於反思性和批判性。此外,儘管它不是本文所討論的天下論
　　的一種,但在天下論的知識圖譜中也據有一席之地。

考。由此理論的、經驗的和反思性的背景出發，王銘銘注意到，相
對於學界邊緣的考古學、民俗學、民族學、宗教學等學科，處在「學
術言論中心」的所謂「思想界」，對於前述學科學者所看到的「中
心與邊緣定義的相對性及文明的多種可能性」不甚關注，「而沉浸
在內部均一的『民族文化』的想像中」[204]。在一篇追述其本人與學
界同人交往、並對本文提到的部分天下論者的觀點加以介紹的文章
末尾，王銘銘給出了這樣的觀察：「中國當下的思想界，急切地在
單線時間的脈絡上重建自我認同，無論是『自由派』，還是『新左
派』，抑或是『新儒家』，為使論述富有邏輯，都在時間上清晰地
區分出國家的過去、現在與未來。」與之相應，無論其立場如何，
論者均傾向於「將『中國文明』規定成一個內在單一化並與外部空
間存在截然差異的領域」。對於這類觀點，王銘銘顯然不以為然。
最後，他以下面這句話來結束全篇：「文明的自我認同，不僅仰賴
祖先遺留的傳統，而且也仰賴文明之外的文明。」[205]

七

　　以上關於諸天下論說的個案式梳理，若著眼於文獻搜羅，則遠

---

204 同上書，頁445。
205 同上書，頁459、460、462。在同一篇文章中，王銘銘提到兩位法
　　律學者之間的分歧：一方主張「走中國道路」，運用毛澤東時代的
　　歷史資源；另一方主張「走西方道路」，用源自「西方的法權來約
　　束政權」。王銘銘認為，二者的分歧涉及對文明的不同定義，前者
　　把文明視為對歷史的延續，而在後者，「文明作為以優秀的西方文
　　明為模式對法制上『未開化』的中國加以改造」。同前書，頁
　　447-448。前者觀點的最新表達，參見蘇力，《大國憲制：歷史中
　　國的制度構成》（北京：北京大學出版社，2018）。

非完備，但若旨在追蹤思想脈動，察知其中透露出來的時代消息，卻有相當的代表性。誠然，這些有關天下和中國的敘述，不但學科背景、論述風格、文體式樣等各不相同，其中所包含的學術旨趣、現實關切乃至政治立場也不盡相同（有的甚至嚴重對立）。然而，它們同時又分享著某些興趣、關切和思想資源，都接受某些預設，甚而表現出某種相近的姿態。這主要是因為，這些論述同出於一個時代，它們表達了生活在這個時代的中國人思想上和情感上的衝動。這種衝動，簡單地說，是一種試圖通過確立自我尋獲主體性的衝動。表現在認識上，這種努力便是要，借用趙汀陽的話說，「重思中國」。「重思中國」的說法暗示，之前關於中國的種種認識是可疑的乃至錯誤的，基於這種認識所建立的自我認同或者主體性是虛假的，因此，確立真實自我主體的第一步，就是要清除各種錯誤的和虛假的認識，探知其思想根源並予以清算。於是，一些流行的歷史、社會、政治和法律理論受到質疑，基於這些理論建立起來的中國認識和中國敘述受到批判，其深埋於歷史中的思想根源也被揭露出來。與此同時，某種為建立真實的自我認同和主體性所需的歷史的和理論的聯繫也被建立起來，其中最突出的也許是這樣一種嘗試，即通過對中國歷史、文化與文明的重新認識和肯定，建立起一個具有深厚歷史底蘊和文明內涵的新的主體。這一新的主體具有獨特面貌，其獨特性源於一個古老而常新的文明。而在另一方面，作為創造和承載這一文明的主體，它又是一個具有「普世主義衝動」的「世界歷史民族」（前引施展語），註定要承擔其歷史使命，扮演參與乃至引領創造普遍世界秩序的角色。古代「天下」觀的再發現，就發生在這樣一種思想運動中，而它吸引眾多關注，甚而成為這一思想運動的一個標誌，應該也不難理解。因為，作為古代中國思想世界中的大觀念，古代中國人對於一種普遍的道德─文明秩序

的想像，「天下」觀被認為展示了一種闊大的胸懷和視野，一種令人讚歎的政治哲學和實踐。更重要的是，這一有如文明基因、即使遭遇文明斷裂也不絕如縷、傳承至今的觀念，兼具獨特性與普遍性，能夠滿足當下人們對於中華民族現在與未來的刻畫和想像。只是，回顧歷史，即使不提清季的「天下」崩解，五四運動的反傳統狂飆，甚至以文化大革命而登峰造極的旨在毀壞一切舊事物的各種政治、思想和社會運動，只要想想1980年代以批判傳統和擁抱現代化為基調的「文化熱」，對「黃色文明」的輓歌和對「藍色文明」的頌揚猶在耳際，今日的情形不能不讓人有隔世之感。人們自然要問，這一切究竟緣何而變？這種變化究竟有何意味？回答這樣的問題，可以寫成系列的文章和著作，囿於篇幅，本文只能以簡略方式提及以下幾點。

　　毫無疑問，導致前述改變的最顯見、也是最重要的原因之一，就是1980年代開啟的改革開放為中國帶來的變化。尤其是進入新的千禧年之後，中國藉著全球化大潮，加速融入世界經濟秩序，成為世界工廠。中國經濟的連續高速增長，不僅在短時間內積累了大量財富，極大地改變了中國社會的面貌，也提升了中國的綜合國力，改變了中國在世界上的地位。鑑於其人口和國土的超大規模、龐大的經濟體量和在世界分工體系中的位置，這種變化從一開始就具有世界意義。中國開始成為世界的焦點，其世界影響力有日益增長之勢。如此劇烈且巨大的歷史變遷不可避免地帶來心靈的衝擊，它改變了人們以往的思想和觀念，刺激了人們對於中國、世界以及二者關係的重新想像。人們開始探求「大國崛起」之謎[206]，求解「中國

206　由中央電視臺製作並播出（2006）的12集大型電視紀錄片《大國崛
　　起》是一個具有象徵意義的事例。此後，一系列有關「大國」的電

奇蹟」的秘密，甚至開始談論作為成功典範但有別於西方發展模式的「中國模式」[207]。與之相伴，中國人的民族自豪感和文化自信心與日俱增，他們開始重新審視和界定自我，重新思考中國在世界上應當扮演的角色，並以不同方式表達他們的想法。

與上述改變同時發生且與之相互作用的，是這一時期知識與思想及其生產及傳播方式和內容的改變。儘管其外部影響有限，遠未達到可以同中國經濟與社會方面的改變比肩的程度，但是這種改變本身同樣驚人。對於這一點，經歷過從文革到後文革時代轉變的人感受最深。套用當時流行的說法，這一代人經歷了一個在知識、思想乃至心靈和精神方面從「禁錮」到「解放」、從「萬馬齊喑」到「百花齊放」的轉變。就知識生產和傳播而言，這種轉變有兩條相

（續）──────────────

視節目被相繼推出和熱播。其中，既有講述中國歷代王朝盛衰的百集大型歷史紀錄片《中國十大王朝》，也有記述當代中國發展業績的系列紀錄片，如記述中國企業成長的52集大型紀錄片《大國重工》，記錄中國裝備製造業發展的系列紀錄片《大國重器》，還有講述中共十八大以後外交新理念、新思想、新戰略的《大國外交》。後者通過系統闡述「中國特色大國外交」，「充分展現我大國領導人風采和當今中國『世界和平建設者、全球發展貢獻者、國際秩序維護者』形象」。其中第三集「聚焦黨的十八大以來，以習近平同志為核心的黨中央積極參與和引領全球治理體系變革，提出構建人類命運共同體的宏偉藍圖」引自愛奇藝節目說明。http://www.iqiyi.com/a_19rrhd0ydp.html

207 對中國經驗、中國模式和中國道路的討論，主要由經濟學開始，逐漸擴展到政治、社會和文化等領域。這方面的討論極多，且觀點歧異。除了本文前面提到的一些，這裡隨機列舉幾種：姚洋，《中國道路的世界意義》（北京：北京大學出版社，2011）；黃亞生，《「中國模式」到底有多獨特？》（北京：中信出版社，2011）；丁學良，《辯論「中國模式」》（北京：社會科學文獻出版社，2011）；瑪雅，《道路自信：中國為什麼能》（精編本）。

互關聯的線索。首先，1970年代末開始的改革，其政策效果主要表現為恢復社會生活的常態，在此過程中，民族的歷史記憶開始慢慢浮現，曾經被作為消滅對象的各種舊事物，有形的和無形的，也開始逐漸復歸。儘管這種恢復和復歸既不完整也不徹底，它們還是成為日後更大範圍內文化復興的一個重要基礎。與此相比較，開放政策帶來的知識和思想方面的改變更加顯見。自1980年代始，中國迎來了百年歷史上的第二次「西學東漸」，源於西方的人文與社會科學知識、思想、方法大規模地傳入中國；新一輪留洋熱潮再起，至今不衰。這種改變，對於剛剛走出知識與文化荒漠的中國人來說，同樣具有震撼人心的效果。它改變認知，重塑心靈，催生出新的思想和想像。在這裡，我們無須細述1980年代以來中國社會的知識與思想生產、傳播的方式和途徑，以及這種發展所經歷的各個階段，只需指出一點，即這種發展既是中國經濟與社會變化的一部分，折射出其變化的軌跡，也是其中的一個重要動因，推動並且試圖引導其方向。隨著「大國崛起」及其內外效應的漸次顯現，國內思想、學術方面相應的改變也極為顯著。就如我們已經看到的那樣，在不同思想角逐、競勝的過程中，業已積累、豐富的多樣化的知識、理論、視角和研究方法發揮了基礎性的作用。知識為思想所用，思想為「政治」服務，知識生產、學術建設和思想競爭在此過程中也顯得日益發達。

促成前述思想轉向的第三個因素是執政黨的意識形態轉變。

眾所周知，中共以源於歐洲—蘇俄的共產主義意識形態立黨、建國，儘管這種意識形態傳入中國後經歷了本土化，但它自始就採取了敵視中國傳統思想、價值的激進立場，並將其歷史正當性建立在這種立場的基礎之上。在長達半個多世紀的革命和社會改造運動中，反傳統文化的原則和政策被大規模實施，及於社會各個領域和

所有方面，因而造成前無古人的傳統斷裂和文化滅絕。文革結束後，隨著國家戰略重心由階級鬥爭轉向經濟建設，以往崇尚革命的意識形態也不可避免地發生改變。在此過程中，執政黨對傳統文化的立場也逐漸地改變，從最初對民間文化復興的默許，到後來有意識地利用歷史文化因素以推動地方經濟發展和城市建設，再到把促進傳統文化納入國家的文化與政治發展戰略，對內凝聚人心、強化民族認同，對外抵禦和平衡西學，同時提升中國在世界上的影響力，到最後將之整合為「中華民族偉大復興」不可缺少的一部分，執政黨不斷釋放對傳統文化的善意，推高其位置[208]。相應地，後者也由過去備受正統意識形態摧抑的「封資修」遺存，轉化為具有積極意義的文化和精神資源，繼而由邊緣向中心移動，登堂入室，地位日尊。不誇張地說，執政黨的意識形態轉變不僅為學界以及民間的「國學熱」和儒學復興一類運動提供了發展的空間，事實上也刺激和引導了這類運動的發展[209]。進一步說，儘管到目前為止，本文還沒有正

---

208 對中共意識形態轉向的性質、原因、策略及行動的簡要描述和分析，參見康曉光，〈當代大陸傳統文化復興現象研究〉。http://www. chinakongzi.org/rjwh/guoxue/lzxd/201112/t20111227_6839178.htm

209 2011年召開的以文化發展為主題的中共十七屆六中全會是這一過程中的一個重要事件。該次全會肯定了文化在綜合國力競爭中的重要地位和作用，認為「增強國家文化軟實力、中華文化國際影響力」是當前一項緊迫要求。為此，它提出要「發展面向現代化、面向世界、面向未來的，民族的科學的大眾的社會主義文化，培養高度的文化自覺和文化自信，提高全民族文明素質，增強國家文化軟實力，弘揚中華文化，努力建設社會主義文化強國」。（《中國共產黨第十七屆中央委員會第六次全體會議公報》）會議通過的〈中共中央關於深化文化體制改革、推動社會主義文化大發展大繁榮若干重大問題的決定〉宣稱，「文化是民族的血脈」，因此，文化建設對於「實現中華民族偉大復興具有重大而深遠的意義」。該決定又稱，「中國共產黨從成立之日起，就既是中華優秀傳統文化的忠實

面討論執政黨的意識形態重建運動，後者卻不是某種外在於本文主題的背景或條件，它就是這個主題的一部分，而且是其中的一個核心部分。正如本文開篇提及的現象所表明的那樣，這種意識形態重建本身就提供了一種「天下論述」，而與其他天下論述相比較，執政黨的天下論述顯然更具分量。關於執政黨的意識形態重建及其與諸天下論說的關聯，本文結尾處會有更多討論，而在此之前，我們不妨就上面勾畫出來的思想圖景作幾點更切近的觀察。

縱觀當代天下論說及其思想背景，人們可以強烈地感覺到某種歷史與思想的連續性。在規範意義上，古代「天下」觀念代表了一種政治正當性的理念。一方面，天下為公，天下乃天下人之天下，非一家一姓所得據有；另一方面，受天命者有天下，得民心者得天下，天下得失，端看民心所向，天命所歸。近代以降，這套意識形態隨傳統帝制解體而失去效力，取而代之的是一整套源自西方的現代政治理念。儘管這種新舊轉換，如我們之前已經指出的，並未完全改變意識形態的深層結構，但在相當一段時期內，舊的意識形態至少在表面上被徹底摧毀，退出了歷史舞臺。然而，在與「大國崛

(續)────────────

　　傳承者和弘揚者，又是中國先進文化的積極宣導者和發展者」。此外，這份決議還提出要「繁榮發展哲學社會科學」，「使之更好發揮認識世界、傳承文明、創新理論、諮政育人、服務社會的重要功能，……建設**具有中國特色、中國風格、中國氣派的哲學社會科學**」。（粗黑體係引者所用）此類「戰略部署」不僅決定了官方意識形態建設和宣傳的取向、規模和表達形式，對於思想、學術以及知識生產的內容和方式也具有直接的促動、引導作用。前文（注89）提到的「哲學社會科學工作座談會召開」與人文及社會科學研究的「本土化」轉向就是一個典型事例。自然，在更微觀的層面上，這種促動、引導作用是政府通過多種形式和層次的項目資金投入來實現的。

起」相伴的意識形態重建和文化復興運動中，一些久已消失的傳統
政治理念重又浮出水面，融入流行的政治、思想和學術話語之中。
隨著各類「民生」議題被置於政治事務中最博人眼球的位置上，一
方面，「全面建設小康社會」[210]，進而實現「以人為本」的「和諧
社會」，被宣示為國家的基本戰略目標；另一方面，「立黨為公、
執政為民」一類民本色彩濃郁的口號也流行於世，成為執政黨自我
界定的標準表述[211]。與此同時，一些學者把現行的最高權力繼替機
制說成是「禪讓」[212]，把執政黨的「歷史使命」解釋成「天意」和
「天命」[213]。當然，也像在古代一樣，這類旨在強化權力正當性的

---

210 儒家經典中的「小康」是次於「大同」的盛世。當下語境中的小康
　　一詞依然帶有這樣的印記，同時又被轉換成一系列關乎「民生」的
　　經濟與社會指標。最早在國家戰略目標層面使用這一概念的是鄧小
　　平（1979），而自中共十五大開始，這一概念便正式進入中共歷次
　　黨的代表大會報告，並作為「兩個一百年」目標之一，成為「中華
　　民族偉大復興」的一項重要內容。可以注意的是，從中共十七大報
　　告開始，出現了關於「小康社會」的另一種表達，即[讓全體人民]
　　「學有所教、勞有所得、病有所醫、老有所養、住有所居」。中共
　　十九大報告更在原句首尾各增加一句：「幼有所育」和「弱有所扶」。
　　這種句式立即讓人想到《禮記·禮運》中的名言：「老有所終，壯
　　有所用，幼有所長，矜寡孤獨廢疾者，皆有所養」。

211 類似的表述還有「權為民所用，情為民所繫、利為民所謀」等。它
　　們取代了人們過去熟悉的「為人民服務」的口號，成為更流行的說
　　法。

212 大陸新儒家的代表性人物之一康曉光就認為：「執政黨現在施行的
　　就是禪讓制度。天下為公。」儒家網專訪之九：〈專訪康曉光：中
　　國必須走向「儒家憲政」〉。http://www.360doc.com/content/18/0619/
　　22/38817422_763682457.shtml

213 參見曹錦清，〈百年復興：中國共產黨的時代敘事與歷史使命〉，
　　瑪雅，《道路自信：中國為什麼能》（精編本），頁253-262。強
　　世功在其論述「習近平時代」的文章裡也屢屢以「天命」一詞指稱

宣示都具有雙面效果，因為其中隱含了批判意識。比如，人們可以
說，背公求私，「不守護這個民族，那就是背離『天命』」[214]。問
題在於，怎樣做才算是「守護這個民族」？在前面提到的一位學者
那裡，基於「公天下」理念展開的批判最終導向對民主共和制度的
訴求。循著同樣的理路，它也未嘗不可以導向人們所熟知的「普世
價值」主張。而在另外一些學者那裡，天下理念被置於當代世界場
景中，成為民族國家／帝國主義批判的概念工具。

　　傳統的天下觀包含並強調內外之分，後者也是當今諸天下論說
的核心議題，只不過，因為立場及關注點不同，諸天下論者或偏重
於外，依據天下理念構想合理的世界秩序；或聚焦於內，以天下概
念解釋中國古今秩序原理。然而，這種研究取徑上的分別只具有限
的意義。對世界秩序的研究可能包含了對內部秩序的構想，對內部
秩序的論述也可能只是對外部秩序想像的投射。重要的是，傳統天
下觀構想的世界，儘管有內外等差的分別，卻是基於一套普遍有效
的秩序原理，如此，以中馭外，才能夠「修文德以來之」。這裡的
核心問題是，什麼是普遍有效的優良政體？面對這一問題，諸天下
論者所見不同，或主張社會主義，或強調儒家本色，或堅持自由主
義，然多雜取諸義，為己所用。於是，有人堅守儒家中心的華夏文
明主體，嚴夷夏之辨，痛批假普世價值之名行世的西方話語霸權

（續）

　　　中國共產黨的歷史使命。詳見下。

214 曹錦清，〈百年復興：中國共產黨的時代敘事與歷史使命〉，瑪雅，
　　《道路自信：中國為什麼能》（精編本），頁258。這樣說的理由
　　是：「這個天下不是你的，你是代天下守天下。」同前，頁259。
　　按照曹錦清的看法，中國共產黨的天命包括：「民族團結、社會穩
　　定和經濟可持續發展」，「完成社會轉型」，「恢復和我們的人口、
　　國土以及我們的歷史記憶相稱的亞洲大國地位」。同前，頁262。

215；有人主張以開放胸懷吸納百川，融入「主流文明」，先承繼而後超越；有人逕以古代畿服制度為範本，「內本外末」，勾畫當代以中國為中心的「新五服制」[216]；也有人主張「以中國為基地，以中華文明為軸心，建立人類世界新文明」[217]。然而，無論其取徑為何，偏重所在，尊奉何種主義，諸說皆以「天下」觀念為華夏文明

215 參見曾亦、郭曉東編著，《何謂普世？誰之價值？當代儒家論普世價值》，尤其第五章〈夷夏之辨與民族、國家問題〉。可以注意的是，在為其新書發布召開的研討會上，書中嚴夷夏之辨的觀點並不為同為儒學中人的一些資深人士所贊同。參見該書《附錄》所載陳來、郭齊勇等人的發言。當然，視普世價值論為西方國家利益的表達，此類觀點並不限於一些儒家人士。比如，看上去距離各種「主義」最遠的趙汀陽就認為，普世主義與多元主義是當今世界上最通行的意識形態，「前者作為絕大多數發達國家從國家利益出發的占優策略，其本質上是侵略性的民族主義；而後者作為欠發達國家從本地利益出發的現實主義策略，其本質則是抵抗性的民族主義」。趙汀陽，《天下體系：世界制度哲學導論》頁81。

216 參見齊義虎，〈畿服之制與天下格局〉，載《天府新論》2016年第4期。上引《何謂普世？誰之價值？當代儒家論普世價值》第五章〈夷夏之辨與民族、國家問題〉對此問題也有討論。有趣的是，Salvatore Babones所勾畫的美國的天下，也仿照明代的天下格局，由近及遠，列出與五服相對應的秩序格局，其具體內容為：華盛頓特區—紐約—波士頓軸心、美國其他地區、盎格魯撒克遜聯盟、非盟友國和敵國。轉見趙汀陽，〈天下究竟是什麼？〉，未刊稿。載博古睿研究院中國中心工作坊：「什麼是天下：東亞語境」。

217 康曉光語。見[儒家網專訪之九]〈專訪康曉光：中國必須走向「儒家憲政」〉。http://www.360doc.com/content/18/0619/22/38817422_763682457.shtml。康還斷言：「成功完成國家轉軌的中國[按指實現了儒家憲政——引者]，不僅可以憑藉其硬力量，改變現有的全球權力分配格局；還可以憑藉其獨特的軟力量，改變人類世界的發展方向和生存秩序。」那時，「中國[將]領導世界建設一個普世性的新文明」，「建立人類世界新秩序」。同前。

智慧的結晶，後者集包容、廣被、至公諸特性於一身，既是克服狹
隘民族主義的法寶，也是中華民族實現其世界歷史使命的指引。回
首清末民初，國人皆云民族與國家，棄「天下」如敝屣，再看「天
下」觀今日的榮寵，能不令人感慨！然而，從歷史上看，類似這樣
的變化既非鮮見，也不難理解。「天下」原本有廣狹二義，其為開
放的、進取的、擴張的，還是封閉的、保守的、收縮的，繫於國勢，
定於國力。清季，國勢困蹇，國力衰頹，民族國家不立，故而在時
人心中，「天下」思想非徒無益，甚且有害。如今，中國國運逆轉，
「大國崛起」勢不可擋。「一帶一路」聯通歐亞，昔日天下隱約可
見[218]。此時，人們驀然發現，民族—國家的框架，裝不下文明中國，

---

218 事實上，從「天下」理念來理解作為現實中的國家戰略的「一帶一
　　路」構想的不乏其人。比如《天下》一書的作者姚中秋就認為，「一
　　帶一路建設就是天下秩序」，而後者又是「中國有可能給面臨困境
　　的世界提供[的]另一種世界秩序藍圖」。自然，就如「天下」觀念
　　源自古代，「一帶一路方案之提出，本身就是文明自我連續而催生
　　之政治決斷」。只是，他又認為，這一戰略的提出並非出於自覺，
　　以致其研究者和實踐者沒有恰當的話語，令此一戰略構想明晰有
　　力，「具有道德感召力」。解決這一問題，需要人們有文化、觀念
　　和理論上的自覺。參見秋風，〈從天下秩序角度看一帶一路戰略〉。
　　https://www.rujiazg.com/article/id/8281/。又見保建云，〈論公共天
　　下主義：概念體系與理論框架〉，載《天府新論》2016年第5期。
　　該文係政府資助的某個名為「一帶一路國家金融合作機制研究」的
　　階段性成果。最近的事例是，安樂哲教授嘗試從中西比較哲學的角
　　度闡釋「一帶一路」倡議背後的理念，其入手處也是中國的「天下」
　　觀念。他贊同趙汀陽的天下體系論，並把包括趙汀陽和干春松的著
　　作在內的注重「天下內關係」而非「國家間關係」的各種論述，視
　　為「一帶一路」倡議的先聲。詳參安樂哲：〈傳統天下理念，當今
　　一帶一路倡議與變化的世界地緣政治秩序〉，未刊稿，博古睿研究
　　院中國中心工作坊：「什麼是天下：東亞語境」。不過，在之後對
　　該文的評論中，評論人阪元弘子著眼於「一帶一路」實施過程中「大

（續）

資本」的介入，對安教授認為是該倡議所奉行的「兩大基本價值觀」之一的「共贏」構想提出質疑。參同前。

其實，即使不提「大資本」，對於隨中國崛起而隱現的「天下」遠景，中國周邊國家的疑慮和不安已多有表露。已故新加坡總理李光耀認為，「在中國人的思維中，處於核心位置的是他們淪為半封建半殖民地之前的世界以及殖民者給中國帶來的剝削和羞辱」。他又說「中國」的意思就是「中央王國」，它「讓人回想起中國主導東亞的時代，當時其他國家是中國的附屬國，紛紛前往中國進貢」。李光耀口述，格雷厄姆・艾利森、羅伯特・D・布萊克威爾、阿里・溫尼編，《李光耀論中國與世界》頁5，蔣宗強譯。北京：中信出版社，2013。那麼，中國崛起意味著什麼？李光耀的回答更為直接：「一個工業化的、強大的中國會不會像美國1945年之後那樣友好地對待東南亞國家呢？新加坡不確定，汶萊、印尼、馬來西亞、菲律賓、泰國和越南等國都不確定。我們已經看到一個越來越自信並且願意採取強硬立場的中國。……亞洲很多中小型國家也對此表示擔憂，它們擔心中國可能想恢復幾個世紀前的帝國地位，它們擔心可能再次淪為不得不向中國進貢的附屬國。」最後，李光耀現身說法：「隨著中國的影響力越來越大，中國希望新加坡更加尊重它。中國告訴我們，國家無論大小，都是平等的，中國不是霸權國家。但是，當我們做了中國不喜歡的事，他們就說你讓13億人不高興了……所以，請搞清楚你的位置。」（同前，頁6）另一個事例是中國與蒙古國的政治與經貿關係。有評論家指出：中國對蒙古的戰略盲點在於高估經貿影響，低估蒙古內部的複雜性。關特勤碑文裡有兩種不同的中蒙關係想像，而中國還停留在千年前的王朝心態。詳參林正修，〈蒙古是中國和平崛起的試金石〉，載英國《金融時報》中文網。http://www.ftchinese.com/story/001057996?archive。最後一個事例來自韓國。在2016年中國官媒公開批評韓國決定部署薩德之後，韓國政府反應強烈。韓國韓神大學政治哲學教授尹平重在《朝鮮日報》發表文章稱，「中國在薩德問題上對韓國的高壓態度令人聯想起舊韓末時期的靈夢」（按指袁世凱駐韓期間——引者注）。又說「通過新絲綢之路『一帶一路』戰略走向世界的中國夢碰到了巨大的暗礁」。文章提及在亞洲實現威斯特伐利亞秩序的「美國式世界秩序」及其競爭者「伊斯蘭世界秩序和中華世界秩序」，認為「威斯特伐利亞秩序有著中華秩序所完全無法比擬的人類普遍號召力

適合表達這個軸心文明視野和使命的概念，只能是「天下」。這或
許也可證明，「天下」注定是內在於華夏文明的一種特性，對「天
下」的記憶從未離開「我們」遠去。

八

　　然而，人們也必須承認，中國的近代遭際有其特殊性質，「天
下」隱顯，亦非舊日王朝盛衰循環的簡單重複。今昔比較，最根本
的不同就在於，近代中國所遭遇的挑戰，套用顧炎武的名言，不只
是「亡國」，更是「亡天下」。事實上，傳統意義上的「天下」也
確實亡喪了，而且，更重要的是，它不但亡於「外夷」之手，更是
亡於「炎黃子孫」之手。清季以降，時人棄「天下」而崇「國家」，
求富強而賤仁義，再往後，則一準於西學，全盤反傳統，以舊禮教、
舊文藝、舊制度、舊風俗、舊思想為敵，必欲除之而後快，從而掀
起了歷時百年的自我否定的「檢討中國」（還是借用趙汀陽的說法）
運動[219]。這些，在今日諸天下論者看來，正是中國人迷失自我、喪

（續）

　　和正當性」。而在韓國部署薩德問題上[中國]「把韓國視為屬國的
　　粗暴中華主義證明了中國還遠未達到大國境界」。http://www.sohu.
　　com/a/110010455_463234。有意思的是，前引姚中秋文章所說的陷
　　於困境的世界秩序，正是威斯伐利亞體系和一神教普世秩序以及
　　混合了二者的美國式秩序。詳參前引文。

219 趙汀陽注意到，與其他非西方國家不同，在接受西方現代物質文明
　　和制度文明之外，「只有中國進一步發生了文化最深層的、釜底抽
　　薪式的文化革命，……可能沒有別的國家像中國這樣推翻了自己傳
　　統的意識形態和價值觀，而代之以『他者』的意識形態和價值觀」。
　　具有諷刺意味的是，如此劇烈的文化革命背後的「宏大思想根據」，
　　在他看來，恰是他竭力闡揚的中國傳統的「天下」觀念：「正是天
　　下概念決定了中國沒有文化邊界」。趙汀陽，《天下體系：世界制

失主體意識的表現。於是，擺在中國思想界面前最急迫、最重大的
任務，便是尋回自我，確立中國的主體性。這項任務首先要求，如
前所述，回到中國歷史，在歷史中重新理解中國。而這意味著，人
們要重新講述中國歷史，提供新的歷史敘述，並在此基礎上重新連
接歷史與當下。因為，以往的中國敘述無不是「檢討中國」的產物。
為此，人們需要全面清理「檢討中國」運動的歷史根源和理論基礎。
這時，批判的鋒芒自然會指向近代以來傳入中國的各式西方理論，
其中，首當其衝的就是建立於18和19世紀的西方啟蒙主義知識體
系。因為，近代以來中國人的自我認識就建立在這些理論和知識的
基礎上。這裡，一個不容迴避的問題是，如何處理基於正統意識形
態的官方標準的歷史敘述？

　　近代傳入中國並主導「檢討中國」運動的啟蒙理性，並非只表
現為自由主義，也體現在源於歐洲而經蘇俄傳入中國的共產主義上
面。儘管今天很多人把共產主義看成是完全不同於自由主義的另一
種意識形態，但自中國文化的立場觀之，二者之間歷史、文化以及
理論前提諸方面的共同性顯然更加突出。最重要的是，在過去幾近
一個世紀的時間裡，「檢討中國」最強有力的推動力，正是來自於
發生在這片土地的上的共產主義運動。簡略地說，通過確立作為科
學真理的唯物主義史觀，把被奉為歷史發展規律的歷史發展五階段
論運用於中國歷史，中共提出了一套完整的關於中國的歷史敘述，
從而回答了何謂中國、我們是誰、我們從哪裡來、將去往何方等關
涉自我認同的根本問題。只是，在這樣一個真理性、普世性的歷史
敘述中，傳統與現代是斷裂的、對立的，被歸入落後的、壓迫的、
剝削的、腐朽的封建範疇，必須被徹底清算和埋葬。有人認為，這

（續）
　　度哲學導論》，頁41。

一新史觀的建立,令中共在同國民黨爭奪天下的過程中占據了「意識形態的制高點」[220]。事實上,無論在其建政之前還是之後,這套馬克思主義歷史敘事都是中共意識形態的核心,是其執掌政權的政治正當性來源。然而,當後文革時代來臨,中國開始融入世界秩序,中國社會在開放和市場化過程中變得日益世俗化[221]和多元化時,曾經有說服力的正統意識形態失去了對歷史和現實的解釋力,成為受教育階層批判和普通民眾嘲笑的僵化思想體系。這種意識形態的危機具有雙重結果:一方面,它造成了中國社會意識形態的空缺,導致人心渙散,也使得各種不同思想和學說爭奪新的「意識形態制高點」的競爭變得不可避免;另一方面,包括前面這種現象在內的情形直接危及中共作為唯一執政黨的統治合法性,亟需給予有效應對。中共改變其對於傳統文化的立場,致力於將植根於中國歷史文化的思想、觀念和價值納入到其思想體系之中,就出現在這樣的背景下。關於中共此種意識形態轉向的具體表現,前文曾提及若干事例,然尚不足以呈現其概貌,故此還需在這裡略綴數語。

中共自提出小康社會、以德治國、以人為本、和諧社會等發展理念,強調「立黨為公,執政為民」諸原則,其由傳統文化中汲取思想資源的取向即已顯露無疑。而自2012年習近平就任中共中央總書記之後,此種態勢不但愈加明確,而且迅速加強和擴展。作為中

---

220 曹錦清,〈百年復興:中國共產黨的時代敘事與歷史使命〉,載瑪雅,《道路自信:中國為什麼能》(精編本),頁254。受訪者對史觀及重建史觀之重要性的強調貫穿於整篇訪談。

221 此處所謂「世俗化」,主要是相對於早前在意識形態強勢支配下具有軍事化色彩的革命化的半禁欲社會而言。事實上,日常生活中的去意識形態化可以被看成是過去40年裡中國社會變遷的一個重要方面。

共最高領導人，習近平本人在黨內外及國內外多種場合，頻頻引用
各類古代典籍，力圖將中國古代政治、法律、社會、修身等多方面
的思想、觀念融入當代社會生活和中共的執政理念[222]。與之相呼
應，新編「四書五經語錄」一類古代經典選本也被大量印行，擺上
了萬千黨政幹部案頭[223]。而最引人注目的是，習近平上任伊始即提
出了作為國家發展「兩個一百年目標」的「中國夢」[224]，其核心就

---

222 例見《習近平用典》。該書分敬民、為政、立德、修身、篤行、勤
學、任賢、天下、廉政、信念、創新、法治、辯證計十三篇，共收
錄其在各種場合援用的古代典籍語錄297條。詳見人民日報評論
部，《習近平用典》（北京：人民出版社，2015）。2018年10月8
日至19日，央視在其綜合頻道晚8點黃金檔播出《百家講壇》特別
節目：《平「語」近人──習近平總書記用典》。該節目由中共中
央宣傳部和中央廣播電視總台聯合制作，分為《一枝一葉總關情》、
《治國有常民為本》、《國無德不興》、《國之本在家》、《報得
三春暉》、《只留清氣滿乾坤》、《絕知此事要躬行》、《腹有詩
書氣自華》、《惡竹應須斬萬竿》、《天下之治在人才》、《咬定
青山不放鬆》、《天下為公行大道》計12集，每集均由「原聲微視
頻」、「思想解讀」、「經典釋義」、「現場訪談」、「互動問
答」、「經典誦讀」六個環節構成。「節目從習近平總書記一系列
重要講話、文章、談話中所引用的古代典籍和經典名句為切入點，
旨在推動習近平新時代中國特色社會主義思想的生動闡釋與廣泛
傳播」。http://tv.cctv.com/special/pyjr/index.shtml。
223 見比如中華文化促進會主持編纂，《四書五經語錄》「黨政幹部誦
讀本」（北京：人民出版社，2013）。過去10年，在政府大力資助
下，為推廣「中華優秀傳統文化」而編選的這類書籍大量出版，充
斥坊間。其中的一些被作為學習材料下發至各級政府機構及事業單
位工作人員。
224 在百度上輸入「中國夢」一詞，可得11600000個結果。根據百度百
科，「中國夢」的概念最初由中共中央總書記習近平2012年11月29
日在國家博物館參觀「復興之路」展覽時提出，並於次年3月17日
在十二屆全國人大一次會議閉幕會上發表的就任國家主席的首次

是「實現中華民族偉大復興」。有人認為，「兩個一百年」是一個
新的歷史敘事，作為其核心[225]的「中華民族偉大復興」的夢想，「對
於依然保留著民族復興情懷的人們，包括兩岸三地的中國人和海外
華僑，是有感召力的」[226]。不過，我們須要看到，新的歷史敘事並
不是否定和替換了舊的歷史敘事，毋寧說，它只是改造並包納了後
者。在新的歷史敘事中，曾經是截然對立的過去與現在和解了，貫
通為一體，而一個最初是信奉外來學說的政黨也洗去鉛華，認祖歸
宗。於是，中共不僅代表了當今中國的全體人民，而且領導了一個
作為偉大文明「擔綱者」（用天下論者喜用的說法）的民族去實現
其歷史的和文明的使命。在這樣的視野裡，中共將其歷史的正當性
嫁接到了歷史悠久的中國文明上面。關於這一點，最好的例證來自

(續)

　　演講中正式加以闡釋，其具體內容是最初於中共十五大提出的「兩
　　個一百年」的發展目標，即2021年中國共產黨成立100年時「全面
　　建成小康社會」，2049中華人民共和國成立100年時建成「富強民
　　主文明和諧的社會主義現代化國家」。歸結為一句話就是「實現中
　　華民族偉大復興」。也是在這次閉幕演講中，習近平明確說明了實
　　現「中國夢」的前提條件，那就是：「必須走中國道路，必須弘揚
　　中國精神，必須凝聚中國力量」。此後，據百度百科，「全國各地
　　紛紛作出回應，相繼推出了行業夢與各地的地方夢，掀起了夢想熱
　　潮。夢想系列分別有：強國夢、強軍夢、體育強國夢、中國航太夢、
　　中國航母夢、河南夢、四川夢、貴州夢、湖北夢、湖南夢、重慶夢、
　　吉林夢、廣東夢、江蘇夢、江西夢、雲南夢、陝西夢、甘肅夢等等」。
　　https://baike.baidu.com/item/%E4%B8%AD%E5%9B%BD%E6%A2
　　%A6/60483?fr=aladdin

225 「實現中華民族偉大復興」的口號最初由時任國家主席的江澤民於
　　1992年在其哈佛大學的演講中提出。江澤民執政期間還提出了「三
　　個代表理論」和「以德治國」等口號，由此可知，執政黨重建意識
　　形態的方向那時就可以說已經十分明確了。

226 曹錦清，〈百年復興：中國共產黨的時代敘事與歷史使命〉，載瑪
　　雅，《道路自信：中國為什麼能》（精編本），頁253。

中共最高領導人自己的表述。

2014年4月1日，習近平在比利時布魯日歐洲學院的演講中向他的聽眾解釋「中國是一個什麼樣的國家」。他的介紹從歷史開始，因為「歷史是現實的根源，任何一個國家的今天都來自昨天。只有了解一個國家從哪裡來，才能弄懂這個國家今天怎麼會是這樣而不是那樣，也才能搞清楚這個國家未來會往哪裡去和不會往哪裡去」。根據習近平的說法，中國的顯著特點包括：首先，「它是有著悠久文明的國家」，中華文明是世界幾大古代文明中唯一沒有中斷、延續至今的文明，其精神世界獨特而悠久，中國人看待世界、社會和人生，有自己獨特的價值體系。其次，「中國是經歷了深重苦難的國家」。中國曾長期領先於世界，但在近代由盛而衰，遭受外國列強侵略和奴役，淪為半殖民地半封建社會。中國人民經過逾百年前仆後繼的不屈抗爭，終於掌握了自己的命運。第三，中國是實行中國特色社會主義的國家。近代以降，中國人曾「苦苦尋找適合中國國情的道路」。嘗試過包括議會制、多黨制、總統制在內的多種制度，結果都失敗了。「最後，中國選擇了社會主義道路。獨特的文化傳統，獨特的歷史命運，獨特的國情，注定了中國必然走適合自己特點的發展道路」。「總之」，習近平總結說：「觀察和認識中國，歷史和現實都要看，物質和精神也都要看。中華民族5000多年文明史，中國人民近代以來170多年鬥爭史，中國共產黨90多年奮鬥史，中華人民共和國60多年發展史，改革開放30多年探索史，這些歷史一脈相承，不可割裂。脫離了中國的歷史，脫離了中國的文化，脫離了中國人的精神世界，脫離了當代中國的深刻變革，是難以正確認識中國的。」[227]

---

[227] 〈習近平在布魯日歐洲學院的演講〉。引文中的楷體均系引者所用。

　　這一歷史敘述的特點，也像我們提到的諸天下論述一樣，不但強調歷史的重要性，而且強調其**獨特性**。然而，如果止步於此，這種歷史敘事就還算不上是一種天下論述，甚至不能說是一個切合當今時代需要的合格的中國敘事。因為，「天下」是普遍的，秉持「天下」視野和胸襟的「中國」，其特殊性本身就包含了普遍性。當年，主張泯滅國界以求大同的康有為仍以救中國為意，就是因為中國「是一種文化的象徵和載體」[228]，承載了大同理想。後之學者接續這一思路，有人以「中國」之「中」「作為一個文化國度的國家靈魂的直接展現與直接詮釋」，而把「**做中國人**」理解為貫通天地、上下通達，「從而使個人**矗**立在天地之間，頂天立地地成為**真正的人**」[229]；也有人強調開放、包容和吸納他者，「以己化他而達到化他為己」，正是「中國的精神風格」[230]。同樣，在中共當下的政治話語裡，對中國歷史、文化及國情獨特性的強調並不是普遍性之外的另一個選項，相反，正因為獨特的國情根源於獨特的歷史和文化，其普遍性才得到保障，得以彰顯。具有獨特性的所謂「中國智慧和中國方案」被認為有助於「解決人類問題」[231]，其思想文化根源在此。換言之，要說明和確保這種植根於特殊性中的普遍性，尤其需要建立起現實與歷史的聯繫[232]。關於這一點，強世功教授不久前發表的

（續）————————————

　　　http://www.xinhuanet.com/politics/2014-04/01/c_1110054309.htm

228 汪暉，《現代中國思想的興起》（上卷）第二部《帝國與國家》，
　　頁783。

229 陳贇，《天下或天地之間：中國思想的古典視域》，頁107。楷體
　　系引者所用。

230 趙汀陽，《天下體系：世界制度哲學導論》，頁9。

231 中共十九大報告。

232 在過去一百年的中國，政治與文化思想受普遍性與特殊性兩種話語
　　的交替支配。近代中西文明碰撞的一個重要結果是，中國文明喪失

由中共十九大報告解讀「習近平時代」的長文：〈哲學與歷史〉[233]，可以被視為一個很好的例證。

在強文的敘述中，哲學和歷史可以被理解為普遍性與特殊性的兩個符碼，而此二者的交織融合，又可以被看成理解從中共十九大報告到「習近平時代」、從馬克思主義中國化的實踐到中國文化精神的關鍵。強文認為，「十九大報告在寫法上就是將哲學與歷史交織在一起，從而把普遍主義的哲學思考與具體實踐的歷史行動聯繫在一起」。比如，「十九大報告不再用代際政治的自然時間來建構中國共產黨的歷史，相反是從歷史天命的角度，按照特定的政治時間節點開闢的新的政治空間，將中國共產黨的歷史劃分為『站起來』『富起來』和『強起來』三個階段」。這是一種「經史結合、以史解經的敘述方式」。如此，一個當代政黨的特定政治表達就被賦予了具有深厚意蘊的文化意義。強文接著指出，中國文明傳統中沒有彼岸和此岸的割裂，二者「消融在天人合一的完整世界中」。中國人的人生要落實在「『家國天下』的歷史進程中」，在那裡「找到普遍永恆的意義」。因此，中國的史學也不是單純的事實記錄，而

(續)————————————————

　了其曾有的普遍性，蛻變為西方啟蒙理性光照下不具普遍性的蒙昧落後之國。共產主義進入中國改變了這種情形，它讓[新]中國重新奪回普遍性話語。但是在後文革時代，中國再一次失去了主張普遍性的自信，退而強調中國國情。這種情況今天正在改變，不過，這一輪的普遍性主張是在堅持「國情」和「特色」的基礎上，通過重新引入中國文明和文化的普遍性因素展開的。關於發生於清末的普遍主義與特殊主義之爭以及這兩種話語後來的社會轉換，可以參見梁治平，《禮教與法律：法律移植時代的文化衝突》，頁105-123、134-139（桂林：廣西師範大學出版社，2015）。

233 強世功，〈哲學與歷史——從黨的十九大報告解讀「習近平時代」〉，載《開放時代》2018年第1期。http://www.aisixiang.com/data/107999.html。以下引文皆出自該文。楷體係引者所用。

是「在事實紀錄中包含著對普遍價值和意義的哲學探索」。與此文化精神相對應的，是「一種普遍主義的天下秩序觀」，其制度化的體現便是朝貢體系，它構成了「一個普遍主義的多元一體系統」。正因為具有此種獨特的文明性格，「中國崛起」便成就了「一種獨特的『中國例外論』」。不同於總想「在二元對立中最終克服矛盾對立而追求絕對的同一」的西方文化，「中國文化始終強調對立中的統一與包容，從而形成多元一體的和合理念」。因此，「中國方案」的要義就在於，立足於中國文明，取世界上各文明之長，「推動中國文明傳統的現代性轉化，最終建立超越西方文明並包容西方文明的人類文明新秩序」。於是，有「習近平時代」之稱的「中國特色社會主義新時代」，「不僅給中國迎來了新時代，而且也給世界歷史開闢了新時代」[234]。

強文類似的論述還有很多，如謂新中國秉持的「和平共處五項基本原則」與中國傳統文化中的「王者不治化外之民」是一脈相承

---

234 在「中國崛起」的世界意義這一問題上，比較一下美國著名鷹派人物、前白宮首席戰略師班農對中共十九大的解讀會很有意思。在其2017年11月26日發表於日本東京的演講中，他首先提示聽眾注意當下這個「獨特的全球階段」，其標誌「就是中國的崛起」。接著，他提到剛剛結束的中共十九大，特別是美國主流媒體都很少注意的十九大報告，因為這個「長達三個半小時的講話，涉及了中國領導將把中國引向何方」。在班農看來，這個「講話中道出了他們未來全球霸權統治的計畫」，那就是「在2035年成為世界第一大經濟勢力，2050年成為主導國家，換而言之就是成為世界的領袖」。而這將是「儒家重商主義的權威模式」對「猶太基督教的自由民主，自由市場，資本化的西方」的勝利。班農也提到中國的「一帶一路」戰略，他把這個戰略說成是「中國真正大膽的地緣政治擴張」，是中國稱霸全球的構想中的一個重要部分。http://www.360doc.com/content/18/0406/03/22466642_743194192.shtml

的;而習近平為構建新的國際治理體系提出的「共商共建共用」思想,也是「來源於中國傳統文化中『天下為公』思想與『和而不同』的和合理念」,體現了「中國智慧對全人類的貢獻」;同樣,習近平在其講話中選擇「中國智慧」和「中國方案」而不是流行的「中國模式」概念,也被認為體現了作為中國智慧的真正的天下主義。這樣一來,中華民族偉大復興就「不是民族主義的,而是世界主義的」。「這種世界主義精神一方面來源於中國儒家的天下主義傳統,亦即黨的十九大報告最後援引的『大道之行,天下為公』;另一方面來源於解放全人類的共產主義信念。」

像在其香港論述中一樣,強世功試圖為中共的共產主義理論和實踐提供一種中國文化的解釋,在他看來,「中國共產黨始終紮根本土大地,其政治性與其說來源於其階級性,不如說來源於其本土性和民族性,是地地道道的中國品格」。在談到中共的鬥爭哲學時,他說:「中國共產黨所具有的這種鬥爭品格,不僅來源於馬克思的主體哲學,更是來源於『天下興亡,匹夫有責』『君子自強不息』的中國文化精神。」[235]甚至中共對共產主義的理解,也「不再是馬克思在西方理論傳統裡構想的、沒有被社會分工『異化』的人類伊甸園狀態,而更多地與中國傳統文化中『天下大同』的理想緊密聯繫在一起」。強文的這套敘述固然不同於以往的正統意識形態,卻符合後文革時代中共意識形態轉向的大方向。對強文來說,這種轉向乃是基於這樣一種態勢和判斷,即在經歷了與社會變遷相伴的意

---

235 不過,在強世功看來,改革開放以後,「中國學術界和思想界在逐漸淡忘矛盾學說、鬥爭學說和實踐學說」,他把這種令人憂慮的變化歸咎於「對文革的否定」,以及「在與西方接軌過程中」形成的「經濟學和法學主導的、以中立性和非政治化為特徵的新政治話語」。

識形態式微之後，正是「中國文化為『共產主義』理念注入了新的
精神能量」，「中華文明幾千年輝煌的政治想像成功地填補了共產
主義願景弱化所留下的信仰真空」。這裡，如果我們把強文的陳述
句讀為祈使句，肯定更為恰當。因為，「中國文化」並非「共產主
義理念」當然的精神資源，「中華文明幾千年輝煌的政治想像」更
不會自動去填補「共產主義願景弱化所留下的信仰真空」。要在二
者之間建立起強文所主張的那種聯繫，首先需要一種新的政治想
像。毫無疑問，強文所提供的這套對馬克思主義中國化的「中國文
化解釋」，就是這種新的政治想像的一部分。而這種政治想像本身，
正可以被看作一種新的天下主義建構[236]。

---

236 參與建構這一新的政治想像的是一個引人注目的知識群體，其中既
　　有頗具影響力的資深學者，也有一批活躍於當下的青年學人。本文
　　前面提到的若干著者及其著作就出於這個群體，這裡要提到的是另
　　一本著作：《大道之行：中國共產黨與中國社會主義》。該書由5
　　位留學歸國的青年學者集體撰寫而成，作者們的「政治想像」從該
　　書書名便可以大體了解。下面是由該書卷一引錄的一段內容：「中
　　國共產黨的這種學習風格、實踐與機制，既是馬克思主義政黨本質
　　的體現，更是中國政教文明傳統的延續與發揚，是以傳統儒家士大
　　夫為代表的中華文明先進性團隊在現代境遇中的自我改造與新
　　生。**在此基礎上的黨建，既是作為中國革命與建設的領導核心的政
　　治主體建設，也是作為中華道統之承繼者的文明主體建設；在中國
　　共產黨領導下進行的革命建國實踐，既是中華政治共同體的重構，
　　同時也是中華文明的重建」**。而「中華人民共和國的誕生……既是
　　古老歷史的延續展開，又是全新歷史的開端與起點；既是現代民族
　　國家的創建，同時又是對民族國家的超越……它賦予了中國這個有
　　著五千年歷史的『舊邦』以『新命』，讓中華文明在現代性境遇中
　　重新獲得現實性。**它讓中國既成為具有強大的動員協調能力的現代
　　民族國家，又仍是保留著天下關懷與視野的『華夏』，……在此意
　　義上，當代中國始終是民族國家、政黨國家和文明國家的有機整
　　體」**。鄢一龍、白鋼、章永樂、歐樹軍、何建宇：《大道之行：中

九

（續）

國共產黨與中國社會主義》頁31-33。文中粗黑體字為原文所有（北京：中國人民大學出版社，2015）。為該書作序的兩位資深學者，王紹光和潘維，自然也屬於這一群體。兩人的基本觀點，參見王紹光，〈中國的治國理念與政道思維傳統〉；潘維，〈中國模式與中國未來30年〉。均載瑪雅，《道路自信：中國為什麼能》。出於該群體的另一位學者稱，因為秉有天下傳統，「中國將通過不斷以『回到未來』（back to the future）的方式，為發展提供遠景和動力，而這裡的未來，既包括三代之治，也包括『康乾盛世』的發展模式，既包括共產主義的遠景，也包括毛澤東的思想和實踐」。（韓毓海，《天下：包納四夷的中國》，頁330。北京：九州出版社，2011）對歷史與現實關係的重新定義，引出儒學與社會主義的舊話題。相關的討論，參見《開放時代》2016年第1期「儒學與社會主義」專號。對歷史上儒學與馬克思主義關係的梳理，參見任劍濤，《當經成為經典：現代儒學的型變》（北京：社會科學文獻出版社，2018）。這裡可以提到一個小插曲。在以「馬克思主義、自由主義與儒家」為主題的一場討論會上，兩位持馬克思主義／社會主義立場的所謂儒家社會主義學者堅持認為，中國的馬克思主義「是立足於中國的實際情況，充分吸取了傳統文化的再創造」，無論毛、鄧，都力圖「聯繫中國的傳統來構建新的價值」，「他們都有中國關懷，有中國立場」，而這個[現代]中國，「既是一個民族國家，又是一個政黨國家，還是一個文明國家」，「是三種國家形態的共同體」。這種說法當場受到儒家方面學者的反駁，被斥之為「完全不顧事實的胡說」。（曾亦、郭曉東編著，《何謂普世？誰之價值？當代儒家論普世價值》，頁48-49）。不過，當時的論辯是在友好的氣氛中進行的，這部分是因為，雙方有一個共同的「敵人」，那就是自由主義。這次討論會組織者之一的曾亦事後總結說，「我們的見解主要有兩個：其一，對自由主義道路的警惕和反思。其二，對中國文化本位的自覺意識」。（同前，頁202）因此，回到論辯現場，細察其中立場、觀點上的差異，以及由此而形成的思想上的緊張，人們可以很好地了解當代中國不同思想派別之間複雜微妙的關係。

　　把執政黨的意識形態重建視為一種新的天下主義建構，並將其置於當代中國思想學術的大背景下觀察，可以為我們把握當下中國的思想脈動提供一個新的視角。由此出發，最可注意的也許是下面兩個相互關聯的問題，即一，作為一種官方意識形態的天下主義與其他各種天下論說之間的關係；二，諸天下論說同意識形態之間的關係。

　　關於前一個問題，最顯見的一點便是官方意識形態的支配性地位。這種支配性地位以國家權力為基礎，通過國家對教育、思想、文化、學術以及大眾傳媒等領域的制度性控制得以實現。事實上，無論其原因為何，在一個不但強調意識形態的重要性，而且注重思想、資訊和言論控制的體制下，如果沒有前述國家意識形態的轉向，以及由此而來的國家親善「傳統文化」的種種舉措，人們今日所見的傳統文化復興，以及作為其標誌之一的諸天下論說競勝的情形，都是不可想像的。因為同樣的原因，官方意識形態有能力且實際上也一直試圖對全社會施加其影響。然而，這並不意味著國家意識形態因此能夠貫徹於全社會，收穫民心，尤其是在思想文化領域。相反，若著眼於思想的內在關聯，人們不難發現，同樣是轉向歷史文化，官方意識形態與其他天下論說之間的關係則遠為複雜。這種複雜性主要表現於兩個面向。

　　在一個較為淺顯的面向，人們可以根據論說者的政治立場和構想來了解這種關係。簡單地說，在這種關係的一端，論者基於對現行體制及其歷史的充分肯定展開論述，意在為之提供更具說服力的歷史和理論的正當性論證。此類論證或者採取直截了當的和通俗的形式，或者採取繁複乃至深奧的知識闡釋方式；或者著眼於內，致力於發掘當代政治實踐的理論意義，同時溝通古今，將執政黨的政治正當性放置於更久遠也更深厚的中華文明的基礎上，或者著重於

外，通過對西方政制及其原則、原理的重新認識和批判，為拒斥此類西方價值的「中國道路」提供知識上和理論上的依據[237]。而在另一端，對中國歷史文化的強調和對中華文明的推重導向了不同的方向。因為可以理解的原因，這類論述均避免同官方意識形態發生正面衝突，這令它們很難保持其應有的完整性和可能的透徹性。儘管如此，它們各自的基調和主旨仍不難辨識。總的來說，這些論說者不認同或不完全認同官方的意識形態主張，但他們都自覺利用官方意識形態轉向帶來的機會，去發展適合其政治構想的中國—天下論述[238]。在這樣做的時候，他們中的一些人對現行體制和政策傾向於採取更友善的態度，或者對此種意識形態轉向給予充分肯定，或者努力從中發現彼此的一致性，或者把現行體制看成是達成其發展目標的必經階段而加以接受[239]。此外，思想文化領域內的論壇和媒介

---

237 當然，採取這種立場的學者並不止于亦步亦趨地追隨執政者的決策，完善其說。其中最有抱負之人更希望並試圖為後者提供理論上的指引。

238 強世功在其闡釋「習近平時代」的文章中，就以其政治敏感指出，隨著中華民族偉大復興口號的提出，自由主義內部分化出「大國派」，「迅速擁抱國家崛起這個政治主題」，而「主張只有採取自由民主憲政才能真正實現民族偉大復興」。與此同時，由「文化保守主義中發展出了一種復古派，主張『儒化共產黨』」。在他看來，這些思想和主張，都「對中國共產黨領導國家的政治權威和政治體制構成挑戰」。

239 這主要表現在儒學中人的回應上。比如有人把中共十七屆六中全會前後執政黨政治文化的變化視為「再中國化」，認為「今天在中國環境裡面討論中國問題，必須跟中國特色的社會主義理論和實踐相結合，……積極參與到裡面去，推動政治文化的再中國化」。《何謂普世？誰之價值？當代儒家論普世價值》（增訂本），頁210。也有人認為，中華民族偉大復興就是當年康有為創辦「強學會」時提出的「保國保種保教」的升級版。所謂「勿忘初心」，其含義也

總是「與時俱進」，選擇那些既反映最新意識形態動向、又多少具
有思想學術色彩的議題展開討論[240]。這類言說或可以被看成是介乎
上述兩端的中間形態。

　　在另一個面向，官方意識形態與諸天下論述的關係更加複雜和
微妙。首先，如前所述，天下論說的興起所折射出的，實際是一種
深刻的自我認同危機或說主體性焦慮，這種危機的源頭可以追溯到
近代的中西文明衝突，其近因則是後文革時期中國社會所經歷的巨
大變遷。只不過，這場危機的含義因人而異。對執政黨來說，危機
之象，是以往正統意識形態的日漸式微，為此，需要立即修復和更
新意識形態，如此，方可對內收拾人心，強化其正當性，對外確立
其新的大國地位。而對另一些人來說，這場百年危機從未被真正地

(續)─────────────────────

　　　應當在這樣的意義上去體認。參見陳明：〈康有為視域中的大陸新
　　　儒學〉，載任重主編，《中國儒學年度熱點》（2016）。還有人把
　　　現體制視為通向儒家憲政的中國大轉軌的一個階段，同時對「當政
　　　者」的主張和舉措有以下描述和評價：[當政者主張]「進一步完善
　　　市場經濟制度；積極維護官方意識形態，同時大力推動儒家文化復
　　　興；強化權威主義政體；與此同時，大刀闊斧整治各類不法精英。
　　　顯然，當政者拒絕了各派的完整主張，但又接受了各派的部分主
　　　張，以我為主，兼收並蓄，做了一個『拼盤』。這個拼盤自有章法，
　　　既是回應各種訴求的權宜之計，也順應了中國轉軌內在邏輯的必然
　　　要求。把『現實狀態』與『理論藍圖』做一比照就可以對當政者的
　　　所作所為做出評價。總的來看，與各派民間勢力的主張相比，當政
　　　者的主張和作為更為周全，也更為符合大轉軌理論的階段性要求。
　　　因此，當政者的作為可以說是『基本恰當』。」儒家網專訪之九：
　　　〈專訪康曉光：中國必須走向「儒家憲政」〉。
240 這方面較為活躍的刊物有比如《文化縱橫》、《開放時代》、《文
　　　史哲》、《天府新論》、《學習與探索》等，本文引用的許多文章
　　　和論點也出自這些雜誌。自然，它們各自的背景、風格、內容側重
　　　點乃至編輯立場並不相同。

克服，要尋得自我，建立中國的主體性，需要接續其他傳統，從頭來過。這意味著，包括中共意識形態在內的諸多思想和理論，都是清理和批判的對象。其次，作為一種話語，無論其具體主張如何，天下主義共用某些思想要素，比如都強調歷史在中國人精神生活中的重要性，都把在歷史中確立中國的自我認同視為正途，都注重文明的概念，都重視中國的軸心文明特質，都把中國視為中華文明的載體，都強調中國歷史和文明的連續性，並據此解釋今天的中國，也都把天下主義看成華夏文明的精神特質，並相信這種精神特質至今猶存，而且是克服當今世界若干重大弊害進而解決人類問題的不可替代的精神資源。誠然，這些思想要素在不同的論說者那裡意義不盡相同，而且被賦予了不同的權重，有不同的組合，指向不同的方向，但是客觀上，它們之間又存在某種相互支援的關係，因為，它們都強化了天下主義的話語。再次，論者圍繞認識中國展開的論述雖然各有其指向，但他們所調用的理論並非涇渭分明，而多具交叉性。比如，運用後現代、後殖民和東方主義理論來質疑和顛覆啟蒙理性，實際上可以滿足不同的政治訴求。揭露西方普世價值的虛偽性也是如此。更不用說，被置於「重思中國」思想運動旗幟下面的，可以是形形色色的人物和主張[241]。這種理論的交叉性和多重含義，令諸天下論述之間的關係愈形複雜。

　　然則，諸天下論說同意識形態的關係又如何？到現在為止，本文言及意識形態時一直沿用習慣說法，即主要在官方意識形態的意

---

[241] 趙汀陽就提到包括從梁漱溟、現代新儒家、李澤厚，到1990年代以後遍及經濟學、社會學、人類學、法學、哲學、政治學、文化理論諸領域乃至民間方面的諸多現象，把它們都視為「重思中國」思想運動的表現。參見趙汀陽，《天下體系：世界制度哲學導論》，頁4-8。

義上使用這一概念，並將此一現象視為當然，而沒有細究意識形態
的性質、形態、生長條件等。然而，要回答上述問題，停留在該詞
的習慣用語上是不夠的，我們需要對相關問題稍加分析。為扣合本
文主題而不至歧出，這裡僅引據兩位學者的相關意見展開討論。

　　政治學者鄭永年在其新近出版的《中國的文明復興》一書中，
對中國轉型過程中的意識形態建構、話語體系建設、文化創新和文
明發展等問題做了集中而簡要的討論。他把意識形態區分為國家的
和社會的兩個部分，認為現在中國亟需建設「國家意識形態」。新
的意識形態應該能夠「客觀地反映中國各方面實踐的開放性、包容
性和進步性」[242]，超越社會上非左即右的各種論述（意識形態），
凝聚國內共識，同時尋求和吸納共用價值，為國際社會所認可。另
一位學者，香港大學的慈繼偉教授，在其討論「天下」的文章中，
引據葛蘭西、阿爾都塞等人的觀點，分析了意識形態的性質及生長
條件。在他看來，「天下」觀念屬於葛蘭西所謂[文化]「霸權」
（hegemony）的範疇，古今天下論述也都具有意識形態性質。然則，
「霸權」有別於赤裸裸的「支配」（domination），即使是國家主
導的意識形態，要有效發揮其作為意識形態的作用，也不能直接表
現為政治權力。他引述法國馬克思主義哲學家阿爾都塞關於鎮壓性
國家機器（Repressive State Apparatus）和意識形態國家機器
（Ideological State Apparatuses）的區分，尤其是其視前者為由單一
中心掌控的集權體，後者則是具有相對獨立性的多元物質存在的觀

---

242 鄭永年，《中國的文明復興》，頁80（北京：東方出版社，2018）。
　　鄭永年對這一議題有長期的關注，並在其多部有關中國的著作中有
　　所論述。參見鄭永年，《中國模式：經驗與困局》（杭州：浙江人
　　民出版社，2010）；《改革及其敵人》（杭州：浙江人民出版社，
　　2011）；《為中國辯護》（杭州：浙江人民出版社，2012）等書。

點,將「自由」看作成就「霸權」/意識形態的必要條件。此種「自由」,在本文討論的語境中,即是「文化中國對於政治中國的相對自主性,而意識形態則是此文化中國得以在由此創造的空間裡依其本性運作的方式」[243]。基於這樣的視角,中共今日所面臨的所謂意識形態危機,甚而不是能否更新和如何強化其意識形態,而是能否在「鎮壓性的國家機器」之外,創造條件,促生「意識形態國家機器」,簡言之,就是能否擁有「意識形態」。循此思路,我們在觀察作為意識形態建構的當代中國各種天下論說時可以注意以下兩點。

第一是權力在其中的位置和作用。根據上面對意識形態的界說,即便是討論所謂「國家意識形態」,也並不是假定國家憑藉其政治權力就可以創建意識形態(無論其好壞),更不用說國家可以獨自做到這一點。相反,只能在相對自主的自由條件下生長的意識形態,需要社會的充分參與才可能發展起來,如此產生出來的意識形態也必定是複數的。這意味著,在國家方面,需要分別政治與文化,尊重文化領域的自主性,而要做到這一點,國家首先要有充分的政治自信[244];在社會方面,參與構建意識形態的各方也要「從政

---

243 Ci Jiwei, *Tianxia as Hegemony*. 未刊稿。博古睿研究院中國中心工作坊:「什麼是天下:東亞語境」。楷體係引者所用。

244 中共十八大報告提出了建設中國特色社會主義的「三個自信」,即「道路自信」「理論自信」和「制度自信」。中共十九大報告在此基礎上又增加了「文化自信」。這裡,「文化自信」的提出顯然是要為包含了「道路」「理論」和「制度」在內的政治自信提供支援。在這樣的背景下,指明文化發展以真正的政治自信為前提這一點尤為重要。鄭永年指出:「如果政治上的自信不能達成,文明的復興和新文明的形成就會困難重重。如果因為政治上的不自信而實行這樣那樣的控制政策,那麼文明不但不能復興,而且還會衰落。很顯

治權力中解放出來」[245]，即擺脫或者一味為現有體制辯護、或者一味反體制的圍繞政治權力的論爭，轉而關注事理、學理，通過各自獨立的知識創造和理論實踐，來彰顯和捍衛思想的尊嚴和知識的自主性。而這恐怕應當成為「知識倫理學」的第一條要義[246]。由這裡，我們可以引申出值得注意的另一點，即意識形態建構過程中的說理、論證和說服，以及建立在此基礎上的意識形態主張的說服力和可信性。

　　無論何種意識形態，要有效發揮其作用，都必須具有說服力，不僅對其自己可信，對它希望影響的其他人也必須是可信的。為此，任何意識形態的主張都必須建立在能夠被廣泛接受的說理的基礎

（續）────────────────

　　　　然，確立政治上的自信乃是中國今後相當長歷史時期的要務」。鄭
　　　　永年，《中國的文明復興》頁157。關於中國「文化軟實力崛起」
　　　　的制度障礙，又參見該書頁193、196。

245 鄭永年，《中國的文明復興》，頁198。在「從政治權力中解放出
　　　來」之外，鄭永年認為要實現文化創新，還需要「從『思想和思維』
　　　的殖民地狀態中解放出來」和「從利益狀態中解放出來」。詳參該
　　　書頁196-208。

246 趙汀陽區分了「知識的政治學意義」和「知識的倫理學意義」。前
　　　者指向「知識／權力」的關係，後者則指向「知識／責任」的關係，
　　　並認為二者都強調：「知識不能被簡單地理解為一個單純的認識活
　　　動，真理並不是一個最高的判斷，真理必須是好的，真理必須負責
　　　任」。（趙汀陽，《天下體系：世界制度哲學導論》，頁4）與此
　　　同時，他也強調，在具有責任意識的「以中國為根據去思、去說、
　　　去做」的思想運動中，「如果沒有形成謹慎嚴密的思考，不進入深
　　　刻的理論分析，而僅僅滿足於寫作的另一種敘事，就非常容易變成
　　　膚淺的話語」，同樣是不負責任的。事實上，今天中國的知識人面
　　　臨的是較此更為複雜的局面，因為不僅人們對「真」的理解不同，
　　　對「善」的理解分歧更大。如何在真與善、知識與權力、知識與責
　　　任、學術與政治、意識形態與理論之間判斷取捨，求得平衡，是他
　　　們必須不斷面對並做出選擇的難題。

上。對於主張其普遍性的各種天下論說而言，這種要求尤其突出。在其關於「天下」的評論文章中，慈繼偉教授指出，無論過去還是現在，也無論以何種名義（比如古代的「天下」或今天的自由主義的全球秩序），人們所聲稱的普遍性（universality），不過是他們關於普遍性的主張或宣稱，而非普遍性的事實本身。而讓人們相信和接受這種或那種關於普遍性主張的，絕非強力，而是聽上去有理的一套說辭（plausibility）。這裡，plausibility的有無和程度高低至為關鍵。慈文寫道：「當今世界，只有出自實力者的主張，人們才會注意並認真聽取。但正因為如此，提出主張的一方需要滿足更高的以理服人的要求。」[247]這無疑是擺在所有天下論者，無論官方的還是民間的，面前的一項挑戰。而在中國今天的思想和制度條件下，要成功應對這樣的挑戰並不容易。一方面，執政者痛感意識形態闕失之害，力圖通過整合、吸納中國古代思想文化資源，拓寬基礎，豐富、更新和強化其固有的意識形態。這一轉變不能說毫無意義和效果，但它為此運用國家權力控制輿論、壓制異見的習慣作法，卻有將文化轉變為政治、令說理成為無用之虞，從而削弱甚而消解了對其生存至關重要的「意識形態國家機器」的基礎。另一方面，面

---

247 在言之成理這一點上，慈繼偉對其文章中討論的兩部天下論著，干春松的《重回王道——儒家與世界秩序》和趙汀陽《天下的當代性——世界秩序的實踐和想像》，有不同的評價。他認為前者沒有滿足說理的基本要求，對其圈內人之外的其他人沒有說服力。後者則不同，它提出了一套不失為合理的哲學論證。雖然，趙著執著地主張其所謂「以世界觀世界」立場，並將文化隔絕於政治，實則放棄了對實踐天下理念的有效論證，也有說服力不足的問題。在慈繼偉看來，對於那些天下論者來說，真正的挑戰在於，要找到一種合理方式令政治中國成為實踐新的天下理念的主體，同時又讓世界上的其他國家和民族覺得這個天下理念合理可信。

對這樣的轉變，思想、學術和知識領域的回應也日見分化。有人應聲而動，為之提供概念闡釋和理論說明，張大其說；也有人附和跟風，為「大國崛起」鼓吹造勢；有人擁護並利用這種轉向，欲藉其勢力發展自身，同時抑制其他對手；也有人針鋒相對，介入其中，爭奪對歷史文化的解釋權。在如此背景下登場的各式天下論述，有多少聽上去思慮周全，理據充分，令人心悅誠服，誠為一問題。

　　如前所述，本文無意對諸天下論說逐一做內部的分析，也不打算一覽無遺地羅列相關文獻，而是滿足於對這一方興未艾的思想運動做概覽式的觀察，追溯其緣起，勾畫其面貌，知其所以，明其所以然，並對這一運動的性質和條件稍加探究。此刻，在本文結束之際，我只想指出一點，那就是，無論諸天下論述以怎樣的面貌呈現於世，也無論其思考深刻還是膚淺，它們背後的問題很大程度上是真實的，因為意識到這些問題而產生的集體性焦慮也是容易理解的。經歷巨變而崛起於世的中國，驀然發現自己身處陌生之境，為一系列問題所困擾。然而，回顧歷史，人們或不難發現，這種困擾的精神根源是自我認同的迷茫，而這不過是肇始於清末的中國文明的「整體性危機」[248]的延續，是這一深刻危機在當下這一特定時刻

---

248 這裡借用了伯爾曼取自艾利克森的說法。在後者那裡，「整體性危機」是個人生命歷程中一個特殊階段的經驗，這種經驗與精神的「秩序和意義」有關，而「整體性」則與個人所從屬的文化或文明有關。伯爾曼把這種說法引申至社會和文明，因為他相信，「整個社會可能經歷與在個人生命歷程中相似的發展階段」。（伯爾曼，《法律與宗教》，頁13，梁治平譯[北京：商務印書館，2012]）有意思的是，另一個出於艾利克森但卻更廣為人知的概念是「認同危機」，它主要與個人從青年轉向成年的經驗有關。本文討論天下論興起背景時也多次提到「認同危機」，但這個詞卻只能在「整個生命歷程「終結」（伯爾曼語，同前）之後文明再生的意義上來理解，在這

的表現。在這一重要的歷史時刻，重返歷史、接續傳統以尋回自我，不失為一種順應文明內在驅動的合理選擇，而從理論反思開始，重新認識中國，確立新的主體意識，也有其不得不然的必要性。雖然，這一事業極為巨大，十分複雜，至為艱難，需要多方參與，上下努力，做長期的探究與思考而後成。在此過程中，知識人所扮演的角色無可替代，他們是理論和意識形態的製造者，也是這種或那種意識形態的批判者，而無論他們扮演哪種角色，也無論其觀點為何，作為知識人，他們首先要努力做到的，恐怕都應該是守護其職分，專注於真知，致力於說理，不昧於良知，不蔽於私利，儘量不受偏見和一時情緒的左右，遵循知識的傳統和規範，忠實地呈現自己的想法。因為，真正的意識形態建設需要與政治權力保持距離，真正的批判性的思想需要對各種各樣的意識形態建構保持清醒的和批判的意識[249]。只有做到這一點的時候，他們的主張和敘述才有可能聽上去更有說服力。

梁治平，中國藝術研究院中國文化研究所研究員，主要研究領域為法律史，法律文化，法律與社會，近著包括：《法律史的視界》、《法律何為》、《禮教與法律：法律移植時代的文化衝突》。

(續)

個意義上，它指的就是「整體性危機」。

249 學術與政治、理論與意識形態之間的關係複雜而微妙，前者不能免於後者的影響，後者需要前者的支援。然而，泯滅二者間的界線，直接以政治統禦學術，以意識形態替代理論，則不但取消了學術和理論，也把意識形態降格為赤裸裸的政治宣傳，而令政治權力失去因「軟實力」支持而成就的權威。一位美國中國研究領域的資深學者曾以其個人經歷，對在中、美兩種（尤其是後者）不同語境下學術、理論與意識形態的關係做了生動的說明。參見黃宗智，〈學術理論與中國近現代史研究〉，載《學術界》2010年第3期。

思想歷史
回顧一個時代

關於「知識分子改造」

趙 園

知識分子政策

　　當代中國執政黨的知識分子政策，體現於1949年以降的一系列黨與高層的指示，其間有因時的調整。通常所說「團結、教育、改造」，係對於不限於知識分子的統戰對象的政策，卻更以「知識分子政策」而為人所知。1945年毛的〈論聯合政府〉，關於知識分子，談到了「團結和教育」[1]。1957年3月〈在中國共產黨全國宣傳工作會議上的講話〉關於知識分子改造，有集中論述[2]。沒有相應的「工人政策」、「農民政策」（有「農村政策」）而有「知識分子政策」者，自然因視其為特殊人群。1981年6月中共第十一屆六中全會通過的〈關於建國以來黨的若干歷史問題的決議〉，提到文革後「宣佈原工商業者已改造成為勞動者」，未提及持續了二十多年的「知識分子改造」及其成效。文革後「團結、教育、改造」除歷史考察的場合，已不再被提起。不宣示未必即放棄。仍有可能隱性地存在——

1　《毛澤東選集》第三卷（北京：人民出版社，1966），頁1032。
2　《毛澤東選集》第五卷（北京：人民出版社，1977），頁407、415。

尤其在官員的意識中。文革後消失的政策性話語，均有必要一一清
理，用了通俗的說法，即「對歷史有個交代」。

考察1949年以降的知識分子改造，應由1952年的「三反」、「思
想改造運動」，1957年的「反右」，1958年的「向黨交心」、高校
的「拔白旗」，1963年後的「教學改革」、「社會主義教育運動」，
1966-1976年的文革作全面的梳理。本文觸及的，僅若干面向而已。

執政黨的知識分子政策，不但有因時的調整，且高層的表述有
因人之異。1956年1月7日，中央辦公廳印發〈中共中央關於知識分
子問題的指示草案〉。1月14日至20日，中共中央在北京召開關於知
識分子問題的會議，周恩來代表中共中央作了〈關於知識分子問題
的報告〉。報告指出：知識分子已經成為我們國家各個方面生活中
的重要因素，他們中間的絕大部分是工人階級的一部分[3]。該報告談
到「全國解放以後，黨在全國範圍內對於知識分子實行了團結、教
育、改造的政策」。說：「所謂高級知識分子和一般知識分子，中
間並沒有嚴格的界限。」報告有一些不免令知識分子浮想聯翩的內
容，如「工人、農民、知識分子的兄弟聯盟」。報告批評了不認為
知識分子「是工人階級的一部分」[4]。2月24日，中共中央政治局通
過〈中共中央關於知識分子問題的指示〉。由執政黨的知識分子政
策與親歷者感受的角度，1956年被作為重要的時間節點，即知識分
子所說的「小陽春」。

1957年9月23日鄧小平在〈關於整風運動的報告〉中說，資產階
級和知識分子「是這次反右派鬥爭的主要範圍」，「右派分子活動

3　參看《建國以來毛澤東文稿》第六冊（北京：中央文獻出版社，
　　1998），頁6。

4　《周恩來選集》（北京：人民出版社，1984），頁161、160、164、
　　166。

的主要場所是知識分子成堆的地方」[5]。1958年中共八大二次會議認為，中國存在兩個剝削階級與兩個勞動階級，兩個剝削階級中就包括了「正在逐步地接受社會主義改造的民族資產階級和它的知識分子，他們的大多數人在社會主義和資本主義兩條道路之間處在動搖的過渡狀態」[6]。

　　1960年代初氣候轉暖。1962年3月2日，周恩來對在廣州召開的全國科學技術工作會議、全國話劇、歌劇、兒童劇創作座談會等會議代表發表講話[7]；3月6日陳毅有〈在全國話劇、歌劇創作座談會上的報告〉。1957年「反右」後使知識分子備感安慰的，即周、陳的廣州講話。同年3月27日至28日周恩來向全國人民代表大會第二屆第三次會議所作〈政府工作報告〉，對知識分子也有積極評價。

　　對於1956年至1957年反右前，以及1962年兩個時間節點，知識分子津津樂道，懷念不置。回頭看去，雖兩度短暫的「春天」不過是持續加壓間的緩衝期，仍不妨認為包含了諸種可能性。陸鍵東《陳寅恪的最後20年》、劉海軍《束星北檔案》[8]均大段摘引了陳毅1962年3月6日關於知識分子問題的講話。其中有如下幾句：「如果對立的形勢現在不改變，那我們共產黨就很蠢了；人家住房、吃飯、穿衣什麼的都給包下來，包下來又整人家，得罪人家，不是很蠢嗎？反動統治階級，還高明一點。科學家、知識分子的吃飯問題他不管，

5　沈志華，《思考與選擇：從知識分子會議到反右派運動（1956-1957）》（香港：中文大學當代中國文化研究中心，2008），頁648-649。
6　中共中央文獻研究室，《〈關於建國以來黨的若干歷史問題的決議〉注釋本》（北京：人民出版社，1983），頁260。
7　〈論知識分子問題〉，收入《周恩來選集》。
8　陸鍵東，《陳寅恪的最後20年》（北京：三聯書店，1995）；劉海軍，《束星北檔案：一個天才物理學家的命運》（北京：作家出版社，2005）。

工作也不管，什麼都不管。他也不一定強迫人家搞思想改造，他跟
科學家、知識分子和平共處。」陳毅由功利的方面論述，應係特為
某些人說法，分剖利害，意思淺白，卻已足夠驚世駭俗。表面看似
乎是，陳關心利害，而他的同志強調「原則」。實則陳的思路不過
更合於常識，更通情達理而已，卻不過是某高層人士的個人見解，
並非其時執政黨領導層的共識。

　　陶鑄的如下表態，更有個人色彩。據陸鍵東《陳寅恪的最後20
年》一書，陶在1961年9月28日廣東省委召開的「高級知識分子座談
會」上，建議「今後一般不要用資產階級知識分子這個名詞」；「凡
屬思想認識問題，一律不准再搞思想批判鬥爭會」；「不准用『白
專道路』的帽子」[9]。陶的上述建議在他主政的廣東即非共識。同書
提到，持異議者「絕大部分本身就是知識分子，甚至不少人還是在
民國年間的舊制大學中畢業的」，「在1958年還屬被批判的那一類
人」[10]。方面大員中，柯慶施被許為毛的好學生。據徐鑄成回憶，
1957年反右之初，柯在與自己的談話中說，「知識分子的習性，有
兩個字可以概括。一是懶，平時懶於深刻檢查自己，問題成堆就難
挽救；二是賤，三天不打屁股，就忘乎所以了。」[11]

　　毛確曾說過「無產階級和革命人民」均有必要「改造」，「改
造客觀世界，也改造自己的主觀世界」[12]。1957年〈在中國共產黨
全國宣傳工作會議上的講話〉中說：「知識分子也要改造，不僅那
些基本立場還沒有轉過來的人要改造，而且所有的人都應該學習，

9　頁338-339。
10　頁352-353。
11　《徐鑄成回憶錄（修訂版）》（北京：三聯書店，2010），頁268。
12　〈實踐論〉，《毛澤東選集》第一卷，頁272-273。

都應該改造。我說所有的人，我們這些人也在內。」[13]有意混淆了普遍意義上的改造，與政策意義上的對特定人群——民族資產階級、工商業者、知識分子——的改造。前此，〈關於正確處理人民內部矛盾的問題〉中的如下表述較為明確：「在建設社會主義社會的過程中，人人需要改造，剝削者要改造，勞動者也要改造……當然，剝削者的改造和勞動者的改造是**兩種不同性質的改造，不能混為一談。**」[14]

文革後期幹部政策逐步落實。臨終前的毛，對知識分子仍堅持其一貫的評價；關於「知識分子改造」，強辯道：「有些人站在資產階級知識分子立場，反對對資產階級知識分子的改造。他們就不用改造了？誰都要改造，包括我，包括你們。工人階級也要在鬥爭中不斷改造自己……」[15]——所用仍是他本人所說將「不同性質的改造」「混為一談」的言述策略。

針對特定人群的依據特定政治標準、意識形態規範的帶有強制性的改造，與以道德完善為目標的自覺的改造，確是「不同性質的改造」。據執政黨的表述，以「剝削階級」為對象的改造，在使其成為自食其力的勞動者；對於知識分子，更是「思想改造」，使其「拋棄資產階級的世界觀而樹立無產階級的、共產主義的世界觀」[16]。拒絕上述改造固然要付出代價；弔詭的卻是，歷次政治運動中知識分子的受難，又與是否拒絕無關[17]。

---

13 《毛澤東選集》第五卷，頁407。
14 同書，頁382。楷體字係筆者所加。
15 〈毛主席重要指示〉，《建國以來毛澤東文稿》第十三冊，頁489。
16 〈關於正確處理人民內部矛盾的問題〉，《毛澤東選集》第五卷，頁384。
17 即如潘光旦心悅誠服地接受改造，受難依舊（參看楊奎松，《忍不

　　無產階級改造世界（包括知識分子）的任務，理論上經由其先
鋒隊執行。「先鋒隊」──在當代中國即執政黨──不是抽象的符
號，而是一個個有七情六欲的具體的人。「團結、教育、改造」知
識分子的，實際即各級黨的幹部，包括本身即知識分子的幹部。政
策的執行，端賴各級黨組織對政策的理解、詮釋，幹部的「政策水
準」以至個人品質。顧頡剛強烈地感受到「學部」歷史研究所副所
長尹達的壓抑，尹達卻坦然地說自己不過在「執行黨的政策」[18]，
應即他所理解的對顧氏這種資產階級學者的「知識分子政策」。尹
達對「政策」的理解未見得離譜，不過更夾雜了學派偏見與個人成
見，甚至他本人的好惡而已。魯迅曾擬某些左翼文藝界的「大人物」
為「手執皮鞭」、亂打苦工脊背的「工頭」[19]；顧頡剛由尹達那裡
感受的，是「征服者」對「被征服者」的傲慢與歧視[20]。

　　1950-60年代知識分子通常直接面對的，是文化官員、學術官
僚。幸遇開明的文化官員、學術官僚，與不幸落在生性忮刻的領導
手下，命運會大大地不同。1952年三反五反、思想改造運動，顧頡
剛記主持運動的李琦竟在小組會上破口大罵，說自己「真有『到此

（續）──────────────
　　　住的「關懷」》第三章，〈潘光旦的「思想」與「改造」〉）。帶
　　　有強制性的改造僅對特定人物豁免。如章士釗。毛在就章的《柳文
　　　指要》給康生的信中說「不要求85齡之老先生改變他的世界觀」（《建
　　　國以來毛澤東文稿》第十一冊，頁430），對其他「老先生」卻未
　　　必一視同仁。
18　1964年12月27日，《顧頡剛日記》第十卷，頁185
19　見《魯迅全集》第十三卷，〈19350912致胡風〉（頁211）、〈19360405
　　　致王冶秋〉（頁349-350）、〈19360515致曹靖華〉（頁379）等。
　　　《魯迅全集》（北京：人民文學出版社，1981）。
20　參看其1955年3月17日日記，《顧頡剛日記》第七卷（台北：聯經
　　　出版公司，2007）。

方知獄吏尊』之感」[21]。還說:「李琦說話,直是謾罵。閻王好見,
小鬼難當,奈何!」[22]

　　實則學術文化機構的官員,通常也正是知識分子甚至專業人士
——無論顧頡剛痛感壓抑的尹達[23],吳宓深感知遇的方敬[24],還是
束星北曾與之對抗的華崗[25],傅鷹面對的北大化學系黨總支。陳序
經、杜國庠則是特別的例子[26]。陸鍵東《陳寅恪的最後20年》寫杜
陳交誼,說杜國庠是陳寅恪晚年第一次接觸到的「有著高風亮節的
優秀共產黨人」[27]。這種際遇,在1950-60年代,太難太難。杜國庠、
方敬,亦未脫書生本色的黨內幹部。黨內有這樣的一批幹部。改革
開放後以歷史反思為人矚目的,也是這樣的幹部。他們的可貴,也
在不以「教育」、「改造」者自居;「團結」非盡出於功利目的,
有一分人與人之間的真實感情。

　　知識分子命運繫於政治氣候以及政治人物的個人取向,也繫於
所處具體環境、人事關係,為上述諸種外力所左右。政策條文不及

21　《顧頡剛日記》第七卷,頁250。
22　同書,頁259。
23　尹達,考古學家。1938年赴延安,同年4月加入中國共產黨。曾在
　　陝北公學任教,後在馬列學院研究部等處工作。「學部」歷史研究
　　所副所長,兼任考古研究所副所長。
24　方敬,參看《吳宓日記續編(1949-1953)》第1冊(北京:三聯書
　　店,2006),頁21注3。
25　華崗,1924年加入中國社會主義青年團,1925年加入中國共產黨。
　　曾任山東大學校長。1955年被審查、處理,長期關押,1972年病逝。
　　束星北與華崗,參看《束星北檔案》第五章。束、華一例較為複雜。
26　尊重、照顧陳寅恪的陳序經不同於方敬,本人就是「黨外專家」、
　　教育家。陳序經,著名學者,曾任嶺南大學校長,中山大學副校長。
　　文革中被迫害,在南開大學病逝。
27　頁56。

態度、臉色來得直接。那是寫在臉上、流露在話語中的「知識分子政策」。「不測的威棱使人萎傷」[28]。在那個你的任一上司的口吻、臉色都被認為包含了暗示——「組織」對你的態度——的年代，這種「冷暴力」造成的持久的傷害，惟親歷者能感同身受。

1957年反右中被劃為右派的中山大學教授董每戡[29]，有被作為其罪狀的短詩：「書生都有嶙嶒骨，最重交情最厭官。倘若推誠真信賴，自能瀝膽與披肝。」[30]經歷了十數年「改造」的書生，即使已沒有了「嶙嶒骨」，也仍有可能「厭官」。而「官」們能「推誠真信賴」者，委實少見，談何「瀝膽與披肝」！

執政黨將形成於「革命戰爭時期」的一整套經驗帶進城市，包括以「運動」方式進行的「知識分子改造」。韋君宜《思痛錄》記所親歷的「搶救運動」，「搶救」到夫妻離異、自殺、甚至舉家自焚。抹黑自己，自承莫須有的罪名，在那一運動中已隨處發生。韋說，從那時起，自己仍然「相信共產黨，相信只有共產黨能救中國」，同時「痛苦地覺得」，自己「那一片純真被摧毀了」[31]！

1974年1月江青在中央、國務院直屬機關批林批孔動員大會上引毛的話：「秦始皇算什麼，他只坑了460個儒……我們坑的比他多。我們在鎮反運動中鎮壓了幾十萬反革命，我看有46000個反革命的知識分子就坑掉了。我跟民主人士辯論過，你罵我們是秦始皇，不對，

28　〈搗鬼心傳〉，《魯迅全集》第四卷，頁617。
29　董每戡，著名戲劇家、戲曲史研究專家，中山大學教授。董與其夫人被劃為右派後，困頓潦倒，仍堅持戲曲研究。1979年平反回到中山大學，次年病逝。
30　參見陸鍵東，《陳寅恪的最後20年》，頁205。
31　頁19（北京：北京十月文藝出版社，1998）。

我們超過了秦始皇一百倍。」[32]

　　據沈志華《思考與選擇：從知識分子會議到反右派運動，1956-1957》，1957年反右前的鳴放中，北京師範大學副校長傅種孫指出：「對知識分子的失策，也許是中共近幾年來最大的失策之一。中共所標榜的知識分子政策與知識分子所感受的幾乎完全相反……每一運動起來，知識分子就會心驚肉跳。對於統治者衷心奉承而一再受白眼、挨耳光，這是史無前例的。我想不起來哪一個興朝盛世是這樣糟蹋知識分子的……」[33]如此痛心疾首直言不諱的批評，此後再難聽到。曾彥修《平生六記》引文天祥〈過零丁洋〉「人生自古誰無死，留取丹心照汗青」，說：「這是中國歷代知識分子的最高抱負，專門打擊這點，真是自取麻煩。」[34]這層意思，執政黨內有幾人能懂！

　　「知識分子政策」因將知識分子置於被動地位（被團結、被教育、被改造），使之不可能延續「自省／互規」一類自我道德提升的既有傳統，以至能動性亦賴有外部的激發。文革後因創巨痛深激起的反彈，使知識分子道德完善、提升的問題討論無從，加速了知識群體的分化與部分知識人道德的潰敗。

諸種區分

　　當代中國的語境中，「知識分子」的界定並不明晰，既與受教

32　參看王年一，《大動亂的年代》（鄭州：河南人民出版社，1988），頁483。

33　沈志華，《思考與選擇：從知識分子會議到反右派運動，1956-1957》，頁580。

34　頁122（北京：三聯書店，2014）。

育程度又與所從事的職業有關。這不妨礙知識分子的諸種區分，如
黨內／黨外知識分子，後者中尚包括黨外積極分子；如青年知識分
子／老知識分子，後者通常指「從舊社會過來的知識分子」。據李
新回憶，延安時期有「洋包子」與「土包子」之分；整風審幹，「倒
楣的多半是『洋包子』」[35]。1940-50年代之交來自根據地、解放區
的知識分子，地位優越於原國統區的知識分子。但諸多場合並不細
分。儘管有「革命知識分子」，在籠統的「知識分子改造」中並不
單列。「知識分子改造」這一意識形態表述，不同程度地適用於所
有的知識分子——正常情況下，職司改造他人的知識分子幹部除
外。「知識分子幹部」的地位未必穩定。據文革史專家考察，文革
初期被拋出的黨內幹部的共同特點，「大多是知識分子幹部或1949
年前的地下黨幹部，這也是歷次政治運動的規律」[36]。「抓叛徒」
狂潮興起，主持文化界、文藝界工作的前地下黨的知識分子幹部遭
遇重創。被歸為「三十年代黑線人物」者，幾無一倖免。

　　對於知識分子，由階級的方面，有「資產階級知識分子」與「小
資產階級知識分子」的定性。毛1939年在〈中國革命和中國共產黨〉
中，將「廣大的知識分子」歸入「小資產階級」。該篇說：「從他
們的家庭出身看，從他們的生活條件看，從他們的政治立場看，現
代中國知識分子和青年學生的多數是可以歸入小資產階級範疇的。」
[37]1957年2月〈關於正確處理人民內部矛盾的問題〉將「資產階級分
子」和「從舊社會來的知識分子」並提，作為資產階級意識形態的

35　《流逝的歲月：李新回憶錄》（太原：山西人民出版社，2008），
　　頁331。

36　李遜，《革命造反年代：上海文革運動史稿》（Oxford University Press,
　　2015），p. 164。

37　《毛澤東選集》第二卷，頁604。

主要來源。[38]同年3月〈在中國共產黨全國宣傳工作會議上的講話〉
中說:「我們現在的大多數知識分子,是從舊社會過來的,是從非
勞動人民家庭出身的。有些人即使是出身於工人農民的家庭,但是
在解放以前受的是資產階級教育,世界觀基本上是資產階級的,他
們還是屬於資產階級的知識分子。」[39]說的是「大多數」。同年5月
〈事情正在起變化〉一文說:「資產階級和曾經為舊社會服務過的
知識分子的許多人總是要頑強地表現自己……要改造他們,需要很
長的時間」[40]說的是「許多人」。7月在〈一九五七年夏季的形勢〉
中說,「社會主義改造」的對象,包括「資產階級和資產階級知識
分子」、「小資產階級(農民和城鄉獨立勞動者),特別是富裕中
農」[41]。這一時期毛反覆使用「資產階級和資產階級知識分子」的
提法。「反右」主要在「資產階級和資產階級知識分子」較為集中
的民主黨派、知識界、工商界中進行[42]。

　　「資產階級」、「小資產階級」雖一字之差,涉及階級屬性,
不容含混。知識分子敏感於上述區分。自認小資產階級雖有不甘,
較之資產階級畢竟略勝。「資產階級」是敵對階級,「小資產階級」
則可以是同路人、團結對象;儘管「同路人」、「團結對象」云云
也包含了歧視。毛洞悉此種心理。1957年10月毛的〈做革命的促進
派〉一文,拆穿了羅隆基的「花招」,說羅自稱「小資產階級」,
不對,「其實他是資產階級」[43]。

38　《毛澤東選集》第五卷,頁390。
39　同書,頁409。
40　同書,頁426。
41　同書,頁457。
42　同上,頁461。
43　《毛澤東選集》第五卷,頁479。

　　1966年3月召開的中央政治局常委擴大會議上，毛對文化界狀況
有如下基本估計：學術界、教育界「事實上是資產階級、小資產階
級掌握的」；「大學、中學、小學大部分被資產階級、小資產階級、
地富出身的人壟斷了」[44]。1969年4月毛在中共九大的講話中說，文
革「觸及了上層建築，從中央一直搞到工廠、機關、學校。過去這
些不都在我們手裡，大都在國民黨手裡，都在資產階級知識分子手
裡，而且他們還有後臺。」[45]

　　區分既有政策層面的，也有較為隱性的。上文已引1956年1月中
共中央在京召開的關於知識分子問題的會議上，周恩來所作〈關於
知識分子問題的報告〉中談到，「所謂高級知識分子和一般知識分
子，中間並沒有嚴格的界限。」但確有「高級知識分子」、「普通
知識分子」的區分。另有所謂的「大知識分子」。〈做革命的促進
派〉針對羅隆基所說「無產階級的小知識分子怎麼能領導小資產階
級的大知識分子」，說：「無產階級的『小知識分子』就是要領導
資產階級的大知識分子。無產階級有一批知識分子為它服務，頭一
個就是馬克思，再就是恩格斯、列寧、史達林，再就是我們這些人。」
[46]馬、恩、列、斯和「我們這些人」不只是「革命知識分子」，且
是革命領袖。自稱「知識分子」，毛這一時期的表述中殊不多見。

　　「大知識分子」／「高級知識分子」／「上層知識分子」／「資
產階級知識分子」，「大」、「高級」或由成就、社會地位而言。
黨內專家中亦有「大知識分子」。「上層」、「資產階級」則更是
階級定性。「上層知識分子」往往也即「資產階級知識分子」。知

44　逄先知，金沖及主編，《毛澤東傳》第六卷（北京；中央文獻出版
　　社，2011），頁2372。

45　同書，頁2518。

46　《毛澤東選集》第五卷，頁479。

識分子中的統戰對象，應以上述諸類——黨內「大知識分子」除外
——為主。

　　1966年3月17日至20日的政治局常委擴大會上，毛說：「我們在
解放後對知識分子實行包下來的政策，有利也有弊。現在學術界和
教育界是資產階級知識分子掌實權。」「各地都要注意學校、報紙、
刊物、出版社掌握在什麼人手裡，要對資產階級的學術權威進行切
實的批判。」[47]閻長貴以為〈五一六通知〉中毛直接加寫的兩段話，
構成了文化大革命的實質和基本綱領。兩段話中就有：「高舉無產
階級文化革命的大旗，徹底揭露那批反黨反社會主義的所謂『學術
權威』的資產階級反動立場，徹底批判學術界、教育界、新聞界、
文藝界、出版界的資產階級反動思想，奪取在這些文化領域中的領
導權。」1966年召開中共八屆十一中全會，8月8日通過的〈關於無
產階級文化大革命的決定〉（即「十六條」）中說：「在當前，我
們的目的是鬥垮走資本主義道路的當權派，批判資產階級的反動學
術『權威』」，將「反動學術『權威』」與「走資派」並列為主要
打擊對象。上述情勢下，「大」、「高級」、「上層」、「資產階
級」一併受到衝擊，甚至黨內「大知識分子」。這種對學術共同體
公認的評價體系的破壞，文革後至今難以修復。

　　普通知識分子並非就能超然於運動之外。洪子誠說自己在文革
中的經歷較平常，「但是『生活』對我來說，仍有非常困難、痛苦
的方面，這就是不斷地要求對『立場』表態，不斷地要求分辨『路
線』的正誤，及時確定自己的位置：一種經常違背心願而作出的關
於信仰的『表演』。那時，我們受到最多訓練的恐怕是當代的『站

47　閻長貴，〈點燃「文化大革命」的三把火〉，閻長貴、王廣宇，《問
　　史求信集》（北京：紅旗出版社，2009），頁27。

隊學』這門學問：旨在培養靈敏的嗅覺與有效的反應方式。」[48]這
是較為敏感認真的知識分子才能深味的「痛苦」。

　　考察文革，受到關注較多的是大知識分子。事實則是運動一起，
「玉石俱焚」，落難者中更為大量的，是普通知識分子。他們付出
的代價最高，受到的關注與補償最少。徐賁為其父徐幹生〈「文革」
親歷紀略〉所撰序言中說，「至今還沒有一個作者以其親見親聞，
專門而系統地反映過當時中國下層知識分子——中學教師所遭遇的
種種厄運」[49]。

　　同係知識分子，尚有科技知識分子與人文社會科學知識分子的
區分。1952年三反中特別強調對於「有用的專門科學家和學者」適
用的處理方法[50]。這裡「有用的……」應指自然科學方面的專門人
才。反右中對自然科學方面的專家，實施了較為有效的保護。由張
勁夫、杜潤生推動，由杜起草，1957年9月8日中共中央批准並發佈
了〈關於自然科學方面反右派鬥爭的指示〉。同年9月23日鄧小平〈關
於整風運動的報告〉談到對於知識分子中的右派，社會科學界與自
然科學界要分別處理，「對前者要嚴些，後者要寬些」[51]，亦應出
於「有用／無用」的考量。文革期間卻未能複製對自然科學專家的
保護。1966年中國科學院黨組提出保護自然科學家的意見，黨仍由

48　〈回答六個問題〉，收入氏著，《當代文學的概念》（北京：北京
　　大學出版社，2010），頁10。
49　徐幹生，《復歸的素人：文字中的人生》（北京：新星出版社，2010），
　　頁335。
50　〈在中央關於三反中處理科學家、學者的問題的指示稿上加寫的
　　話〉，《建國以來毛澤東文稿》第三冊，頁326。
51　沈志華，《思考與選擇：從知識分子會議到反右派運動，
　　1956-1957》，頁649。

杜潤生起草,不但未獲恩准,「反而將黨組班子都搭了進去」[52]。即非文革,自然科學家也並非總能倖免。束星北即一例[53],著名農學家蔡旭是另一例。北京市委大學部曾提出過一條工作原則:「在自然科學中,一般不要開展學術批判運動。」未獲高層人士首肯[54]。儘管中共八屆十一中全會1966年8月通過的〈關於無產階級文化大革命的決定〉第十二條關於科學家、技術人員和一般工作人員有如下政策性表述,即「只要他們是愛國的,是積極工作的,是不反黨反社會主義的,是不裡通外國的,在這次運動中,都應該採取團結、批評、團結的方針,對於有貢獻的科學家和科學技術人員,應該加以保護。對他們的世界觀和作風,可以幫助他們逐步改造」;科技人員——包括「有貢獻的科學家和科學技術人員」——除受到高層保護者外,不同程度地遭受迫害以致「非正常死亡」者,仍非個例。

毛所說「三項實踐」,包括了「科學實驗」[55]。1965年12月21日他在杭州會議上的講話,有「要改造文科大學,要學生下去搞工業、農業、商業。至於工科、理科,情況不同,他們有實習工廠,有實驗室,在實習工廠做工,在實驗室做實驗」[56],可用以佐證毛關於「實踐」的界定。人文社會科學,尤其社會科學,1950年代初的院系調整中遭遇重創。著名學者反右中陷落的,大有其人。〈關

52　〈杜潤生:不僅僅是農民的朋友〉,刊2015年10月15日《南方週末》B10版。

53　參看《束星北檔案》。

54　參看陳徒手,〈蔡旭:大躍進「小麥王」的苦惱〉,《故國人民有所思:1949年後知識分子思想改造側影》(北京:三聯書店,2013),頁208。

55　〈對「中共中央關於目前農村工作中若干問題的決定(草案)」稿的修改〉,1963年5月,《建國以來毛澤東文稿》第十冊,頁300。

56　《建國以來毛澤東文稿》第十一冊,頁493。

於正確處理人民內部矛盾的問題〉所說「藝術上不同的形式和風格
可以自由發展，科學上不同的學派可以自由討論」；不應當「利用
行政力量，強制推行一種風格，一種學派，禁止另一種風格，另一
種學派」[57]，似乎從不認為對人文社會科學適用。陳寅恪〈清華大
學王觀堂先生紀念碑銘〉所說「獨立之精神，自由之思想」[58]，1953
年口述〈對科學院的答覆〉時依舊堅持，說：「沒有自由思想，沒
有獨立精神，即不能發揚真理，即不能研究學術。」[59]1952年思想
改造運動之後，這種議論惟陳能發，當局也尚能優容，卻絕不會提
倡。

　　文革前夕，1965年12月21日毛在杭州會議上談教育，強調了文
科大學改造的必要性[60]。文革爆發、大中學校停課兩年後，1968年7
月12日毛說：「大學還是要辦的，我這裡主要說的是理工科大學還
要辦⋯⋯」[61]該語錄當月22日由《人民日報》發表後，對人文社會
科學知識分子的衝擊可想而知。儘管毛事後補救，說其本意並非文
科不再辦，卻像是欲蓋彌彰。1969年「學部」人員下幹校時，關於
該單位將「鬥批散」（「散」即遣散）的傳聞，自非空穴來風。

　　對待知識的功利主義態度，與對待知識分子的功利主義（「利
用」）一致。自然科學為經濟建設服務，成效立見，而以官方意識
形態整合人文社會科學，幾乎是不可能的任務。人文社會科學不止
關係學術，且關涉價值觀、道德立場以至信仰，難以為意識形態所

57　《毛澤東選集》第五卷，頁388。
58　《金明館叢稿二編》（北京：三聯書店，2001），頁246。
59　《陳寅恪的最後20年》，頁111。
60　〈改造學校教育讓學生接觸社會實際〉，《建國以來毛澤東文稿》
　　第十一冊，頁492-493。
61　《建國以來毛澤東文稿》第十二冊，頁505。

規範，不能不令當局忌憚。陳寅恪所說「獨立之精神，自由之思想」，尤其是人文社會科學發展的必要條件。在最高領袖的一句話可以決定一個學科存廢的條件下，人文社會科學的發展是無望的。當然，人文社會科學是否發展，或被認為無關緊要。

政治運動中直接影響知識分子命運的，尚不止於上述區分。對於知識分子，政策的剛性與柔性、彈性體現於對知識分子（主要即知名人士）的差別化對待。陸鍵東《陳寅恪的最後20年》說到「尊老，一向是第一代中國共產黨領導人一分獨特的文化情結」；所舉出的「倍受照顧禮遇」的「元老」，就有馬一浮、章士釗、朱師轍等[62]。但是否禮遇照顧，又不像全由年紀，更與最高當局的個人偏好有關。

政治運動中對特定人物的「保護」，不始自文革，無論提供護佑的是何方神聖。如三反五反、思想改造運動中的榮毅仁、顧頡剛被命「保護過關」[63]；胡子嬰、王芸生等在五反、思想改造運動中被「保護過關」[64]；如反右前夕毛向黃炎培、陳叔通提前「吹風」[65]；再如對陳垣個人歷史的「保護性評價」[66]。據韋韜、陳小曼《父親茅盾的晚年》，反右中茅盾受到「保護」，以其表態為條件[67]。

文革中有所謂的「國家級重點保護對象」。據逢先知，金沖及主編《毛澤東傳》，1966年8月30日毛在章士釗的來信上批示，對章

---

62 頁56。
63 1952年8月10日顧氏日記，《顧頡剛日記》第七卷，頁254。
64 參看楊奎松，《忍不住的「關懷」：1949年前後的書生與政治（增訂版）》（桂林：廣西師範大學出版社，2013），頁139、154。
65 參看沈志華，《思考與選擇：從知識分子會議到反右派運動，1956-1957》，頁611。
66 〈陳垣校長入黨前後波瀾〉，《故國人民所有思》，頁59。
67 頁83-84（北京：文化藝術出版社，2008）。

「應當予以保護」，周恩來對章「立即採取保護措施」，「並寫了一分應予保護的名單」（頁2408）。這張名單上，既有政界也有知識界人士。此後名單還續有擴大[68]。毛在1969年4月中共九大的一次講話中說，「有些犯錯誤的人推一推就下去，拉一拉就上來了。」[69]「推一推」或「拉一拉」，有時只在最高領袖的一念之間。恩澤施之於特定對象，知識界中的特定人物，亦一以貫之。

文革前與文革中對特定對象的保護，與「鎮反」中殺小不殺大、統戰中統大不統小，有其一致。文革的特別之處，在打擊面之大前所未有，保護與否即出於更為複雜的考量。也因此有關名單有仔細推敲的價值，例如何以某些更為著名的學者不在名單上？詭異的是名列「國家級重點保護對象」的饒毓泰、翦伯贊的自殺。被「重點保護」者尚且如此，不予保護，更形同放棄，任由「群眾」處置——包括陳寅恪這樣的學者。

你還會注意到，某些前此曾蒙保護者，文革中不再有此殊遇。據郭齊勇《熊十力傳論》，「熊十力1949年以後得到新政府的禮遇，特別是周恩來、董必武、陳毅等人的關懷。……在文化大革命以前他是國內少數幾個沒有受到批判、沒有寫過檢討的文人之一。」[70]但「禮遇」是不可必的[71]。好運文革前已用完的，另有顧頡剛。顧三反、思想改造運動中曾被保護，文革中已無此幸運[72]。

68　參看收入《周恩來選集》的〈關於保護幹部的若干文電〉。

69　同前書，頁2519。

70　頁211-212（北京：中國社會科學出版社，2013）。

71　熊文革中的遭遇，參看同書，頁114-115。

72　楊憲益《漏船載酒憶當年》一書說：「中國有一個有趣的社會現象，那就是：對於中國知識分子的評價，並不以他們在學術上、藝術上的成就而定，卻以他們的政治、社會地位而定。」（北京：北京十月文藝出版社，2001），頁246，也只能部分地解釋保護與否的考

　　文革前陳寅恪受到的保護也來自領導層，如陳毅、陶鑄。《陳寅恪的最後20年》不隱沒陶鑄、廣東省委厚待陳寅恪的事實[73]。1962至1966年文革爆發，陳寅恪是在陶鑄、廣東省委、中山大學校方的關照下度過的。在當年，亦所謂的「特事特辦」。卻也因此，風暴一起，對落差的感受尤為尖銳，摧殘也更加致命[74]。執政黨內本不乏有識之士，他們的聲音卻要待政治氣候適宜才能發出。應當承認，有關方面對陳寅恪的「優容」——如特許其不參與行政事務以至人人必得參加的「政治學習」，不從事「思想改造」等——是其1949年後完成那些著述的條件；也由一個方面，證明了學人從事學術所需要的環境，解釋了一些學人之所以未盡其才。著名知識分子（「大知識分子」）的命運尚且如此，況不知名、不甚知名以及數量龐大的普通知識分子。

　　保護／不被保護，毋寧說展示了當代中國知識分子托庇於權力、不能掌握自身命運的悲劇性。那些蒙受恩寵者的屈辱感，是權力者難以設身處地想到的。時任中科院副院長的竺可楨在保護之列。據說竺眼見得他人受難，無力拯救，備受煎熬，以自我削減物質待遇、竭力實事求是地寫外調材料為救贖[75]。韋韜、陳小曼《父親茅盾的晚年》寫到了處在「保護」下的茅盾的心境，尤其對於邵荃麟之死；也寫到了茅兩年間，接待了一百三十多批外調人員，寫了近百分證明材料，字斟句酌，「有的材料甚至寫了兩三天」[76]——亦受保護者對於他人力所能及的一點「保護」。

（續）

　　量。

73　參看該書，頁390-392。

74　陳死於1969年10月。

75　《竺可楨全集·前言》（上海：上海科技教育出版社，2006）。

76　頁41。

　　即使如此，也應當說，1949年後知識分子與「新社會」與執政
黨、政權的關係，更宜於深入的個案分析，不便作一概之論。即使
未得權力護佑、未蒙明令「保護」的知名人士，文革前文革中的命
運仍然有因人之異。風波迭起的1950-60年代，甚至文革的洪濤巨浪
中，仍有人安然度過，如在世外，憑藉了各種際遇、機緣，靠了運
氣，福分。但這些例外所能證明的，不也仍然是無從掌握個人命運，
禍福由人？一大批知識人的命運操之在我，畢竟是傳統社會才會有
的現象。古代中國尚有宋朝君主的不殺言事的士大夫，為明人豔羨。
對於當代中國知識分子的處境與命運，欲以個例推翻基本事實，不
免徒費精神吧。「底層民眾／知識分子」，亦文革辯護者常用的口
實。社會公正並非對某一特選階級、人群，社會正義也不因階級地
位、職業而有區分，本是常識。何況辯護者所關心的，何嘗真的是
「底層」的公平與正義？

　　文革期間因黨的各級組織不同程度地癱瘓，改造的實施權掌握
在了無主名、非責任主體的「群眾」手中。就暴力程度而言，是前
此知識分子改造的升級版與加強版。但文革仍然並非對知識分子的
無差別打擊，照例有依靠對象與打擊對象——是不難知曉的。

「改造」之為折辱

　　某報紙曾有欄目曰「在這裡讀懂中國」。中國之難懂，不在民
情，而在當代的政治設施、政治文化——不惟不同於西方（歐美），
即在東方（前「社會主義陣營」、今「發展中國家」），某些方面
也罕有其比。近代中國知識分子由古代中國的士大夫蛻變而來，晚
清、民國是其發育期。因了時局的持續動盪，發育並不充分。經1949
年後一輪輪政治運動，儒家政治理想的土壤不復存在。到文革，除

卻梁漱溟等少數迂執不化者外，如張東蓀那樣自居「國士」、「天下士」，以「修齊治平」為己任的知識分子難有孑遺。

上文談到知識分子經驗中的時間節點。在韋君宜的經驗中，1957年的反右是一個節點，「骨鯁敢言之士全成了右派」，「唯唯諾諾、明哲保身、落井下石、損人利己」的作風開始風行並受到鼓勵。由下文看，還應當加上「賣友求榮」；她說，那類事情文革中「成百倍成千倍地翻版」[77]。吳宓1964年7月7日記其覆其女吳學昭信，其中說：「蓋自1957-1958以後，所有知識分子（尤其民主人士）無不極力揣摩迎合遵照當前之政策、運動及領導人、上級之旨意而發言，而決不表露自己之思想、看法，決不作任何建議主張，至多只增飾詞藻，或聯繫自己，以示忠誠而已」[78]。吳因反感於其女促其「思想改造」，寫上述文字不免負氣。但所說1957-1958以後知識分子（當然不是「所有」）、尤其民主人士的狀況，較近於實情。

政治運動對知識分子精神意氣的摧折，反右前已然。據《束星北檔案》，1951-52年的三反中，浙江大學有人誣指蘇步青貪污。對那檔子事兒，知情者眾，「卻沒有人站出來為蘇步青講話」[79]。這種情況，此後的政治運動中即成常態。聶紺弩在反右中，談到了駱賓基民國時期對敵鬥爭中的堅強，「幾次出入反動監獄」而不為所屈；這樣一個人「卻在肅反運動中完全弄得精神崩潰」[80]。聶也談到過自己的「恐怖」，說「還不是簡單地怕死，而是頂著反革命的

77　《思痛錄》，頁50、51。

78　《吳宓日記續編》第6冊，頁267。楷體字為原文所有。

79　頁48。

80　〈關於周穎的發言〉，《聶紺弩全集》第十卷（武漢：武漢出版社，2004），頁241-242。

頭銜而死，這比別的死更恐怖」[81]。楊憲益生性豁達，說自己面對國民黨兵士的槍口時也沒有害怕過，1966年「紅八月」被孤立時，卻「真的感到害怕了」；因恐懼而幻聽，以至於「快要瘋了」[82]。周一良說自己1968年在北大「勞改大院」時，聽說翦伯贊夫婦自殺，「大為震驚」，「心想他解放前經歷過多少艱難險阻，都未被嚇倒，何以如今頂不住」[83]。

經了一波波運動，到文革，懲處胡風反革命集團時大聲發表異議的呂熒，反右後到上海提籃橋監獄探視林昭的張元勳，批判陳寅恪時維護其師、代其受難的劉節，已像是再世重生的古代義士。當然，巨大壓力下敢於站出來的，仍然非止呂熒、張元勳、劉節。1957年反右前的鳴放中，冰心接受新華社採訪，認為肅反中對知識分子的錯誤打擊，應當有一個交代：「士可殺，不可辱。」知識分子受了傷害，是終身不忘的。現在，共產黨把他們打了一巴掌，揚長而去。他們心上的傷不治癒，整風要他們說真話是不可能的[84]。冰心的估計不盡準確。未治癒傷痛的知識分子，仍有人說真話，只不過付出的代價更其沉重罷了。

據說某老詩人在反省當年知識分子接受「思想改造」的後果時，使用了一個令人不寒而慄的成語「骨軟可捲」[85][86]。使「骨軟可捲」

81　〈檢討〉，同前書，頁296。
82　《漏船載酒憶當年》，頁211、214。
83　《畢竟是書生》（天津：天津人民出版社，1998），頁70。
84　沈志華，《思考與選擇：從知識分子會議到反右派運動，1956-1957》，頁581。
85　見《上海文學》2009年第12期唐曉渡文，頁90。
86　1957年反右前的鳴放期間，冰心接受新華社記者採訪時說，自己的有些朋友，敵偽時期，蔣介石統治時期，坐牢、受刑，從敵人的監獄出來，腰板更硬了。肅反運動中無辜挨整，就像是被抽掉了脊樑

或曰「百煉鋼化為繞指柔」的，是怎樣的控馭手段，怎樣不可抗拒的規訓。那些在國民黨的酷刑、屠刀前凜然不屈的同一些人，被「自己人」的審查、批鬥、監禁所壓倒，其過程，或許需要較卡夫卡、索爾仁尼琴更有力的筆，才能有說服力地呈現出來——無關乎個人的勇氣與意志力，而根源於文化基因與近代革命史的邏輯，根源於以「革命」的名義的意識形態操控、掌控人的強大無比的意志。這種「改造」之為過程，有十足卡夫卡式的荒誕，卻尚未得到相近力度的再現。

知識分子的「思想改造」，使之「拋棄資產階級的世界觀而樹立無產階級的、共產主義的世界觀」，更是理論上即原則性的。具體落實處，往往在改造「清高」、「個人主義」（個人主義／集體主義）等令黨組織側目、使其感到權威受到挑戰的知識分子特性[87]。「清高」，在1950-70年代的語境中，被視為知識分子的頑症痼疾。其表現即包括了不能融入「集體」，不能「靠攏組織」（即「靠攏」特定的黨團組織成員）。有必要時刻警惕的，是知識分子「翹尾巴」。1958年北京高校的「燒教授」，目標就包括「打下架子、打下尾巴」[88]。「架子」、「尾巴」均關係尊嚴。執行「改造」者意欲打掉的，正是知識分子骨子裡的那點傲氣。物理學家束星北，據說其人的個

（續）————————

　　骨似的，成了軟體動物，再也直不起來了。這太過火了（參看沈志華，《思考與選擇：從知識分子會議到反右派運動，1956-1957》，頁581）。可注「骨軟可捲」。

87　「個人主義」被作為知識分子的劣根性之一。1958年4月13日《人民日報》發表社論〈搞臭資產階級的個人主義〉。臺灣學者王汎森有對相關歷史脈絡的梳理（參看氏著〈「煩悶」的本質是什麼——「主義」與中國近代私人領域的政治化〉，刊台北聯經出版公司2014年出版的《思想史》第1期）。

88　參看陳徒手，《故國人民有所思》，頁43。

性「鮮明如刃」[89]。在那個時代，僅此即已足鑄就悲劇。

　　《束星北檔案》中束寫於反右運動對右派「處理」前夕卻未上交的〈檢討書〉，有自己「改造」的計畫，第一步是「完全聽黨的話」，第二步是「使個人自由服從集體自由，養成集體主義的思想習慣」[90]。這無疑是使他不再是自己的兩步。為妻子兒女計，〈檢討書〉中束星北低首下心，「懇求」黨「再伸一次手，末了一次的手」[91]。說出這樣的話，在束，萬不得已，極難極難。束手握〈檢討書〉在校長辦公室外深夜徘徊[92]，其內心的掙扎，無非在人格尊嚴、良知與現實考量之間，與面子實不相干。終於沒有交出，也才更是束星北。經歷了勞改營之後的束星北，在舊日學生的眼裡「像個機器人，上面說什麼他就幹好什麼」；平日「不與任何人講話，也沒有任何表情」，開會學習「幾乎一言不發」[93]。《檔案》中的束，被巨大而無形的權力玩弄於股掌之上：給予的一點人的待遇，正常地從事專業工作的權利，隨時會被收回。那種侮辱性的擺佈，足以摧毀一個知識人殘存的尊嚴。

　　1957年10月毛在中國共產黨第八屆中央委員會擴大的第三次會議上的講話，承反右之餘，關於政治與業務、「紅」與「專」的論述，影響深遠[94]。你熟悉有關表述的那種毛式「辯證法」。「只專

89　《束星北檔案》，頁40。
90　頁174-175。
91　《束星北檔案》，頁177。
92　參看同書，頁179。
93　同書，頁247。
94　毛的講話談到了政治與業務的統一，「政治是主要的，是第一位的，一定要反對不問政治的傾向；但是，專搞政治，不懂技術，不懂業務，也不行。」「先專後紅就是先白後紅，是錯誤的」，應當「又紅又專」（〈做革命的促進派〉，《毛澤東選集》第五卷，頁471）。

不紅」、「白專道路」，被作為了貶低專業人士、專業知識的口實。
「專」尚可衡量，「紅」否端賴領導、積極分子判定。那種看似周
嚴的表述，在實踐中對知識分子的壓抑，值得作為考察的題目。

打擊知識分子的自尊、自信，無過於貶低其文化創造的價值。
對於學人，則是賤視其念茲在茲的學術。1958年3月毛〈在成都會議
上的講話提綱〉中有如下文字：「對於資產階級教授們的學問，應
以狗屁視之，等於烏有，鄙視，藐視，蔑視，等於對英美西方世界
的力量和學問應當鄙視藐視蔑視一樣。」[95]同年5月18日毛在中共八
大二次會議代表團長會上說，要用材料證明「卑賤者最聰明，高貴
者最愚蠢，來剝奪那些翹尾巴的高級知識分子的資本」[96]。「以狗
屁視之」、「剝奪那些翹尾巴的高級知識分子的資本」，文革中有
富於想像力的盡情發揮；對不限於「高級」的知識分子也百般羞辱，
至使斯文掃地以盡。

1969年6月1日的吳宓日記中，記勞改隊同人斥責其「毫無專
長」、沽名釣譽[97]。以沈從文的自信，面對文革初期橫逆之來，不
得不違心地承認其為「濫竽充數」的「假專家」、「假裡手」[98]。
夏鼐文革初期的日記，說自己的書也如郭沫若所說，都錯了，「都
應該燒掉」[99]。

文革中高層導演的「考教授」的鬧劇，以令知識分子出醜為一

---

95 《建國以來毛澤東文稿》第七冊，頁118。

96 《建國以來毛澤東文稿》第十二冊，頁373注2。

97 《吳宓日記續編》第9冊，頁112。

98 〈表態之一──一張大字報稿〉、〈關於服飾資料問題〉，《沈從
    文全集》第二十七卷（山西：北嶽文藝出版社，2002），頁172、
    179。

99 《夏鼐日記》卷七（上海：華東師範大學出版社，2011），頁226。

部分目的，近於公然的羞辱。據王年一《大動亂的年代》，1973年12月毛提出將北京八大學院的教授集中起來出一批題目要他們考[100]。1974年1月中央、國務院直屬機關「批林批孔」動員大會上，江青、遲群、謝靜宜講到了在北京17所院校考教授[101]。對於不但以學術為業、且賴以安身立命者，這裡傷及的是其命門。

　　沈從文不待文革結束，在手中無任何資料的條件下，即在農舍恢復了學術工作[102]。束星北掃雪，女兒發現，「路兩旁的雪地上竟是密密麻麻的數學公式和演算符號」[103]。這分癡情，是自以為有權「改造」其人者無從理解的。韓少功《革命後記》一書將文革期間的科學成就歸因於「精英們」的「降尊紆貴」，何嘗不出於根深蒂固的偏見？該書作者未見得真的不知道使兩彈元勳鄧稼先、雜交水稻之父袁隆平、2015年諾貝爾生理學或醫學獎獲得者屠呦呦這樣的知識精英捨身忘我，並不需要「降尊紆貴」。文革後有中國知識分子「物美價廉」的說法，無論是否切當，都可讀作對於積久的偏見的校正。

　　「舊知識分子」學術思想方面的執著，令新社會的年輕知識人詫異——並非將此看作「操守」，而是一概斥為「頑固」[104]。在對知識分子持續的改造中，甚至「清高」、「操守」一類概念已然陌生。安於被當眾貶斥、羞辱，被迫對自己痛詆，也就不難唾面自乾，甚至不妨同處糞溷中。通行於勞改營一類所在的叢林法則，更是鼓

---

100 頁472。
101 同書，頁485-486。
102 參看《沈從文家書》。
103 《束星北檔案》，頁320。
104 參看陳徒手，《故國人民有所思》中〈賀麟：轉型時代的落魄和轉機〉，頁133。

勵人相噬。收入章品鎮《花木叢中人常在》[105]一書的寫陳寅恪之弟陳方恪的一篇，題曰「徜徉在新社會中的舊貴族」。一輪輪的整肅、改造之後，「徜徉在新社會中的舊貴族」掃蕩淨盡，不惟有名士風者如聶紺弩，即束星北這樣的人物，也幾近滅絕。這才真的是文化之厄，人文之厄。

跼天蹐地，拘手攣腳。胡金兆〈虔誠，幾近悲哀〉提到鮑揚的短篇小說《紙銬》，「說一個知識分子被打成『反革命』關押入獄，監管人員竟然用白紙剪了一副紙『手銬』給他戴上，說這『紙銬』也代表『無產階級專政』，要是『紙銬』破了撕了，那就是抗拒國法破壞專政，要嚴辦的。這位手戴『紙銬』的虔誠者，竟雙手懸著一動也不敢動，惟恐『紙銬』有損而『犯國法』。」[106]小說構思極佳，不知有無「本事」、原型。更有不具形的即連紙銬也無需的鐐銬，使拘攣成為你的常態，不再感到外力的強制。應當承認，改造者有可能比知識分子更了解他們自己。

何方說經過長期磨練和延安整風，「張聞天早已失去昔日的風采，變得說話謹慎，沒什麼幽默感，似乎已不會和人聊天了。」該書引張「少年中國」時的舊友左舜生1945年訪問延安時的印象：「張聞天少年也是英氣勃勃的，這個時候居然變得規規矩矩，不敢放言高論了」[107]。楊憲益說1972年出獄後，到了「批鄧、反擊右傾翻案風」，自己「早已變得十分虛偽，決不發表任何不受歡迎的評論」[108]。明知所謂「黑畫展」「統統都是莫名其妙的胡說八道」，仍然「很

---

105 北京：三聯書店，2003。
106 者永平等編，《那個年代中的我們》（呼和浩特：遠方出版社，1998），頁477。
107 《黨史筆記》（香港：利文出版社，2005），頁196-197。
108 《漏船載酒憶當年》，頁239。

聽話地去參觀了」[109]。在《幹校六記》中，楊絳說當年「捨不得祖
國」而不肯離開，「解放以來，經過九蒸九焙的改造，我只怕自己
反不如當初了」[110]，是極沉痛的話。劉士傑回憶幹校的文字寫何其
芳，說何「始於《畫夢錄》，終於《毛澤東之歌》」。感歎道：「知
識分子的改造，造就了許多偉大的悲劇」[111]。至於知識分子品質的
敗壞，非自文革始。環境鼓勵了曲學阿世，工於揣摩、逢迎者，不
難左右逢源。「批林批孔」中沈從文發現「有不少知分（按即知識
分子）在『獨出心裁』的寫批孔文章，都近於採用新的儒術作為基
本功，巧佞取悅於上。文章受贊許，反映的便是舊儒術在新社會還
大有市場。」[112]季羨林《牛棚雜憶》則現身說法——關於非人的處
境，被肆意踐踏，使人「猥瑣」，失去「羞惡之心」[113]。這種痛，
需要纖敏的道德感才能覺知。

　　經歷了那個時代而俯仰無愧的，確也少有其人。建築學界關於
梁思成、地質學界關於李四光，均有物議。由本文的角度，較之梁、
李的私德，毋寧說更值得討論的，是特殊政治環境中人性的扭曲。
其他如馮友蘭，如陳垣，無不可以作如是觀。我寧將此看作「犧牲」：
這類人格之玷，豈不也屬於知識分子為不正常的政治環境支付的代
價？徐鑄成去世前的1987年寫有一詩：「胸有是非堪自慰，事無不
可對人言。清夜捫心無愧怍，會將談笑赴黃泉。」[114]在有了類似徐

---

109 同上，頁240。
110 頁64（北京：三聯書店，1981）。
111 〈長夜孤零的日子〉，《無罪流放：66位知識分子五‧七幹校告白》
　　（北京：光明日報出版社），頁32。
112 《沈從文全集》卷二四，頁97-98。著重號為原文所有。
113 頁148（北京：中共中央黨校出版社，2005）。
114 《徐鑄成回憶錄（修訂版）》，頁333。

的經歷之後，能說「清夜捫心無愧怍」者，不知有幾人。具體到徐，說「無愧怍」，尚不能十分坦然的吧。

魯迅說：「假使我的血肉該餵動物，我情願餵獅虎鷹隼，卻一點也不給癩皮狗們吃。」[115]在文革（以及前此的政治運動）中，你甚至沒有可能選擇被何物種所吃。因此眾多沒有反抗可能的受難者，與有沒有「風骨」、「節操」無關。當然，仍有人不堪其辱而寧為玉碎——巨大的自殺數位可以為證。

強調知識分子的依附地位（「皮之不存，毛將焉附」），工具性角色（「有用／無用」），為知識劃分層級，作意識形態定性（自然科學／人文社會科學）；輕易斥某學科為資產階級的「偽科學」，等等，卻又網羅著名學者進「梁效」一類御用寫作班子，在某些場合（如批孔、「評法批儒」）中令其扮演文學侍從的角色——亦不妨視為玷污。知識人對知識人，一向更少寬容，更難有「了解之同情」。不惟揚雄、陸機、王維，即柳宗元、劉禹錫，也不能免於謗議。

司馬遷〈報任少卿書〉所言「文史星曆，近乎卜祝之間，主上所戲弄，倡優蓄之，流俗之所輕」云云，沉痛之至，至今令人感慨。陳寅恪1930年〈閱報戲作二絕〉中有「自由共道文人筆，最是文人不自由」。捲入政治的知識人的命運，並不遠於古人。一流學者奉命為不學無術的政客打工，原本就是荒誕的一幕，療傷尚且不及，況一辱再辱。這卻是文革結束後急於「清算」者不會想到的。文革後聶紺弩在給舒蕪的信中說，舒「應有極大成就，偶因一挫而毀，真我輩之不幸也」[116]。「因一挫而毀」者，何止舒氏。胡風集團被

115　〈半夏小集〉，《魯迅全集》第六卷，頁597。
116　《聶紺弩全集》第九卷，頁414。

難諸公或不作如是想，可以理解。對被斥為「猶大」者，聶紺弩的
上述感慨，備極悲憫而體貼，見識為常人難有。聶還對舒說，「人
們恨猶大，不恨送人上十字架的總督之類，真是怪事」[117]，豈不切
中時論之蔽？

　　回到與「風骨」有關的話題上。縱然有1952年的三反五反思想
改造運動，1955年的肅反，1957年的反右，文革中向劉少奇開刀，
黨內幾不聞反對質疑之聲，致信毛澤東表達異議的，是宋慶齡、章
士釗；直至林彪事件後，梁漱溟仍在政協學習會上談劉少奇、彭德
懷與林彪之不同[118]；據史雲、李丹慧《難以繼續的「繼續革命」：
從批林到批鄧（1972-1976）》，1972年10月，民主人士周世釗、胡
愈之、楊東蓴、楚圖南、薩空了通過各種管道向毛進言[119]；批孔，
反對乃至公然抗拒的，是梁漱溟、吳宓。知識分子何嘗真的沒有所
謂的「風骨」？如梁漱溟，如馬寅初，抗壓能力似與生俱來。1968
年中共八屆十二中全會上，拒絕擁護將劉少奇「永遠開除出黨，撤
銷其黨內外一切職務」的，僅陳少敏一人。

　　據此也仍不能認定黨內人士不比黨外知識分子更有操守骨氣。
如文革中第一批犧牲者中的鄧拓、田家英；如拒絕揭發第一書記彭
真終至瘐死秦城獄中的北京市委第二書記劉仁[120]。鄧拓有一枚圖
章，刻有「書生習氣不可無」，後被批判為「抗拒毛主席的批評」；
田家英與好友最後的談話中說到「士可殺不可辱」[121]。至於反右中

---

117 同上，頁416。
118 參看王年一，《大動亂的年代》，頁497-498。
119 頁54（香港：中文大學當代中國文化研究中心，2008）。
120 卜偉華，《「砸爛舊世界」：文化大革命的動亂與浩劫（1966-1969）》
　　（香港：香港中文大學當代中國文化研究中心，2008），頁71。
121 同上書，頁108注37、113。

敢於抗命甚至不惜自我犧牲的，尚有溫濟澤、曾彥修等。在嚴重官僚化的今天，在領導層求一有「書生習氣」者，已幾不可得。

陶鑄所寫《松樹的風格》[122]，文革中與陶一道落難。該書所談乃思想修養，包括操守、「風骨」；由黨的高級幹部提倡，已不免書生氣。毛一再鼓勵「五不怕」[123]，卻不曾解釋為何堅持信念、原則，要準備付出「老婆離婚」、「坐牢」以至「殺頭」一類代價。文革中前仆後繼的思想者，多半是相信思考的合法性，並認真踐履「五不怕」的知識分子（無論黨內黨外），儘管「五不怕」原是對黨的幹部的要求。

對知識分子持續加壓的累積效應不難想見。錢鍾書有詩曰：「四劫三災次第過，華年英氣等銷磨。」[124]葛劍雄為其業師譚其驤作傳，一再寫到譚晚年的哭。1990年譚在社科院考古所見到夏鼐的塑像，「涕淚橫流」；1991年病重住院，見到熟人，「常常激動得號啕大哭」[125]。譚其驤感情豐沛，其積鬱長期壓抑而未得發抒。張新穎《沈從文的後半生》也寫到沈從文晚年的「老淚縱橫」以至「嚎啕大哭」，如決堤崩岸[126]。非創巨痛深，不至於如此的吧。啟功尋常以通脫、達觀的面目示人，卻在詩中說「淚收能盡定成河」[127]。還只是他一人之淚。倘知識分子及其他政治運動受難者的淚能「盡收」，又當

122 北京：中國青年出版社，1959。
123 「五不怕」，即不怕撤職、不怕開除黨籍、不怕離婚、不怕坐牢、不怕殺頭。
124 〈再答叔子〉，《槐聚詩存》（北京：三聯書店，1973），頁123。
125 《悠悠長水：譚其驤後傳》（上海：華東師範大學出版社，2000），頁303、319。
126 參看該書（桂林：廣西師範大學出版社，2014），頁336-337。
127 〈對酒二首〉，《啟功韻語》（北京：北京師範大學出版社，1996），頁43。

如何！

　　對中俄兩國知識分子品性的比較，往往被引向對中國知識人的批評。2016年楊絳去世後，尚有關於錢鍾書、楊絳夫婦道德勇氣方面的質疑，令人想到《莊子・田子方》一篇溫伯雪子所說「吾聞中國之君子，明乎禮義而陋於知人心。」當代人的見識，或更陋於古人。古代中國本不乏「雖千萬人吾往矣」的豪傑之士。與其以道學口吻責難前人，不如分析將人摧折壓彎的力何以幾「不可抗」；比較中俄（蘇）知識分子應對政治迫害的表現，何如考察兩國知識人的不同傳統，尤其不同的現實境遇，探究使「風骨」、「節操」漸失承傳，賦有此類品性的人物漸成稀有的條件，包括具體的制度、方式，中國特有的「知識分子政策」及其實施。有曾與束星北同在月子口「改造」的右派，以月子口與古拉格群島，比較中蘇對政治異見者不同的處置方式，說「古拉格群島是『消滅人』，而月子口是改造人……把人的屬性給改造掉了」[128]。這是否是中方較蘇方高明之處？

詰問

　　漢娜・阿倫特在《極權主義的起源》的第三部〈極權主義〉序言中關於中國式的思想改造，說「我們」的經驗不足以支持對此的判斷，因為「我們從來不知這一切如何在日常生活中實行，誰能逃避它──也就是說，誰執行改造──而且我們也絲毫不知『洗腦』的結果究竟如何，以及它是否持久地並且在事實上造成了人的個性

128　《束星北檔案》，頁189。

變化」[129]。他們確也無從想像。發生在中國的事情在他們的經驗之外。甚至我們自己，也未必能有說服力地還原那一過程。但我們對她的疑問尚可回答。相信拙作〈運動檔案：一種特殊文本〉[130]，有可能部分地回答了漢娜‧阿倫特的上述問題。那一整套「規訓」方式，或許確屬「中國特色」。以一整套程式化的方式（揭發、檢舉、批判、檢查、交代、思想彙報、表態）為陶範，工夫細密，正是在「在日常生活中實行」；部分黨員幹部、積極分子「執行改造」（即使角色有可能互換）；那種改造的確「持久地並且在事實上造成了人的個性變化」，雖則有部分例外（見下文）。已經和正在問世的諸種傳記（包括自述、口述實錄），都在嘗試重現這一過程。

沈從文1950年代初被命進入華北人民革命大學期間，即對該校政治學習、思想改造的方式不能適應，認為那種方式一無是處，對此並不諱言[131]。這種適應不良（並非自覺拒斥），在沈從文，似乎始終未變。1957年反右前北大教授傅鷹在「鳴放」的發言中說：「我最討厭『思想改造』，改造兩字，和勞動改造聯在一起。有了錯才要改，我自信一生無大錯，愛國不下於任何黨員，為什麼要改？」[132]顧頡剛文革中所寫交代材料，說1965年不斷地「開會」、「學習」，自己「天年已屆」，還不被容許安心工作，遂「狂妄地宣稱」自己「不願改造了」[133]。以為自己不可改造也拒絕（或一度拒絕）改造的，不止上述諸人。熊十力說，「我是不能改造的，改造了就不是

129 《極權主義的起源》中譯本（北京：三聯書店，2008），頁20。
130 刊《思想》第33期（台北：聯經出版公司，2017），頁1。
131 參看張新穎，《沈從文的後半生》，頁45-46。
132 轉引自《束星北檔案》，頁138。
133 〈在解放後的大事記〉，《顧頡剛自傳》（北京：北京大學出版社，2012），頁201。

我了。」還說自己「確乎其不可拔」[134]。楊憲益自說「歷盡風霜鍔
未殘」[135]，楊絳則說自己「改造」後「依然故我」[136]。

吳宓1962年在信中對李賦寧說自己何以「**不長居北京，不在北
京工作**」，理由中就有「**最怕被命追隨馮、朱、賀三公，成為『職
業改造家』**，須不斷發表文章，批判自己之過去，斥罵我平生最敬
愛之師友」[137]。由後來發生的事情看，「不長居北京，不在北京工
作」，對吳未見得是福。作為西南地區一所不著名的大學中的著名
人物，吳更承受著「表態」的巨大壓力。對於「思想改造」，吳宓
反應之激烈，實屬罕見。1964年1月8日，吳在日記中寫自己在「政
治學習」中被迫發言，「而因痛恨思想改造，念中國之文化德教遷
流墮落，至於此極，不勝悲憤，雖勉自壓抑，而不獲掩飾」[138]。1965
年5月17日在日記中寫道：「甚矣，吾儕不幸而生於今日之中國，而
需受此『思想改造』之苦也。」並進而說：「所謂黨＝(1)God(2)天
(3)專制君主。韓愈曰，『天王朝聖，臣罪當誅』。舊諺云『天下無
不是的父母』。其黨之謂乎？」[139]此時正在文革前夕的「社會主義
教育運動」中。

據檔案，1950年代初的三反運動中，束星北曾經是浙江大學惟
一一個抗拒改造的高級知識分子，拒絕參加這樣的「毀滅尊嚴的運

---

134 郭齊勇，《熊十力傳論》，頁208注3，引自楊玉清，〈關於熊十力〉，
　　《玄圃論學集》（北京：三聯書店，1996），頁66。
135 轉引自木山英雄，《人歌人哭大旗前》中譯本，頁6。
136 《幹校六記》，頁67。
137 《吳宓書信集》（北京：三聯書店，2011），頁384。按馮、朱、
　　賀，應指馮友蘭、朱光潛、賀麟。楷體字為原文所有，下同。
138 《吳宓日記續編》第6冊，頁133。
139 《吳宓日記續編》第7冊，頁125-126。

動」，拒不書寫「不堪其辱懺悔錄」[140]。問題的關鍵之一，是知識
分子與黨的關係。束認為知識分子與黨「是『朋友』或『主與客』
的關係」，他與政府的關係則是「『東家』和『雇主』的關係」，
「將個人與黨的關係放在一個對等的關係水準上」[141]。在當時，黨
與知識分子，是主／從而非主／客，自居「朋友」即不免於僭越，
至少「位置」沒有擺正；以為與黨、政府是契約關係，係雇傭而非
隸屬，更非臣屬，與主流意識形態絕不相容。

　　待到墮入了似將永劫不復的地獄，倔強的束星北終於說，經由
這一次教育（按應為「教訓」），認識到了「黨要我『怎麼地』，
就可以把我『怎麼地』」[142]。甚至不厭重複，在寫於1961年1月的
同一分「思想彙報」中又說，「黨願意『把我怎麼地，就可以把我
怎麼地』；黨是一個黨，這個學校不要你，別的學校也不會要你」；
「而且有我沒我對黨的建設、社會主義並不發生影響」；「事實上
人民完全有權不給我飯吃，除接受（群眾）改造之外，就沒有第二
條路可走」[143]。1957年的鳴放中，束曾有題為〈用生命維護憲法的
尊嚴〉的發言[144]；其上述言說，依據的已不再是憲法，而是權力下
的現實條件。即使如此，在「強制改造」二十二年後，一旦壓力解
除，束仍然迅即回復故我──證明的仍然是其不可改造。

　　1975年廖沫沙寫交代材料給專案組，說所謂的「三家村」中，
「吳晗是有改造前途的」，「因為他幼稚而純樸」[145]。將「幼稚」

140 《束星北檔案》，頁85注10。
141 《束星北檔案》，頁49；另見同書，頁174。
142 同書，頁238。
143 同書，頁240、240-241。
144 參看同書，頁148。
145 《甕中雜俎》（北京：中國社會科學出版社，1994），頁216。

作為了「改造」的條件，也可讀作廖承認自己沒有「改造前途」。
文革後聶紺弩在致舒蕪的信中說，「桀驁之氣亦所本有，並想以力
推動之，使更桀驁」[146]。其難「化」如此。李慎之反右中檢查自己
「好為高論」、「發危言」、「好想遠事」、「好立險論」[147]。1979
年右派問題改正後，李在寫給黨支部的信中說，自己二十多年來，
「竭盡一切力量維護我那已經破裂的人格」[148]。由李後來的思想軌
跡看，這種「維護」確乎有效。廖、聶、李均為黨內人士。廖曾任
北京市委宣傳部副部長，聶更是資深黨員，李則曾因才華蒙高層賞
識。

　　儘管在當代中國的體制下，以個人的微渺，無所逃於天地之間。
上述諸例，仍然部分地回答了漢娜‧阿倫特的問題：中國確有不可
改造甚至拒絕改造的知識分子。卻仍然應當說，「吾非故吾」、「吾
喪我」，是更普遍的事實。那種對於人的「生存能力」的殘酷訓練，
對於相當一些知識分子是有效的。他們被不同程度地改變；如楊絳
在小說《洗澡》中所寫，調整姿勢，練習並掌握一套新的修辭，養
成新的處事態度，直至學會「檢討」，等等。調適的過程有因人之
異，通常有不同程度的「化」。這背後，或許就有「傳統」暗中協
助。貫乎經／權，必要時即蠖屈，和光同塵，物來順應，「一以己
為馬，一以己為牛」[149]，「處乎材與不材之間」[150]，從來是處亂世、
亂局的策略。甚至無需懂得哲學（如莊、禪），那毋寧說更是一種

146　《聶紺弩全集》，第九卷，頁373。
147　《向黨認罪實錄：李慎之的私人卷宗》（香港：新世紀出版及傳媒
　　　有限公司，2013），頁104。
148　同書，頁1213。
149　《莊子‧應帝王》。
150　《莊子‧山木》。

祖傳的「智慧」。

在文革的環境中，順承、順受而又不犬儒，非常人所能。即令解壓，習於佝僂拘攣不再能復原者也大有人在。文革後譚其驤對其弟子葛劍雄說自己「不中用」，「幾次運動下來，只會跟形勢了」[151]。至於束星北，「回復」的也只是性情（桀驁不馴），不能找回的，是荒廢的專業，流失的才智。同事目擊了束發洩「幾十年的積怨和悲憤」[152]；那也只是一面，另一面即「『過去』的烙印」——「『過去』像咒符一樣附在他身上」[153]。

以文革為樣本，既可進一步確認執政黨對知識分子的基本判斷，又可據以檢視1949年以降直至文革「知識分子改造」的成效。文革末期的1975年，毛說：「教育界、科學界、文藝界、新聞界、醫務界，知識分子成堆的地方，其中也有好的，有點馬列的。」[154]不過「也有」、「有點」而已。直至臨終前的1975、1976年之交，他仍然說：「大量未改造好的知識分子不是都在嗎？」[155]可謂有始有終。倘若如此，豈非證明了文革式「改造」的失敗，與前此一次次運動式「改造」的無效？

文革結束，終於有知識分子關於「改造」發聲。李慎之1957年的檢討中，說自己想到，「究竟應該讓誰來教育誰（指是否讓黨教育人民）的問題，黨有權力教育人嗎？」[156]1957年之後，誰敢有此

151 《悠悠長水：譚其驤後傳》，頁3。
152 《束星北檔案》，頁353。
153 頁356。
154 〈關於知識分子的兩句話〉，《建國以來毛澤東文稿》第十三冊，頁431。
155 《毛主席重要指示》，同書，頁487。
156 《李慎之的私人卷宗》，頁276-277。

一問？經歷了文革——或曰正因經歷了文革——「無產階級先鋒隊」、「工農兵」一類表述失卻了說服力。列寧說：「工人本來也不可能有社會民主主義的意識。這種意識只能從外面灌輸進去。」[157]毛則說過，「嚴重的問題是教育農民。」[158]——與「接受再教育」的論述不無扞格。經歷了上山下鄉、五七幹校、工宣隊、軍宣隊進駐學校、文化機構等等，的確應當有「誰教育誰」的詰問。

　　文革後張中行在回憶文章中徑說，「不信別人有改造我的思想的權利，甚至資格」[159]。誰有資格與權利改造他人的思想，本是知識分子不難有的一問。此前未必沒有人作如是想，只是不能如李慎之所說「出聲地想」而已。接下來的詰問有可能是，「知識分子改造」有何正當性？文革以及前文革的「改造」方式有何正當性？導致大量人才毀滅，大批知識分子聰明才智不得發揮、報國之志不得施展、精神意氣橫遭斲喪的「改造」有何正當性？將「脫胎換骨」作為「改造」的目標，有何合理性？馮雪峰文革中檢討自己的「反動修正主義文藝思想」，說自己三十年代初期主張「文藝大眾化」，所採取的，「完全是資產階級啟蒙主義者的立場和態度」[160]。「啟蒙」，豈不正是知識分子所應承擔的任務？這毋寧說是我設想的「詰問」。上引文字中，僅1957年的李慎之有類似的詰問。其他表述，甚至不如老共產黨人曾彥修的有力：「羞恥之心，人皆有之，一個

157　〈怎麼辦？〉，《列寧選集》第一卷（北京：人民出版社，1960），頁247。

158　〈論人民民主專政〉，1949年6月30日，《毛澤東選集》第四卷，頁1414。

159　〈幹校瑣憶〉，唐筱菊主編，《在「五七幹校」的日子》（中共黨史出版社，2007），頁20。

160　〈我的反動修正主義文藝思想的重新認識〉，《馮雪峰全集》第八卷（人民文學出版社，2016），頁19。

人必須檢討一輩子，受辱一輩子，這算什麼生活？」「人不能永遠生活在饑餓中，也不能永遠生活在屈辱中。此而不改，一個民族的尊嚴何在？」[161]

籠統地說「知識分子整知識分子」，更像是在為體制與權力開脫。本應追問、也不難有此一問的，是何種知識分子憑藉了何種條件「整」其他知識分子，追問使一部分知識分子有可能「整」其他知識分子的機制。文革中與一些知識分子同期受難的，即有前此的政治運動中充當加害者的知識分子，學術、文化官員，即如陳徒手筆下曾任文化部要職的徐光霄。改造他人者與被改造者殊途而同歸，這種角色、身分的顛倒錯亂，亦成為「知識分子改造」的正當性遭受質疑的一部分原因。這屬於那種諷刺性的時刻：曾經手握改造他人權力者與其改造對象關在了同一「牛棚」，出現在同一批鬥會上。顧頡剛就曾在批鬥尹達時以陪鬥者的身分而不無快意，是一個略有喜劇性的例子。

但也仍然要說，即使大知識分子中，仍然有諸種差異。楊奎松筆下的潘光旦飽受衝擊，不幸之至，對苦難的感受卻有可能與我們代為設想者不同。他的學生費孝通說潘「至死都是恪守著推己及人的儒家思想，對建國後自己的遭遇和命運，始終『沒有抱怨，沒有感到冤』」[162]。這是要逼近了觀察才能知曉的。我們對苦難的理解也不自覺地模式化了。被「改造」折騰了近二十年的潘，以自己的性情、思想邏輯「接納」了一個對其不公的時代。這或許與一些人的拒絕、或接受而後拒絕，同樣值得討論。中俄知識分子之不同，不便僅以「風骨」論，或也在此。

---

161 《平生六記》，頁165。
162 《忍不住的「關懷」》，頁215。

　　近年來雖強化了言論禁制，仍陸續有湮沒已久的人物由地層深處浮出，有被遺忘的稀有人才重新被記起。如死於1966年第一波衝擊中的吳興華，如死於勞改地、死因不明的契丹文字專家厲鼎煃。相信這種記憶修復的過程還將繼續。那些死於政治迫害者的冤魂會被逐一召回。這樣，當代中國的文化史才可能修補得較為完整。

　　「知識分子」正在被重新塑造。不久的將來——或許就在當下，本文討論的「知識分子」成為了歷史，成為「知識考古學」的對象。但一段歷史，知識分子的歷史，與此相連的當代中國史，不會因此而被抹去。使知識分子成為歷史的，不再僅僅是權力意志，而是新的文化。將新的文化再次裝入籠子，終將是徒勞。本文涉及的歷史將一次次被翻開，即使接受層面變幻無窮，但這一頁已然刻印在了時間中。

　　文革以其空前的粗暴，使「改造」的邏輯荒謬性盡顯。「知識分子政策」亦如與「出身問題」有關的「階級路線」，因被文革推向了極端，出現了改變的契機——既與文革中知識分子遭遇的重創也與政策在運動中的自我否定有關，並非基於對該項政策的反省。至今也仍然沒有進行這種反省的必要空間。儘管文革後的知識分子未必都否定其改造成果，改造卻不能以政策的形式公然維持。既有的知識分子政策由官方話語中退出，可歸入文革的積極成果，甚至足以影響歷史走向的大變化之一。「後文革時期」意識形態調整，呈現於原有表述的存廢，大有考察的餘地——縱使能指的棄用未必意味著所指的消失。某些政治話語所指涉的，或許要有相當長的時間，才能退出中國的社會生活。

　　鄧小平在中國人民政治協商會議第五屆全國委員會第二次會議開幕詞中說：「我國廣大的知識分子，包括從舊社會過來的老知識

分子的絕大多數，已經成為工人階級的一部分」[163]。對此，也僅可認為理論上關於知識分子地位問題的重新表述，至於政策實踐，則需另作考察。但無論如何，文革有可能是最後一場以知識分子為打擊對象的政治運動，儘管不意味著「改造」以至打擊不再以其他形式進行。知識分子政策微調以至較大幅度調整之後，那種「優容」、「屈尊俯就」的意味從未褪盡。那已是頑症痼疾。知識分子的群體意識因長期被壓抑，能量的釋放至今受阻。對非（黨、團）組織活動的高度防範，對知識人自組織的設限，使得知識分子的固有傳統難以承續。「知識社群」、「學術共同體」一類概念，至今仍為媒體所慎用。而1990年代以來知識界內部的裂變，也使得「社群」、「共同體」不復存在。想到半個多世紀以來知識分子付出的高昂代價，上述情況不能不令人感慨系之。

趙園，中國社會科學院文學研究所研究員，已退休。主要研究方向為中國現當代文學、明末清初思想文化。著有《論小說十家》（1987）、《北京：城與人》（1991）、《明清之際士大夫研究》（1999）、《家人父子》（2015）等。

---

163 〈新時期的統一戰線和人民政協的任務〉，《鄧小平文選》第二卷（人民出版社，1994），頁186。

「清河翻譯組」蠡測

訓練

引言

　　但凡對中國「十七年」（1949-1966）的外國學術、文學和政治類圖書的翻譯與出版情況有過關注的人，一定都會對「清河翻譯組」和「北京編譯社」這兩個機構多少有些印象。事實上，不僅是「十七年」，就是到了改革開放以後，翻譯組和編譯社當年翻譯的不少譯著一直都在重印，文革前積壓的舊稿也陸續有新刊；更不用說，其部分劫後餘生的成員在新時期中國的翻譯界、出版界、學術界、教育界繼續發揮著重要作用（特別是在百科全書編譯、外語辭書編纂方面）。雖然他們中的絕大多數人如今都已經故去，但是他們為新中國的翻譯出版和文化教育事業做出的傑出貢獻，應當為後人所銘記。

　　遺憾的是，由於歷史的原因，此前國內一直缺乏關於「清河翻譯組」和「北京編譯社」的系統介紹和權威說明，甚至就連《中國翻譯詞典》這樣的大型專業工具書都沒有專門設詞條（《中國翻譯家辭典》和《中國翻譯詞典》收錄了十多位與這兩個機構有關的翻譯家，但「北京編譯社」只是在履歷中出現，而「清河翻譯組」則

從未被提及）。近些年來，得益於耄耋老人黃鴻森先生的努力，北京編譯社的一些基本情況得以披露[1]。然而，清河翻譯組至今未見任何總體性、連貫性的介紹。誠然，黃鴻森先生從未諱言他本人就是從翻譯組轉到編譯社的，只是由於可以理解的原因，他除了談到自己的經歷之外，並未提供更多的資訊。但是，無論如何都不可能撇開清河翻譯組來談北京編譯社，所以，如果弄不清楚清河翻譯組的前因後果，關於北京編譯社的一些疑點和難題，也就無法得到合理的解釋和說明。

　　筆者不揣固陋，在相關檔案及有效史料庶幾不可得的情況下，嘗試著對目前關於清河翻譯組非常零散、模糊的回憶和記述做一些考辨、補綴和貫通，大致描繪出它的來龍去脈。文中揣測、錯漏之處在所難免，唯請當事人、知情者指正和補充，俾使半個世紀前的這一陳跡往事不致完全湮滅。

上篇：清河翻譯組的概況

1. 清河翻譯組的設立與運作

　　所謂「清河翻譯組」指的是1950-1960年代，北京市監獄（俗稱北京第一監獄、北京市第一監獄、半步橋監獄，原址在北京市宣武

1　尤其參見黃鴻森，〈譯書・編書・寫書——回望我的六十年〉（載宋應離、劉小敏編，《親歷新中國出版六十年》（河南大學出版社，2009年）；黃鴻森，〈陳翰伯與北京編譯社〉（2016年9月22日手稿，商務印書館同仁提供影本；此文的主要內容已經吸收進下一篇合作文章）；黃鴻森、宋甯、郭健、徐式谷，〈北京編譯社對我國翻譯出版事業的貢獻〉（《出版發行研究》，2017年第6期；該文刊發時，四位作者中的宋甯先生和徐式谷先生已經去世）。

區自新路21號，1993年9月拆遷）利用在押服刑的犯人，為相關機構
（以出版社為主，也有其他企事業單位）提供外語翻譯服務以及完
成上級交辦的其他翻譯任務而設立的生產小組。

1950年代後期到文革爆發前，北京市監獄系統的其他勞改、勞
教機構（比如北苑農場、清河農場、團河農場）也曾利用服刑的勞
改犯和被監管的勞教分子、留場就業人員從事外語翻譯工作（詳見
下文），但規模最大、設立時間最早、存在時間最持久的還是北京
市監獄的清河翻譯組，其他勞改、勞教機構的翻譯小組和翻譯活動
都只是其擴展或延伸而已，都由北京市公安局第五處（勞改工作處）
根據業務需要統一調度。

新中國對在押犯人實行思想教育與生產勞動相結合的改造方
針，所有服刑人員在監獄中都需要進行強制性勞動。在生產經營活
動中，北京市監獄使用「北京市清河聯合工廠」的名稱[2]，旗下有襪
廠、塑膠廠、印刷廠、毛巾廠等，尤其以清河襪廠、清河塑膠廠最
為知名；另有工程隊、翻譯組等生產單位，「清河翻譯組能譯多種
外文，為出版社翻譯了大量的書籍，書店裡看到的凡有『清河譯』
字樣的，都是該組的產品」[3]。

北京市監獄系統的勞改、勞教單位多以「清河」、「新都」、
「新生」命名，「清河」的名稱沿襲自北京勞改農場的前身「清河
訓練大隊」，寓意是：「昭示他們通過清清的河水，洗滌前非，重
新做人」[4]。因此，需要特別注意的是，不能把「清河翻譯組」的「清

2 參見北京市地方誌編纂委員會，《北京志（政法卷）監獄‧勞教志》
（北京出版社，2006），頁22。
3 鄭大魂，〈十年自新路〉，《林甸文史資料》，第1輯（中國人民
政治協商會議林甸縣委員會文史資料委員會，1990），頁61。
4 參見閻鵬，〈北京勞改農場的建立與撤銷〉，《北京文史資料》，

河」理解為北京市海淀區的清河鎮（清河街道），也不能把它理解
為隸屬於北京市監獄系統的、新中國第一個勞改農場清河農場（俗
稱茶淀農場，北京市在現今天津市寧河區境內的一塊「飛地」），
雖然清河農場很可能也曾存在過相關的業務（詳見下文）。

　　「清河翻譯組」是何人發起、何時啟動、何時結束，其運作方
式如何，以及曾經有哪些人士在其中服務過？對於這些問題，由於
原始檔案和權威史料的闕如，目前只能大致做一些推斷。

　　出版界老前輩陳鋒、汪守本回憶說，1954年8月出版家郭敬調入
時代出版社任社長兼總編輯，他對時代出版社採取了一系列改革措
施，其中包括「和清河勞改農場聯繫，利用在清河監獄中服刑的、
精通外語的高級知識分子的知識，為時代出版社翻譯某些書籍或給
某些稿件作初步加工。這樣既可以發揮這些犯人的專長，為社會作
出貢獻，又可使這些犯人不至於荒疏了專業知識。這個建議得到了
公安、司法部門的贊同與配合」[5]。

　　這個說法從道理上是完全講得通的，但我們檢索發現，時代出
版社譯者署名為「清河」的譯作從1954年6月開始即有出版，並且主
要集中在1954、1955兩年（1954年有30種左右，1955年有20種左右）。
我們還發現，譯者署名為「清河」的出版物共計有80種左右，僅見
於1950年代，而且全部為蘇聯作品；其中，時代出版社之外的大約8

（續）————————————
　　　第59輯（北京市政協文史資料委員會，1999），頁33。有趣的是，
　　　北京市勞改、勞教農場的名稱多帶三點水：清河農場、團河農場、
　　　興凱湖農場（設在黑龍江省）、洮河農場（設在吉林省）、音河農
　　　場（設在黑龍江省，後改名為雙河農場）、天堂河農場等。
　5　陳鋒、汪守本，〈商務印書館恢復建制的前前後後〉，《商務印書
　　　館一百年（1897-1997）》（商務印書館，1998），頁576（陳鋒和
　　　汪守本是時代出版社的老員工）。我們已經指出，「清河翻譯組」
　　　的「清河」並非特指「清河勞改農場」。

家出版社出版了30種左右，特別是中華書局、五十年代出版社、中國青年出版社在1953年就有「清河」署名的譯著，都早於時代出版社。黃鴻森也推測說，「北京市監獄曾在1953年左右抽調通曉外語的犯人成立翻譯組，稱清河翻譯組」[6]。由此可見，獄中翻譯組動議於郭敬一說不能成立，它的成立時間應早於1953年6月[7]。

不過，說清河翻譯組最初主要為時代出版社譯書，因而與郭敬有一定關係，卻是完全可能的。時代出版社1953年由蘇聯政府移交中國政府，以中蘇友好協會總會為領導機構，「以出版有關中蘇友好及中蘇文化交流的及無專業所屬的綜合性書刊為其出版方向」[8]。黃鴻森也說，翻譯組「最初只有俄文一個文種，後來增加了英、德、日、法等文種。最初只為時代出版社譯書，……後來譯書範圍擴大了，為多家出版社譯書」[9]。在數量上，署名「清河」的譯著大多數由時代出版社出版；雖然第一本署名「清河譯」的著作由中華書局出版，但是並不排除這種可能性，即使用獄中翻譯組的做法由時代出版社首倡，隨後其他出版社介入，並且因為種種原因其他出版社的選題先於時代出版社出版。

至於說「這個建議得到了公安、司法部門的贊同與配合」則是很容易理解的[10]。雖然「勞動改造」主要指向大型工程、工農業生

---

6 參見黃鴻森等，〈北京編譯社對我國翻譯出版事業的貢獻〉，頁108。

7 目前我們檢索到的譯者署名為「清河」的作品最早出版於1953年6月（葉爾密洛夫著《植物與光》，中華書局，此後多次再版）。

8 參見《中華人民共和國出版史料（1952年）》（中國書籍出版社，1998），頁395-397。

9 黃鴻森，〈譯書‧編書‧寫書〉，頁669。

10 這一點可以在時任北京市公安局局長馮基平的傳記（劉光人等主編，《京都公安局長：馮基平傳》，群眾出版社，2011，以下簡稱《馮基平傳》）中得到印證。當然，《馮基平傳》（第4章第11節

產等體力勞動，但是，隨著收監人數的增加、人員構成複雜程度的
提高，以及社會經濟建設的進一步發展，加之當時社會上專業人才
和外語人才奇缺，對相關服務需求激增（不僅文教、出版單位有翻
譯作品的需求，而且政府部門、企事業單位也有翻譯專業文獻、科
技資料和設備說明書的需求），由在押的知識分子出身的犯人中組
織各種外語翻譯工作就既有可能，也有必要了。更何況，翻譯組的
經濟效益也是可觀的。

　　清河翻譯組的設立大體推斷如此，而其解散的確切時間同樣無
法確定。不過，它的解散不會晚於1966年文革爆發，並且最有可能
解散於文革爆發之初。從1966年6月開始，北京市公安局即被整頓、
奪權，直至次年1月被軍管會接管，包括勞動改造在內的各項工作陷
於停頓[11]，翻譯組的業務也就可想而知了。如果我們的推測大致不
謬，那麼，從1953年（也有可能更早）設立到1966年解散，清河翻
譯組存續的時間超過了十年。

　　關於清河翻譯組的具體運作情況，我們按照大致的時間順序整
理一下現有的回憶材料[12]。

　　1951年初以盜竊國家機密罪被判刑的朱女士（應當事人要求使
用匿名）回憶說，「女犯紡線織襪子，我有文化，被擱在清河印刷
廠翻譯組搞翻譯。翻譯組20來個犯人，個個懂外語，有的還精通好

（續）

　　「『牛鬼蛇神』中也有人才」）對設立獄中翻譯組一事只是隱晦提
　　及，重點介紹的是他對1956年成立北京編譯社和1959年舉辦北京公
　　安學校外文班的支持。

11　參見《北京市公安局大事記1948-1985》（北京市公安局黨史公安
　　史辦公室編）相關部分。

12　除漢奸附逆罪之外，文中人物在歷次政治運動中受到的判決、處
　　分，在改革開放後絕大多數都得到了平反和改正。

幾個國家的語言」。她提到的翻譯組成員有沈立中（曾經擔任中長
鐵路局總工程師、鐵道部顧問，「沈在蘇聯待過二三十年，……他
在裡面待了兩三年提前放了」）、張文華[13]，他們分別教她俄文和
日文，因此在英文之外，她還能從事俄文、日文的翻譯。朱女士服
刑八年，1958年9月刑滿釋放，管教幹部要她留場繼續翻譯，她沒有
答應[14]。

　　按照黃鴻森（1921- ，入獄前為新華社資料員）的回憶，他在
1954年以反革命罪被判處有期徒刑五年，先是在北京監獄織布廠勞
動改造，1955年初調入翻譯組。「獄中翻譯組是調集一些通曉外語
的犯人組成的。我進去時有十多人，我離開時約30人。……出版了
幾十種小冊子，署名為『清河譯』，因而也叫『清河翻譯組』。後
來譯書範圍擴大了，為多家出版社譯書，筆名甚多。」[15]除了一位
名叫方思讓[16]的「滿腹經綸的獄友」之外，他沒有提到翻譯組的其
他成員。

　　從時間上看，朱女士和黃鴻森應該有交集[17]，他們同在北京市

13　朱女士稱張文華是「解放前冀察晉日報的總編，被判15年，精通六
　　國文字」；這顯然是誤記：事實上，張文華（？-1994）曾任《瀋
　　陽中央日報》的副總編輯。關於他的情況，參見徐慰曾，《這是個
　　好事情：不列顛百科全書中文版歷程》（中國大百科全書出版社，
　　2004），頁50、494-496。

14　參見亦雙講述、曾琦琦整理，〈我與先生〉，《杭州日報》（2009
　　年7月21日B9版）。

15　黃鴻森，〈譯書·書·寫書〉，頁669。

16　關於方思讓（1915-1983）的情況，參見《清華十級紀念刊1934-
　　1938-1988》（1988），頁223。他應該是在1951年「鎮反」中被捕，
　　1980年獲釋。

17　朱女士提到的翻譯組其他成員只有沈立中和張文華，黃鴻森提到的
　　只有方思讓；而徐慰曾在回憶《不列顛百科全書》中文版的編譯工

監獄服刑，但女犯和男犯肯定是分開關押的，加之個人記憶原因，所以他們的說法略有出入。比如，關於翻譯組的規模，朱女士說有20來人（不過，她並沒有說是什麼時間），黃鴻森說1955年初的時候有10多人，1959年9月「我離開時約30人」。筆者曾經懷疑他們是否屬於同一個獄中翻譯組，但在翻譯組勞役超過十年的周光淦（1927-，清華大學社會學系研究生畢業，1954年被捕前為中央民族學院研究人員，1955年以反革命罪定案後不久進入翻譯組）[18]證實，他們確實同屬一個翻譯組，只是平時男女犯分開工作而已，翻譯組中女犯有3至4人，男犯有幾十人[19]。

　　不過，依據同時期出版的可以推斷是出自清河翻譯組之手的譯著的工作量來看，無論是20至30人，還是幾十人，規模似乎都小了點。可以作為佐證的是，1959年9月被關押進北京市監獄的鮑若望（Jean Pascalini）回憶說：那裡有一個翻譯大隊，「這個大隊由140名專家組成。……翻譯大隊的定額是每人每天4000字。人們分組工作，一人翻譯，一人校對。隔一天一換工作。他們是一個傑出的、多才多藝的集體。中譯外、外譯中都幹，可以譯成各種現代語言」。他特別提到一個例子，紀念中華人民共和國成立十周年的一些文件

（續）─────────────

　　作時，提到黃鴻森在1980年春向他推薦了張文華和方思讓兩人參與
　　其事（《這是個好事情》，第50頁）。

18　本文初稿完成後，九十一歲高齡的周光淦先生在2018年9月5日接受
　　了筆者的訪談，他印證了本文初稿的一些猜測，也提出了個別修
　　正。對於周先生在獄中翻譯組的情形，同監的半文盲犯人鈕益惠有
　　生動的描述，參見大力，〈小九〉，《讀庫1202》（新星出版社，
　　2012），頁33-34。

19　1958年入獄後在北京市監獄擔任獄醫因而對清河翻譯組情況較為
　　熟悉的全如珹先生，在2018年11月15日接受筆者的訪談時提到，在
　　他印象中翻譯組的規模大約在60-80人之間。

需要緊急譯成各種文字，「中文的講話稿於9月29日早晨交到自新路，而國慶周年是10月1日。……他們完成了這一任務」[20]。

　　如果說鮑若望關於翻譯組運作方式的描述只是傳聞的話，那麼1958年夏到1964年底服刑的何宗智（1925- ，國民黨中將何偉業之子，輔仁大學畢業，入獄前為北京市第五建築公司技術人員）的回憶則是其親身經歷了：「我記得當時的翻譯組分工非常細緻，包括各種語言。我因為當時的英語還好，就被分配到了英文組。期間我翻譯了《西班牙共產黨史》十餘萬字；此外還翻譯了有關電器、機械、養蜂、天文、地理、自然科學等方面的各種著作、論文大約二十餘萬字。除此以外，還有德文組、日文組、俄文組等七、八個組，都是按照語言來分類。所翻譯的著作和論文都是各個學科和領域比較重要的文獻和資料。」[21]

　　翻譯組還有一定的選撥程式。曾任華北農業科學研究所編譯委員會主任的葉篤莊記述，大約在1962年冬，他被判刑後暫時關押在自新路看守所：「這期間監獄的翻譯隊的管理幹部曾找我談過一次話，問了問我會什麼語種、翻譯工作的經歷等。緊挨著法院看守所的是一所監獄，裡面關押的都是重刑犯。監獄設有襪廠、塑膠製品廠（當時主要製造塑膠鞋），還有一個翻譯隊。翻譯隊接受外面委

20　（法）鮑若望、（美）切爾敏斯基，《毛澤東的囚徒》，田國良等
　　譯，求實出版社，1989年，第136-138頁。
21　《何宗智回憶錄》（團結出版社，2011），頁161。他還提到，德
　　文組有一個人在機械方面很有專長，所以他翻譯了大量有關德國各
　　種坦克的資料；同時，整個翻譯組中還有一個很特別的人，「是北
　　大的一個文學教授。他不會任何外語，但是中文極好！所有翻譯完
　　的資料和著作都要匯總到他那裡，由他經行仔細的審核。這種審核
　　主要是對語言和文字進行的審核，看看是否通順，是否意思表達準
　　確」（頁162）。

託的業務,如自己出書時,則用『清河』的筆名。翻譯隊的幹部和我談話後,並沒有把我調往那裡。」[22]

　　根據筆者目前掌握的資訊,除了前面提到的幾位之外,參加過清河翻譯組的還有如下一些人(翻譯組的人員在十多年中多有出入變化,並且他們加入翻譯組的時間大都無法確定):燕庚奇(1900-?,日本京都帝國大學畢業,曾任張學良機要秘書,「1952年在茶淀河農場勞動改造。勞改後,安排在北京監獄翻譯組做日、英文翻譯」,1963年返鄉[23])、朱亞英(?-1982,德國高級警官學校畢業,曾任國民黨胡宗南部少將參謀;參見下文)、鄭衡(1916-1989,民主黨派人士;參見下文)、董果良(1922-2010,中國人民大學翻譯;參見下文)、策紹明(生卒年不詳;參見下文)、羅自梅(1925-?,民盟中央機關人員;參見下文)、陳煥章(1925-2012,天主教神父;參見下文)、江澤垓(高等教育出版社/商務印書館編輯,「反革命集團」成員)和江澤墉(外文出版社編輯,「右派」和「反革命集團」成員)堂兄弟[24]、鬱飛(1928-2014,郁達夫和王映霞之子,《新疆日報》社「右派」)[25]、賀永增(1929-1968,北京大學西語系學生,「反革命集團」成員)、奚瑞森(1929-,新華社翻譯,「反革命集團」成員,與江氏堂兄弟同

22　《一片冰心在玉壺:葉篤莊回憶錄》(山西人民出版社,2014),頁329。

23　參見《九台文史資料》第2輯,九台政協文史資料辦公室編,1988,頁113。不過,周光淦先生對他沒有任何印象。

24　2017年7月江楓先生在接受筆者的訪談時提到他們,周光淦先生的訪談對他們亦有印象深刻的回憶,他們在1960年代初雙雙瘐死獄中。

25　周光淦先生的訪談提到了他,個別關於他的報導也提到他曾在獄中翻譯外文資料。

案；參見下文）、江楓（1929-，北京大學中文系學生；參見下文）、
徐式谷（1935-2017，北京大學西語系資料員，「右派」和「反革命
集團」成員；參見下文）、陳奉孝（1936-，北京大學數學系學生，
「右派」和「反革命集團」成員）[26]。董果良、奚瑞森、江楓、徐
式谷後來都成為著名的翻譯家，他們以及前文提到的黃鴻森在《中
國翻譯家辭典》（黃、江、徐）和《中國翻譯詞典》（黃、董、奚、
江、徐）有專門的條目記載其履歷和成就，但他們的履歷都沒有提
及翻譯組這一經歷。

2. 清河翻譯組與北京編譯社

前面已經提到，清河翻譯組和北京編譯社有著密切而複雜的關
聯，它們是無法切割的，但也不能混為一談。根據黃鴻森等人的可
靠記述，北京編譯社的起止始末如今已經有了非常清晰的呈現[27]。

1956年1月，中共中央召開了關於知識分子問題的會議，周恩來
作了〈關於知識分子問題的報告〉，全國上下開始重視知識分子在
國家建設中的作用。在此氛圍的影響下，北京市人民委員會（市政
府）決定成立北京編譯社，「此事為北京市副市長兼公安局長馮基
平所提議，經中共北京市委報請黨中央批准的」。此事之所以由公

26　1958年5月「判刑後大約十幾天，我就被調到了北京監獄的『翻譯
　　組』。……『翻譯組』當然是清一色的知識分子，其中絕大多數是
　　『歷反』，少數幾個是『現反』，刑期都很長，其中無期、死緩的
　　占多數。……翻譯組的任務是翻譯一些資料，當然譯者的名字是不
　　能出現的。我在這裡謄寫、校稿都幹過，時間都不長，因為我在北
　　京監獄總共不過兩個來月的時間」（陳奉孝，《夢斷未名湖：二十
　　二年勞改生涯紀實》[美國：勞改基金會，2005]，頁63-64）。

27　以下資訊主要采自黃鴻森等：〈北京編譯社對我國翻譯出版事業的
　　貢獻〉。

安部門發起，是因為「當時出於政治、歷史、宗教等原因，或經新
中國成立初期歷次政治運動的衝擊而尚未能就業，或即使就業也用
非所長，以及失去工作崗位的人員中，卻有相當一批具備翻譯工作
能力和經驗的外語人才，他們的能力與才華得不到充分施展，造成
人力資源的閒置浪費」[28]。實際上，在安頓和安撫舊知識分子之外，
成立此機構還帶有「監督勞動」的性質[29]。

　　1956年7月，北京編譯社宣告成立，社址設在北京市西城區南魏
胡同3號（今西四北六條9號）。社長由北京市人民委員會副秘書長
李續綱兼任，副社長為李蘊生（北京市公安局負責涉外保衛工作的
第七處副處長，但不宣布）主持日常工作，1962年李蘊生離職後改
由公安局另外一位副處級幹部王建斌繼任，直至1968年10月編譯社
撤銷。

　　編譯社的主要任務是為北京各大出版社翻譯正規出版物，以及
為中央和各省市機構翻譯書稿（外譯中為主，也有部分中譯外的任
務，此外還有為外單位借用臨時擔任接待外賓的口譯工作）。編譯
社翻譯人員近百人，「1958年3月，反右運動結束，譯員人數大減，
重新進行編組，編成四個組。第一組為俄文組，第二組為日文組，
第三組為英文組，第四組為其他文種（德、法、波蘭、捷克）和科

28　黃鴻森等，〈北京編譯社對我國翻譯出版事業的貢獻〉，頁107；
　　參見《馮基平傳》，頁198-200。

29　編譯社成員潤麒、金默玉分別記述說：「上了幾天班，他才知社裡
　　總共一百人左右，大部分或多或少有點兒歷史問題，也有個別是刑
　　滿釋放的犯人」（賈英華，《末代國舅潤麒》[人民文學出版社，
　　2012]，頁361）；「在進入編譯社之前，這些人大都沒有職業。不
　　用說，他們都有其複雜經歷。當初把他們集中起來，主要是利用他
　　們為社會做些有益的事，同時對他們進行思想改造」（顯琦，《末
　　代公主的自述》，白素芝等譯[春秋出版社，1988]，頁94）。

技翻譯組。當時由於國家經濟建設的發展，有大量引進機械設備的安裝和使用說明書需要翻譯。北京和外省許多單位為此求助於北京編譯社。這類稿件數量大、時間急，除了第四組承擔外，英、俄兩組也承擔部分稿件的翻譯工作。」[30]

1958年反右運動結束後，編譯社開始重整旗鼓，採取了兩大措施：「一是跟當時已恢復獨立建制的商務印書館聯手，聘請商務印書館總編輯陳翰伯兼任編譯社總編輯。商務印書館主要任務是翻譯出版世界學術名著，編纂出版漢語和外語工具書。雙方聯手，相輔相成。……陳翰伯兼任編譯社總編輯後，就派出商務印書館高級編輯、翻譯家黃子祥出任編譯社總編室主任管理全社翻譯業務」；「二是羅致翻譯人才，陸續地從政府部門和事業單位調進不少有翻譯經驗和專業特長的幹部，……另一方面也調進政治條件好的青年譯員『摻沙子』，……與此同時還陸續從中央和北京市一些單位（如外交部、北京航空學院、國際旅行社、大公報社）調進了中青年有翻譯經驗的外語人才，充實了翻譯力量」[31]。

北京編譯社實際上接受雙重領導：業務上，由出版部門（商務印書館）兼管；政治上和人事上，則由公安部門（派駐人員）監管[32]。一旦了解這一背景，便不難看出，北京編譯社與清河翻譯組在很大程度上是一脈相承的，甚至可以說，前者是後者的一種拓展與延伸

---

30 黃鴻森等，〈北京編譯社對我國翻譯出版事業的貢獻〉，頁108。

31 黃鴻森等，〈北京編譯社對我國翻譯出版事業的貢獻〉，頁108-109。所謂其他單位調入的其實都是「右派」、「中右」等有各種政治問題的人員。

32 這一點當然是保密的。「編譯社是文化部門和公安部門雙重領導」，此事「直到文化大革命爆發以後真相才洩露」（賈英華，《末代國舅潤麒》，頁378-379）。

33；它們在業務和人事上的聯繫由此也得到了關鍵性的揭示：「編譯社成立，該組的翻譯業務遂歸編譯社代管，由總編室陳崇來負責此項業務的聯繫。從1956年至1965年，清河翻譯組翻譯能手刑滿釋放後進入編譯社工作的共有9人」[34]。據筆者目前所知，這9人中就包括黃鴻森、賀永增、徐式谷和江楓，後三位大概是在1963年一起進入北京編譯社的。

至此，清河翻譯組和北京編譯社之間的關係似乎已經得到了很好的澄清；然而，編譯社成立後，翻譯組還繼續存在，並且在業務上接受編譯社的代管，特別是翻譯組不便處理的一些事務（主要是合同訂立和譯者署名）還要以編譯社的名義代理（參見下文），所以，二者往往會被混為一談。另外，就像下文將要揭示的，還有兩種故意混同二者的情況：一是出版機構基於保密的考慮，可能會在日常工作或對外稱呼中，用正式的機構北京編譯社來指代不便公開的清河翻譯組（比如，商務印書館在一些「選題規劃」和「出版說明」中許多提到北京編譯社的地方，筆者相信就是指清河翻譯組）；二是有些參加過獄中翻譯組的人士，在改革開放後填寫履歷時，為了不至於留下空白而隱晦地將這段經歷改為在北京編譯社從事翻譯工作（比如，筆者對羅自梅、鄭衡公開履歷中的相關記載就持這種理解[35]）。

---

33 《馮基平傳》的相關章節重點突出了馮基平提議設立北京編譯社的事情，卻對獄中翻譯組隻字未提（我們相信，獄中翻譯組的設立與馮基平也有直接的關係），只是間接提到：「他甚至讓一些犯人和勞改釋放人員在勞改農場為編譯社翻譯書」（頁203）；但在列舉那些外語人才的政治成分和歷史問題之複雜及其翻譯成果之豐碩時，卻顯然既包括了編譯社也包括了翻譯組。

34 黃鴻森等，〈北京編譯社對我國翻譯出版事業的貢獻〉，頁108。

35 周光淦先生的訪談證實了筆者的猜測。

　　考慮到使用獄中翻譯組這種事情當時在出版社內部都屬於秘密，除了部門領導和少數負責具體事務的聯絡人之外，其他人員一般並不知情，加之特殊的時代背景，外人或後人混淆清河翻譯組和北京編譯社的情況並不罕見，也不奇怪。比如，資深出版家沈昌文先生在回憶1960年代初他在人民出版社（以副牌三聯書店的名義）組譯「灰皮書」時提到：「當年還有一個翻譯機構，叫『北京編譯社』。這大概只是一個名義，實際上譯者都是監獄裡的犯人，因此我也從沒見過。但見過譯稿，大概譯日文的最在行，因為那裡有不少偽滿時期的戰犯。他們的譯稿，都用筆名：何清新（何清，清河勞改農場的反稱；「新」指「自新」）」[36]。

　　沈昌文先生的這段話有三處錯誤：首先，雖然北京編譯社與清河翻譯組有一定的淵源關係，人事上有少量的交叉，業務上有密切的合作，前者還代理後者的一些事務，但二者畢竟不是一回事，尤其不能說北京編譯社「大概只是一個名義」，更不能說其譯員都是「監獄裡的犯人」；其次，北京編譯社人員翻譯的作品通常署機構名或者譯者的本名，只有個別作品署過「貝金」的筆名，一般不使用化名（參見下文），而「何清新」則是清河翻譯組最有名的化名之一，但他又誤以為「何清」是清河農場的反稱——前面已經指出，清河翻譯組設在北京市監獄，而非清河農場；再次，無論是清河翻

36　沈昌文口述自傳，《知道》（花城出版社，2008），頁75。後來他又改稱，「那是北京清河勞改農場的犯人。北京市把他們組織起來，從事譯作，發表時一律用筆名『何清新』（『何清』指『清河勞改農場』；『新』指『自新』）。據說譯日文最佳，因其中頗多偽滿時期的高官貴人」（《也無風雨也無晴》[海豚出版社，2014]，頁80；類似的表達參見一篇寫於2004年10月的名為〈廢物利用〉的文字，見《八十溯往》[海豚出版社，2011]，頁180）。

譯組，還是北京編譯社，其人員構成遠不限於偽滿戰犯和附日知識精英，其翻譯也談不上「譯日文的最在行」或者「譯日文最佳」，署名「何清新譯」的著作甚至沒有一本譯自日文[37]。類似的錯誤也見於商務印書館老前輩陳鋒、汪守本的回憶文章，他們說，時代出版社以及商務印書館在1950-1960年代利用「清河勞改農場」服刑的一些知識分子來翻譯書稿（參見前文），「這些犯人翻譯的東西，在時代出版社時署名『清河』，在商務印書館時改組為『北京編譯社』，並由商務派新幹部領導該社的編譯業務」[38]。

這裡順便再提一下商務印書館與清河翻譯組、北京編譯社的聯繫。正如前文所說，清河翻譯組的設立即使不是緣起於時代出版社，至少也與它有很大關係。1958年時代出版社改制合併入商務印書館之後，原社長兼總編輯郭敬進入商務任總經理（但很快又調離，總經理一職由總編輯陳翰伯兼任），考慮到商務印書館的出版定位，相關的業務和管道轉到商務是順理成章的；而作為清河翻譯組之延伸的北京編譯社自然也會與商務有更多、更密切的業務往來，直至最後商務印書館全面介入清河翻譯組和北京編譯社的翻譯業務，並由陳翰伯兼任北京編譯社的總編輯[39]。

遺憾的是，儘管陳翰伯實際上長期主管北京編譯社的業務工作，但由於前面提到的原因，這位著名的出版家在生平自述、小傳以及其他文字材料中從未提及此事，在與他關係密切的人的相關回

---

37 沈昌文先生這段極不嚴謹的表述謬種流傳，引起了徐式谷、黃鴻森等前北京編譯社譯員的極大不滿。

38 陳鋒、汪守本，〈商務印書館恢復建制的前前後後〉，《商務印書館一百年（1897-1997）》，頁576。

39 參見徐式谷，〈陳翰伯同志幫助我進了商務印書館〉，《商務印書館館史資料》新5期，2015年9月；黃鴻森，〈陳翰伯與北京編譯社〉。

憶中，也很少見到關於此事的記述[40]。事實上，在陳翰伯主政商務期間（1958-1966年），清河翻譯組和北京編譯社為商務提供了大量譯稿，有些譯稿當時就出版了，有些則是後來才被從後備稿件的「水庫」中打撈出來。

中篇：「清河翻譯組」的署名與譯著

1 清河翻譯組的署名問題

從現有的回憶來看，清河翻譯組（以及北京編譯社）承接的業務範圍非常廣泛，其中大量翻譯過來的文獻資料——政治文獻（比如，鮑若望提到的國慶十周年的中譯外資料）、科技文獻、實用技術資料（最常見的應該就是各類生產設備的外文說明書了），等等——是不會公開出版的，而且肯定還有不少後來因為各種原因並未出版的其他方面的譯著。因此，下面關於翻譯組署名的探求追索和譯著的介紹，僅限於由出版機構公開出版的教育（包括教材）、科技（包括科普讀物）、文學（包括通俗小說）、學術和政治類圖書（其中很多學術和政治類譯著標明「內部發行」，此即所謂「灰皮書」）；而且這些譯著數量驚人，沒有必要逐一羅列，只能大致例舉和撮要介紹。

關於署名問題，需要特別說明的是，按照翻譯組的運作模式，許多著作的翻譯因為篇幅大、難度高、任務重、時間趕等情況，往往由翻譯組集體合作完成（而且，參與人數不一，具體的協作模式也不一，有些是流程分工，有些是內容分工），這時署名自然是使用集體化名；但也有些作品或者因為篇幅小，或者因為譯員能力較

---

40 參見《陳翰伯文集》（商務印書館，2000）。

強，由一個人獨立完成，在這種情況下，署名時既有可能仍然使用集體化名，也有可能使用翻譯者本人的化名[41]。此外，翻譯組在獄中初步完成的譯稿交到出版機構之後，出版社往往會基於政治審查的考量以及相關作品在學術性、文學性等方面的特殊要求，還要約請專業機構、權威專家以及社內編輯對譯稿做進一步的、程度不一的再加工。因此，下文提到的一些譯著即使出現在某個人的回憶或履歷中，也無法確認該譯著一定出自某人之手，更無法以此來要求特定的署名權。

前面提到，1956年北京編譯社成立以後，代管了清河翻譯組的業務；尤其是1958年陳翰伯兼任北京編譯社總編輯以後，商務印書館介入北京編譯社的業務，三者的合作更加密切。

清河翻譯組和北京編譯社之間的合作是有跡可循的。根據黃鴻森的記述，我們可以確定它們至少在以下兩種書的翻譯中存在合作。第一種是蘇聯科學院經濟研究所編《政治經濟學教科書》（修訂第三版，上下冊，人民出版社，1959年1月），此書的版權頁稱：「本版由北京編譯社依據原譯本改譯，由編譯局及其他有關單位校訂」。因為這部書第一版出過中譯本，現在俄文版出了修訂本，在原先中譯本的基礎上依據新版進行修改，所以叫「改譯」。此版因為毛澤東要讀，所以，「任務很急，我清楚地記得是連夜趕譯的」，其時黃鴻森尚在獄中，所以他是作為清河翻譯組成員參與此書翻譯的；他推定，「北京編譯社的翻譯人員也參加了此書的改譯工作，集體之作，故以『北京編譯社』署名」[42]。從目前掌握的資訊來看，

---

41 比如，2017年7月江楓先生在接受筆者訪談時提及他在獄中曾使用過「吳窮」的化名（僅見於《震撼克里姆林宮的十三天》一書以及其他個別篇章）。

42 黃鴻森，〈譯書・編書・寫書〉，頁670-671。《馮基平傳》說「有

起碼翻譯組的董果良[43]、編譯社的傅中午也參與了這項工作。

另外一種是蘇聯科學院編《世界通史》（三聯書店，第一卷，1959年9月；第二卷，1960年12月；第三卷，1961年12月；第四卷，1962年12月；第五卷，1963年3月；第六卷，1965年2月；第七卷，1975年12月；第八卷，1978年3月）。全套《世界通史》的翻譯和出版過程非常複雜，第一卷多人署名，北京編譯社署在第三位；第二卷至第八卷北京編譯社是唯一署名譯者。但是，清河翻譯組顯然也參與了翻譯工作。黃鴻森說，「筆者在獄中就參加了《世界通史》的翻譯，譯了第一卷的古埃及史，第二卷的古希臘史。我到北京編譯社後就承擔起《世界通史》第六卷、第八卷、第九卷的定稿任務。每卷書由我譯萬言長序和難譯章節，校訂他人所譯的全部稿件，負責定稿」[44]。檢索相關資訊可知，參與此書翻譯的人員至少還有：羅自梅（第3-4卷）、傅中午（第2-6卷）、張曼真（從第6卷開始）、季瑞芝（第7卷審校）、林蔭成、廖洪林。其中，羅自梅在履歷中稱自己在北京編譯社做過翻譯（但我們猜測他是在獄中作為清河翻譯組成員從事翻譯工作）[45]，季瑞芝的履歷看不出她加入過編譯社，其他人都是編譯社譯員。

（續）————————————

一年毛主席要看蘇聯《政治經濟學》第三版，編譯社承擔了把俄文譯成中文的任務，60萬字只用了三天。當時最好的翻譯達到了邊看俄文邊念中文別人記錄下來就成譯文的水準」（頁200）。這裡隱譯了獄中翻譯組的參與。

43 參見《中國翻譯詞典》，頁142。

44 黃鴻森，〈譯書·編書·寫書〉，頁673。「北京編譯社1968年撤銷時，第九卷的全部譯稿，第十卷的部分譯稿都交給托譯單位人民出版社」（頁674）。

45 參見《當代江西學人略傳》第1輯（經濟科學出版社，1989），頁89；《吉安地區志》第五卷（復旦大學出版社，2010），頁3733。

　　有跡象表明，清河翻譯組和北京編譯社還合作翻譯了另外一本書，即戴高樂《戰爭回憶錄》（北京編譯社譯，世界知識出版社，第1卷，1959年2月；第2卷，1959年10月；第3卷，1964年11月；中國人民大學出版社2005、2015年再版時署名為陳煥章譯）。根據我們掌握的資訊，參與此書翻譯和校訂的人至少有：董果良（第3卷）[46]、羅自梅[47]、陳煥章（以上為清河翻譯組成員）；陳少衡、丁鐘華（第2卷）、黃邦傑、羅式剛（以上為北京編譯社成員）等。

　　黃鴻森還提到，鮑爵姆金主編《近代史》第二卷「全書65萬字，我譯了80%就刑滿釋放了，後帶到我就業單位北京編譯社完成」[48]，這也應該看作是二者的一種合作吧。此書出版時他署了本名（上下冊，黃鴻森譯，沈桂高、張時裕校，三聯書店，1964年11月），兩位校訂者也是編譯社成員，這就印證了徐式谷的如下說法：1958年以後，「經翰伯同志建議，社裡決定：凡正式出版物需要譯者署名的，除去多人合譯的大型出版物（如我館出版的《近代現代外國哲學社會科學人名資料彙編》）仍用單位署名『北京編譯社譯』外，其他出版物均署譯者本人姓名，以鼓勵譯員們的工作積極性，並加強責任心」[49]。

　　我們檢索發現，北京編譯社署名的譯著總數在100種以上，但商務印書館出版的署名為「北京編譯社譯」的著作卻尤其少，只有十來種；在雙方業務往來頻繁的情況下，這就說明，除了少數集體署

46　參見《中國翻譯詞典》，頁142。

47　參見《當代江西學人略傳》第1輯，頁89；《吉安地區志》第五卷，頁3733。

48　黃鴻森，〈譯書・編書・寫書〉，頁671。

49　徐式谷，〈陳翰伯同志幫助我進了商務印書館〉，《商務印書館館史資料》新5期，頁65。

名外，許多編譯社成員在商務印書館出版的譯著都署了本名或專屬筆名。就在這十來種著作中，邱吉爾《第二次世界大戰回憶錄》（部分卷冊，1974-1975年）、米涅《法國革命史》（1977年）、戚美爾曼《偉大的德國農民戰爭》（1982年）還是「文革」後期以及新時期從積壓的舊稿「水庫」中打撈出來的。邱吉爾的《回憶錄》由北京編譯社人員在1950-1960年代翻譯，文革前就已交稿，出版時部分譯稿遺失，只好另外找人補譯[50]。《法國革命史》的具體情形不詳，但《偉大的德國農民戰爭》卻留下了一些資訊。

　　戚美爾曼的這本書在商務印書館1963年編訂的《十年規劃》中注明「已約北京編譯社譯」[51]，但直到新時期才由著名德語翻譯家李達六等人校訂後出版。李先生在提到這本書時說，「出版說明稱這本書最初是由北京編譯社翻譯的。後來我才知道，這個編譯社原來是一些在押的國民黨的將軍」，一個叫朱漢生的人「告訴我，他的父親是國民黨將軍，曾留學德國，與蔣緯國是同學。解放後被判為歷史反革命，判處死刑，緩刑兩年。在獄中翻譯了德國軍事家克勞塞維茨的《戰爭論》和戚美爾曼的《偉大的德國農民戰爭》」[52]。朱漢生的父親叫朱亞英，是國民黨起義投誠人員，1955年被判刑入獄，1975年獲釋；改革開放後恢復起義將領身分，先後擔任北京市政協委員、市政府參事、文史研究館館員等職[53]。「在監獄裡，他

50　參見周穎如，《為他人做嫁衣：譯稿編輯生涯三十年》（世界圖書北京出版公司，2011），頁30-33。

51　參見《商務印書館翻譯和出版外國哲學社會科學重要著作十年（1963-1972）規劃（草案）》（以下簡稱《十年規劃》），1963年5月，頁116；也參見商務印書館1959年2月28日致齊思和的信。

52　李達六，《德語是我的命運》（外語教學與研究出版社，2013），頁328-329。他關於北京編譯社的說法當然是不準確的。

53　參見陳予歡編著，《陸軍大學將帥錄》（廣州出版社，2009），頁

還翻譯了十幾本重要著作：如《戰爭論》、《克勞塞維茨傳》、《大規模的農民戰爭》、《巴黎公社史》、《蒂薩河在燃燒》、《金人》等」[54]。

克勞塞維茨的名著《戰爭論》全書3卷在1964-1965年由中國人民解放軍總參謀部出版局正式出版，署名為「中國人民解放軍軍事科學院譯」，但其出版「說明」指出，「在本書譯校工作中，承中央宣傳部、外交部、新華社和北京編譯社等單位大力協助」；資深軍事翻譯家鮑世修在回顧此書的翻譯過程時也指出，「這項工作首先得到北京編譯社的支持」，此書是「集體智慧的結晶」[55]。儘管如此，考慮到朱亞英的德國留學經歷和軍事專業背景，安排他翻譯出克勞塞維茨著作的初稿完全是可能的，也是合理的[56]。

我們還注意到，由於朱亞英的特殊身分，無論是商務印書館內

259。

54 朱漢生，〈人生寄世若飆塵——記我的養母朱磊〉，《夢縈未名湖》（未刪節版）下冊（香港文藝出版社，2009），頁99。朱漢生提到其父在獄中翻譯的作品還有：《居里夫人傳》（朱漢生：《多面人生》［香港文藝出版社，2009］，頁300）。《大規模的農民戰爭》當然就是指《偉大的德國農民戰爭》；《居里夫人傳》也許是指商務印書館1957年9月的修訂第4版；《克勞塞維茨傳》和《巴黎公社史》的資訊無法確定（前者多半是指Franz Fabian所著那本）；關於《蒂薩河在燃燒》和《金人》，參見下文。

55 鮑世修，〈《戰爭論》——集體智慧的結晶〉，鄭魯南主編，《一本書一個世界》，第二集（昆侖出版社，2008），頁247。

56 周光淦先生在訪談中告知，《戰爭論》以及《克勞塞維茨傳》實際上由獄中翻譯組德文組的三四個人譯出，並且主力也不是朱亞英而是另有其人，可惜他一時想不起姓名來。但全如珹先生談到，此人應是來自中國人民大學姓胡的教師，他當時患有肺結核，所以他的譯稿需要由獄醫一頁一頁消毒之後再傳送出去，他後來在獄中去世。

部的「出版規劃」、《戰爭論》和《偉大的德國農民戰爭》的「出版說明」，還是事後正式的回憶（其子的記述是另外一回事），都不便透露他是在獄中作業的，所以，只好用北京編譯社這一公開機構來代指保密的清河翻譯組。由此我們想到，商務印書館《十年規劃》和《七年規劃》提到的其他那些「已約北京編譯社譯」、「北京編譯社譯，已交稿」的著作，如果在正式出版時沒有使用編譯社的集體署名或譯者的本名，那麼，我們就有理由猜測，所謂的北京編譯社其實大多應該理解為清河翻譯組，所署的譯者名很可能就是清河翻譯組的化名！（參見下文）

甚至後來出版時署名為「北京編譯社譯」的一些著作，實際上也是由清河翻譯組（集體合作或成員個人）翻譯的，《偉大的德國農民戰爭》就是一例，而且肯定不是孤例，也不限於哪個出版社，但是，其具體情形如何已經杳然無從查證。雖然北京編譯社的不少成員暗裡受到監督，但它畢竟是正式在編的公辦機構，其成員的署名權一般不會受到影響；相比之下，清河翻譯組的成員，身在獄中，絕無可能署自己的本名，使用筆名或化名也會受到審查[57]。在編譯社代管、代理翻譯組的情況下，有些時候直接用「北京編譯社」代署，而不必另外再去找化名倒也順理成章。清河翻譯組和北京編譯

---

57 1954年有關部門曾規定：「對於被管制分子著譯出版的書籍一律禁止使用本人姓名出版書籍，而只能用筆名出版書籍。其所用筆名及所從事的著譯，應經常報告當地公安機關，由公安機關將筆名及著譯書目通知出版行政機關，事後進行審查」（參見《中華人民共和國出版史料（1954年）》[中國書籍出版社，1999]，頁520-521）。1955年又規定，對於反革命分子的譯作，「如原著內容沒有問題，出版社認為仍有出版的需要，譯文經重新審校認為翻譯無誤者，可用出版社編選等名義或其他代名出版」（參見《中華人民共和國出版史料（1955年）》[中國書籍出版社，2001]，頁292-293）。

社的複雜關係一至如此,如何不令外人和後人混淆?!

關於署名問題,再簡單總結一下:(1)北京編譯社獨立完成的譯著,除了早期少數作品署過「貝金」的化名外,要麼使用北京編譯社機構名,要麼署具體譯者的本名及其專屬筆名[58];(2)清河翻譯組和北京編譯社合作翻譯的作品(無論以誰為主體)都署北京編譯社機構名,沒有必要另外使用化名;(3)清河翻譯組獨立完成的譯著絕大多數使用各種化名(包括集體化名和個人化名),或者直接不署譯者名,但也有一些作品以北京編譯社代署。

2. 清河翻譯組的化名與譯著

清河翻譯組到底都使用過哪些化名呢?前文已經提到,署名為「清河」的譯著僅限於1950年代(大多集中在1954-1956年),全部為蘇聯作品,共計80種左右(其中50種左右由時代出版社出版)。這個化名後來被棄之不用,大概是因為,無論作品題材如何,清一色的「清河譯」難免會讓人生疑,而且「清河」的勞改色彩太過明顯,於是又變換出許多其他的化名。

較早使用的一個化名是「聯星」,出現在1955-1958年,署名譯著接近20種,主要是由時代出版社和工人出版社出版的一些蘇聯小冊子,但最引人注目的當屬中國青年出版社「凡爾納選集」中的3

---

58 除了「貝金」之外,北京編譯社似乎並無別的集體筆名,而且這個署名的譯著數量非常有限(共計才9種,其中2種在改革開放之後出版,其餘7種中由人民文學出版社出版的占了4種)。黃鴻森在〈陳翰伯與北京編譯社〉一文中說,「北京編譯社除了『貝金』以外,有沒有別的集體筆名,不知道」(頁15;參見黃鴻森等,〈北京編譯社對我國翻譯出版事業的貢獻〉,頁109)。黃先生多年來一直注重北京編譯社資料的收集,人脈廣泛,記憶力極佳,我們應該把「不知道」這種說法理解為措辭的謹慎。

種：《蓓根的五億法郎》（1956年）、《神秘島》（1957年）、《機器島》（1958年），這些書到了21世紀仍然在不斷重印[59]。

　　「『何甯』也是清河翻譯組的常用筆名」[60]，這個署名最早出現在1955年，譯著共計有25種左右（含合譯，下同）：早期以時代出版社、中國青年出版社為主，幾乎都是蘇聯作品；1958年以後逐漸以商務印書館為主，並以英語作品居多。署此名的譯著中比較有學術影響的包括：漢默頓《西方名著提要》（《哲學、社會科學部分》、《自然科學部分》、《歷史學部分》3冊；《地理學部分》已譯出但未出版）[61]；彌爾頓的《為英國人民聲辯》[62]；馬爾薩斯的

59　因為《氣球上的五星期》受到了康生的批評，中國青年出版社配合中宣部在1963年初對已經出版的8種「凡爾納選集」進行了審查（參見許力以回憶錄《春天的腳步》［華齡出版社，2012］，頁79-80）。在該社流出的7份「書籍檢查登記表」中，上述3種的譯者姓名和政治面貌處填寫的分別是「清河翻譯組」、「清河工廠翻譯組」和「參加翻譯的是勞改犯人」（這條線索由劉錚先生在本文初稿完成後提供，特此致謝）。中國青年出版社流出的《神秘島》的稿費收據（1957年3月）再次證明了這一點（受款人：「清河聯合工廠」，收款人公章：「北京市地方國營清河聯合工廠」，著譯人：「聯星」）。據周光淦先生說，凡爾納的這些著作大多由英譯本轉譯。

60　黃鴻森，《譯書‧編書‧寫書》，頁670。

61　我們在羅自梅的履歷和譯著目錄中看到，他自稱「筆名何甯、何清新」，「五十至六十年代，曾參與翻譯出版了《蘇聯百科辭典》、《世界名著提要》和《世界通史》」（《當代江西學人略傳》第1輯，頁88-89）。《世界通史》的翻譯情況參見前文；《蘇聯百科辭典》（時代出版社，1958）未署譯者名，但黃鴻森提到他在獄中也參與了此書的翻譯（〈譯書‧編書‧寫書〉，頁669）；所謂《世界名著提要》當指《西方名著提要》，黃鴻森參與了此書的翻譯（〈譯書‧編書‧寫書〉，頁669-670），而周光淦先生在訪談以及他提供的〈目前所能找到的部分譯著書目〉中稱此書主要由他譯出。

62　周光淦先生在其〈目前所能找到的部分譯著書目〉中稱此書由他譯

兩本小冊子《論穀物法的影響‧地租的性質與發展》和《價值的尺
度》（商務印書館，1960年）[63]；日本歷史學家和田清《東洋史》[64]。

　「何青」這個署名最早出現在1957年，大約有9種作品，其中《笛
福文選》（商務印書館，1960年）、《魏克拉馬沁格短篇小說集》
（作家出版社，1961年）出現在徐式谷的譯著目錄中，並且《笛福
文選》在1981年收入「漢譯世界學術名著叢書」時，譯者署名改為
徐式谷[65]。黃鴻森提到，「我在獄中還參加翻譯《簡明經濟學辭典》」
[66]，此書的譯者署名正是「何青」（人民出版社，1958年第1版；1960
年第2版）。

　「何清新」的署名從1958年開始出現，作品數量超過30種，僅
次於「清河」；有不少作品譯自法文，特別是有些品種後來收入商
務印書館的「漢譯世界學術名著叢書」（包括葛德文《論財產》[67]、
梅葉《遺書》第2卷、《馬布利選集》，署名皆未改動）。羅自梅在
履歷中稱，他使用過筆名「何清新」，但未見他列舉的譯著中有此
署名[68]。董果良的履歷提到「筆名何清新」，列舉的譯著有此署名

（續）
　　　出。
63　其中《價值的尺度》出現在徐式谷的譯著目錄（《英漢翻譯與雙語
　　　類辭書編纂論集》［商務印書館，2013］，頁491）中，該目錄一併
　　　提供了此書1981年、1997年的版本資訊，但筆者多方檢索未見到這
　　　兩個版本，所以無法確定新版的署名情況。
64　按照商務印書館《十年規劃》頁128的記載，北京編譯社譯出了和
　　　田清的三種著作（《東洋史》、《中國史概說》和《和田清論文選
　　　輯》）並已交稿。
65　徐式谷，《英漢翻譯與雙語類辭書編纂論集》，頁491。
66　黃鴻森，〈譯書‧編書‧寫書〉，頁671。董果良的履歷（《中國
　　　翻譯詞典》，頁142）也提到了《簡明經濟學辭典》（合譯）。
67　商務印書館1959年2月28日致范若愚的信注明「北京編譯社譯」。
68　參見前文注釋；他的譯著目錄中另有合譯《杜魯門回憶錄》、《戴

的包括：摩萊里《自然法典》、《馬布利選集》、《哲學史》第3
卷（合譯，三聯書店，1963年）、《巴黎公社會議記錄》（第1-2
卷，合譯）、《聖西門選集》（兩卷本舊版譯者署名為「何清新」，
擴充為三卷本後恢復了主要譯者董果良的署名）[69]。

「何新」的署名譯著也不少，有21種左右，以商務印書館出版
居多；其中比較有學術影響的包括：培根《新大西島》、馬爾薩斯
《政治經濟學論文五篇》、洛克《論降低利息和提高貨幣價值的後
果》、哈林頓《大洋國》、《美國歷史協會主席演說集（1949-1960）》、
魯德《法國大革命中的群眾》、布克哈特《義大利文藝復興時期的
文化》[70]等。《論降低利息和提高貨幣價值的後果》、《美國歷史
協會主席演說集（1949-1960）》、《法國大革命中的群眾》三種出
現在徐式谷的譯著目錄中，並且《論降低利息和提高貨幣價值的後
果》在1982年收入「漢譯世界學術名著叢書」時，譯者署名改為徐
式谷[71]。《新大西島》、《政治經濟學論文五篇》、《大洋國》和
《義大利文藝復興時期的文化》在重印或收入「漢譯世界學術名著
叢書」時仍然署名「何新譯」[72]。

（續）————————————————————
　　高樂回憶錄》（即《戰爭回憶錄》），前者的譯者署名「李石」，
　　後者的譯者署名「北京編譯社」（前文已經指出此書由清河翻譯組
　　和北京編譯社合作翻譯）。
69　參見《中國翻譯詞典》，頁142。
70　參見商務印書館1959年2月28日致齊思和的信和商務印書館《十年
　　規劃》頁116記載「北京編譯社譯，已交稿」。周穎如先生在回顧
　　由她責編的幾種重要西方史學名著時，唯有《義大利文藝復興時期
　　的文化》一書沒有提及其譯者（《為他人做嫁衣》，頁36-37），
　　想來也是有所隱諱。
71　徐式谷，《英漢翻譯與雙語類辭書編纂論集》，頁491。
72　《大洋國》和《新大西島》，商務印書館1959年2月28日致范若愚
　　的信注明「北京編譯社譯」。周光淦先生在其〈目前所能找到的部

能夠從蛛絲馬跡中推測出是清河翻譯組化名的還有：「何欽」
（署名譯著6種，其中包括懷特海的《科學與近代世界》[73]）、「何
清」（普朗克《從近代物理學來看宇宙》，商務印書館，1959年，
書名頁是何青譯，版權頁是何清譯；科斯明斯基、列維茨基主編《十
七世紀英國資產階級革命》，商務印書館，上冊1990年、下冊1991
年[74]）；「何倩」（西田幾多郎《善的研究》，商務印書館，1965
年）[75]；「何光來」（胡克《自由的矛盾情況》，上海人民出版社，
1964年，《資產階級哲學資料選輯》第16輯；《歐文選集》上下冊，
商務印書館，1965年[76]）；「何慕李」（葛德文《政治正義論》，
商務印書館，1980年[77]；湯普遜《最能促進人類幸福的財富分配原
理的研究》，商務印書館，1986年[78]）；「何瑞英」（凱恩斯《貨
幣論》上冊，商務印書館，1986年[79]）。

（續）────────────

　　　分譯著書目〉中稱前者由他譯出，而後者則由柯象峰（社會學家，
　　　非翻譯組成員）譯，他本人重譯。
73　周光淦先生在其〈目前所能找到的部分譯著書目〉中稱此書由他重
　　　譯。
74　《商務印書館七年（1984-1990）選題規劃（草案）》（以下簡稱
　　　《七年規劃》，1984年11月）第81頁注明「北編社等譯」；上冊「中
　　　譯本序」指出：「本書是由原北京編譯社、北京師範學院和中國社
　　　會科學院世界歷史研究所的部分同志翻譯的」。
75　《十年規劃》頁11注明「北京編譯社重譯，已交稿」；此書再版時
　　　署名未改動。
76　柯象峰、何光來、秦果顯譯，《十年規劃》頁73注明「北京編譯社
　　　譯，已交稿」，並注明其中《新社會觀》采自柯象峰舊譯。
77　《十年規劃》頁73注明「全書已約北京編譯社譯」。
78　商務印書館1959年2月28日致范若愚的信和《十年規劃》頁73注明
　　　「北京編譯社譯，已交稿」。
79　《十年規劃》頁55注明「已約北京編譯社譯」；《七年規劃》頁53
　　　注明「《貨幣論》上卷，北編譯」。周光淦先生在其〈目前所能找

奚瑞森在其履歷中稱「何瑞豐」是其筆名，而他列舉的譯著中有此署名的只有：大衛遜《黑母親：買賣非洲奴隸的年代》（三聯書店，1965年）和柯爾《社會主義思想史》[80]。檢索可知，除了《黑母親》、《社會主義思想史》之外，署名「何瑞豐」的譯著另有三種（全部由世界知識出版社出版）：康恩《設想一下不可設想的事》（1964年）、索爾茲伯里《新俄國》（1964年）、塔波爾斯基《共產主義在捷克斯洛伐克1948-1960》（1965年）；其中，《新俄國》與「何澤施」[81]合譯，《共產主義在捷克斯洛伐克1948-1960》與徐式谷合譯[82]。雖然無法確定，但後三種書的譯者「何瑞豐」就是奚瑞森的可能性很大。

柯爾的《社會主義思想史》共計5卷7冊[83]，出版時間跨越了20年（1977-1997年），其譯者署名異常複雜：第1-2卷、第3卷上，署名「何瑞豐譯，俞大畏校」；第3卷下，「何慕李譯，奚瑞森、俞開元校」；第4卷上，「宋甯等譯，郭健校」；第4卷下，「奚瑞森譯」；

（續）————————————
　　到的部分譯著書目〉中稱此書由他校訂。
80　參見《中國翻譯詞典》，頁757；《中國專家大辭典10》（中國人事出版社，2000），頁140。
81　「何澤施」的署名另見於蒂波爾《震撼克里姆林宮的十三天：納吉‧伊姆雷與匈牙利革命》（世界知識出版社資料室，1964）。合署者「吳窮」為江楓先生的化名，他告訴筆者，此書由他在獄中獨立譯出，不存在「何澤施」其人。
82　此書出版時（1965年7月）徐式谷已經出獄進入北京編譯社，所以署了本名。徐先生曾提到，「當時與另一人合譯」，但並未提及到底是何時在何處與何人合譯（參見徐式谷，〈陳翰伯同志幫助我進了商務印書館〉，《商務印書館館史資料》新5期，頁65）。依據我們後面將要提到的徐式谷先生的一條批註，我們可以確定，此書由他和奚瑞森在獄中合作翻譯。
83　《十年規劃》頁80注明「已約北京編譯社譯」。

第5卷「何光萊譯」。其中,「何瑞豐」基本可以確定為奚瑞森,而
俞開元(筆名俞大畏)、宋甯、郭健等則為北京編譯社成員;第3
卷下譯者「何慕李」(化名)和校者「奚瑞森」分別署名,想來應
該不是指同一人;第5卷譯者「何光萊」是指奚瑞森還是另有所指,
同樣不得而知。無論如何,我們現在可以確定,此書為清河翻譯組
(主要譯者為奚瑞森)和北京編譯社合作翻譯完成的又一部宏大著
作[84]。

　　另外,像「何易」(署名譯著2種)、「何新舜」(署名譯著1
種)、「何清蓮」(署名譯著1種[85])、「何式谷」[86]這樣的署名,

84　周光淦先生在其〈目前所能找到的部分譯著書目〉中稱他校訂了此
　　書的第一、二、四卷。

85　(蘇)納吉賓等著《談談義務、友誼和愛情》(中國青年出版社,
　　1957)。中國青年出版社流出的一張稿費收據(1957年1月)為此
　　提供了佐證(受款人:「清河工廠」,收款人公章:「北京市地方
　　國營清河聯合工廠」,著作物名稱:「『談談義務、友誼和愛情』
　　一書中部分未用稿」)。

86　署名譯著為費舍《史達林和德國共產主義運動》(上下冊)(商務
　　印書館,1964)。這個署名還出現在《誰是尼赫魯的繼承人》(世
　　界知識出版社,1964)的章節譯者(多數章節譯者為北京編譯社成
　　員)中。雖然《史達林和德國共產主義運動》並未出現在徐式谷的
　　譯著目錄中,但我們有理由相信「何式谷」就是徐式谷。——果然,
　　在本文初稿完成後,筆者見到徐式谷先生寫在此書扉頁上的一條批
　　註,再次印證了我們的諸多推測:「這是我於1963年在『清河翻譯
　　組』期間翻譯的一本『灰皮書』,當時的有關領導為了避免『河清』、
　　『何新』、『何清新』等筆名過多地重複(當時有多種譯作——包
　　括公開出版物——都用以上筆名),又為了鼓勵『譯者們』的工作
　　積極性,採取了『何』姓之下署譯者真名的方式,如此書的『何式
　　谷』,他書的『何瑞森』等。想不到半個世紀後竟購得此書,誠
　　可謂海內孤本矣,彌足珍貴。故將在此處聊述數語,以資紀念。譯
　　者徐式谷記2013.7.1.北京,民旺園,時年七十有八」;「又,據北

雖然暫時找不到旁證，但我們大致可以猜測它們也是清河翻譯組的
化名。萬變不離其宗，譯者都姓「何」。甚至可以斷言，在1950-1960
年代商務印書館出版的譯著中，幾乎所有署名為何姓的譯者中，大
概只有何兆武（著名翻譯家，使用過一個筆名「何明」）、何渝生
（本館編輯）是本名了[87]。再有，通過一段關於朱亞英的記述，「在
監獄裡，他還翻譯了十幾本重要著作：如《戰爭論》、《克勞塞維
茨傳》、《大規模的農民戰爭》、《巴黎公社史》、《蒂薩河在燃
燒》、《金人》等」[88]，我們還可以確定翻譯組的另外一個化名「柯
青」（與「河清」形近），除了《蒂薩河在燃燒》、《金人》外，

(續)────────────

　　大老同學胡XX先生告知，我的另一本譯著《史達林和捷克斯洛伐
　　克共產主義運動》亦為『灰皮書』之一，由世界知識出版社於1964
　　年末出版，署名『徐式谷』譯，當時我已恢復公民權，且已內定將
　　調入北京編譯社，恢復『革命幹部』身分，故署名乃用真名實姓，
　　不再姓『何』而姓『徐』了，惜該書至今無法購得，誠為晚年之一
　　大憾事也。徐式谷又記2013.7.1.民旺園）（按：據筆者所知，清河
　　翻譯組並未使用過「何瑞森」的化名，當為奚瑞森的化名「何瑞豐」
　　之誤；同時，另一本譯著的書名應為《共產主義在捷克斯洛伐克
　　1948-1960》，何瑞豐、徐式谷譯，商務印書館，1965）。此外，
　　魏特夫《東方專制主義》（中國社會科學出版社，1989年）的「譯
　　後記」稱：「本書是60年代初期徐式谷、奚瑞森等同志根據美國耶
　　魯大學出版社1959年第三版英文本翻譯的，由於種種原因，一直未
　　能出版」，原來此書也是「勞改產品」。

87　筆者在本文初稿中曾經認為譯者署名「何璧人」的兩種譯著（商務
　　印書館1963年出版的關於南斯拉夫的「灰皮書」《南斯拉夫的經濟
　　改革》和《鐵托主義：國際共產主義的榜樣》）也是出自清河翻譯
　　組之手，但依據後來看到的商務印書館經濟組的兩位老編輯張伯
　　健、胡企林給陳翰伯的請示報告，它們是「李慎之負責組織三四個
　　譯者聯合翻譯的」，所以可以排除上述猜測，儘管那個時候，李慎
　　之同樣也是「戴罪之人」。

88　朱漢生，《人生寄世若飆塵》，頁99（參見前文注釋）。

這個譯者署名還見之於4種譯著,全部由人民文學出版社和作家出版社出版。由此,我們懷疑「柯新」(署名譯著2種)、「青珂」(與「清河」形近,署名譯著3種)也是清河翻譯組的化名之一。

在林林總總的「何氏家族」之外,清河翻譯組使用的另外一個化名也比較有名,那就是「秦水」(與「清水」音近,仍然離不開「河」)。署此名的譯著有16種左右,其中13種由人民文學出版社和作家出版社出版[89]。人民文學出版社1977年入社的資深編輯張福生記述說,他在一次聚會中向綠原(「胡風分子」,1962年從秦城監獄獲釋後進入人民文學出版社,1980年代曾任人民文學出版社副總編輯)求教「秦水的筆名是怎麼回事?都是哪些人?他們是怎麼翻譯的?」在座的都明白,「我社有些譯稿的譯者署名秦水,實際是一些秦城監獄的服刑人員,當然是些懂外語的知識分子。綠原先生說他也不清楚,更沒有看見有人在秦城監獄裡搞翻譯」[90]。由這段記述可知,人民文學出版社的編輯們零星知道一點關於監獄翻譯組的往事,但由於事涉機密,即便是綠原這樣的老編輯也一無所知。特別是,張福生先生「循名責實」,以為「秦水」與秦城有關係,其實不然,「秦水」、「清河」都發源於北京市監獄;雖然我們後面會提到,秦城監獄一度也曾設有翻譯組,但那已是綠原出獄之後的事情了。

按照鄭衡的履歷,他在1954年「被安排到北京翻譯社工作,翻

---

89 筆者搜索到一份人民文學出版社與北京編譯社在1960年4-5月簽署的關於(貝拉著)《祖國的光復》的出版合同(此書已於1960年3月出版),合同規定發表本著作(翻譯作品)所用筆名為「秦水」。此處北京編譯社應該是為清河翻譯組代理合同,否則的話,它沒有必要另外約定筆名。

90 參見《懷念集》(人民文學出版社,2011),頁560。

譯了很多作品。主要有《英國近代史》、《英國現代史》和《印度
近代史》，這三種著作都譯自俄文版，1959年由人民出版社出版。
也擔任《蘇聯大百科辭典》的中文編輯（該書後由時代出版社出版）」
[91]。這裡「翻譯社」當為「編譯社」之誤，而且更有可能是指翻譯
組，尤其是如果1954年這個時間精確的話（北京編譯社成立於1956
年）；《蘇聯大百科辭典》應該是指清河翻譯組翻譯的《蘇聯百科
辭典》（時代出版社，1958年；譯者未署名，但黃鴻森、羅自梅參
與了此書的翻譯）。在1970年代多家出版社聯合譯印的國別史系列
（這套書的翻譯似乎「文革」前就已經啟動）中，只有從俄文版譯
出的《英國現代史》（秦衡允、秦士醒譯，三聯書店，1979年）、
《印度近代史》（北京編譯社譯，三聯書店，1978年）和《印度現
代史》（北京編譯社譯，三聯書店，1972年），並無《英國近代史》；
如果鄭衡翻譯了這三種書的話，那麼，這裡的北京編譯社就是代指
清河翻譯組（參見前文），而「秦衡允」、「秦士醒」則是清河翻
譯組的化名！

　　由此，我們不妨再大膽地猜測一下，在「何氏家族」之外，還
有一個規模小得多的「秦氏家族」：未見有譯者署名「秦士醒」的
其他作品；譯者署名「秦衡允」的另外一本著作是《資本主義國家
經濟情況》（1960年卷），而這個系列的1955-1959年卷都是「何清
新譯」，1954年卷是「青珂譯」，1961卷則是「北京編譯社譯」（編
譯社成員張曼真參與了此書的合譯）；還有一個譯者署名為「秦光
允」，僅見於《近代史》第3卷（三聯書店，1965年），而《近代史》

---

91 孫淑彥，〈空吟詩看雲歸──拾憶鄭衡先生〉，《榕城文史》，第
　　5輯，1999，頁112-113；參見《潮州人物辭典‧文史藝術分冊》（中
　　山大學出版社，1991），頁126。

第2卷的譯者是黃鴻森；「秦文允」的署名譯著有兩種，《蘇聯國民經濟史講義》和杜波依斯的《非洲》；另有「秦士勉」，翻譯過《蘇聯自然地理》和《美國歷史地理》，後一本書的校者是徐式谷；《歐文選集》的譯者之一「何光來」已經確定為化名，而連署的「秦果顯」，我們懷疑也是化名，這個名字還作為第三譯者出現在《亞洲不發達獨立國家的土地農民問題（印度、緬甸、印尼）》一書中；還有一個「秦柯」，與北京編譯社成員石堅白合譯了《二葉亭四迷小說集》，此書後來重印時譯者署名改為「鞏長金、石堅白譯」，鞏長金在新時期另有譯著若干，但無從確定其經歷[92]。

以上化名是我們目前能夠推斷或猜想出來的，但完全有理由相信，清河翻譯組使用過的化名（不管是集體化名，還是單個成員的化名）肯定不止這些，只是我們不可能也沒有必要進一步追索下去了[93]。

下篇：「清河翻譯組」的推廣與延續

1 北京市其他勞改、勞教機構的翻譯組

---

92 文潔若先生在2018年5月接受筆者的訪談時確認此人為北京編譯社成員。

93 本文初稿完成後，筆者又見到一些人民文學出版社流出的「稿酬單」和「書稿品質單」照片件，從而又確定了「黎星」和「紅光」兩個化名：前者署名譯著5種，都是法語譯著，除了《巴黎公社史料輯要》（商務印書館，1962）外，其餘皆文學作品，包括盧梭《懺悔錄》第一部；後者只有《戈雅：一個畫家思想轉變的艱苦過程》（孚希特萬格著，人民文學出版社，1959），該書的「書稿定額稿酬品質單」注明此書為「清河集體翻譯」，通訊處清河「由北京編譯社轉」。

　　種種證據表明，除了北京市監獄的「清河翻譯組」之外，北京市其他的勞改、勞教機構也曾設立過翻譯組，甚至此種做法還在全國的監獄系統進一步推廣和延續。

　　北苑農場[94]翻譯組的存在因為圍繞著名作家梅娘（本名孫嘉瑞，1920-2013）的一些回憶而得到確認。大約是在1958年年底，接受勞動教養的孫嘉瑞與另外兩位女「右派」城市建設部的錢輝焴、水利出版社的陳惟清被轉移到北苑農場，加入了那裡已經存在的翻譯組[95]。孫嘉瑞回憶說：「當時的政治在押犯中，很有一些外語頂尖人才，如以西班牙文著稱的吳歐（華北政權的文教大臣），稱為德文專家的張心沛（華北政權的教育督辦），農業部的一級俄文翻譯王某，掛名新民會的法文專家陳某等人，都已經有了一把年紀，加上58年我們幾個會外文的勞教人員，以吳歐為組長，脫開和泥築磚的體力勞動，拿起筆桿來發揮專長服法贖罪」[96]。

　　錢輝焴記述了她們的分工：「過了些日子，隊上將原來有外語專長的『同學』集中送到德勝門外的北苑農場：我、孫嘉瑞和陳惟清三人被分到那裡的翻譯組。我和陳惟清是學俄語的，嘉瑞則擅長日語。我們三人合作翻譯。嘉瑞的文字水準較高，由她對我倆由俄文翻成的中文加以潤色：有的時候，我和陳惟清口譯原文，由嘉瑞寫成文稿，再一起討論定稿」[97]。

94　關於北苑農場（舊稱北苑新都磚廠，後改為北京市勞動教養收容所，1960-1965年稱北苑化工廠），參見《北京志·政法卷·監獄·勞教志》，頁29、368；吳越，《愛在疼痛時：被改造者的情事1957-1976》（紅旗出版社，2012），頁65。

95　參見錢輝焴，《烙印》（2008），作者自印，頁70。

96　梅娘，《關於〈三角帽子〉》，張泉選編，《梅娘：懷人與紀事》（中央廣播電視大學出版社，2014），頁118。

97　錢輝焴，〈鐵窗下的友誼〉，柳青、侯健飛編，《再見梅娘》（人

　　她還提到，「翻譯組位於教養女隊的院外，一間二十多平米的
長方形屋子。兩排書桌，中間生個爐子。這個組早就成立了，男的
都是因政治問題的服刑人員，年齡較大。我們三人共用一個書桌，
安排在屋子右邊靠牆的一個角落。……我們在翻譯組也就待了幾個
月，此後因農場生產轉型，改為北苑化工廠，我們則回女隊勞動」；
「隨後女隊成立校對組，我和嘉瑞等一大批有文化的教養分子都被
分在校對組。當時校對的書稿也都是文學類的，看來與翻譯組屬於
同一個委託客戶。……校對組原來最高的日定額是八萬字，『放衛
星』時的校對量則要翻番，最高產的一天校對了二十八萬字」[98]。
根據以上說法，北苑農場翻譯組的成立時間並不好推定，但考慮到
北苑農場的主管部門和業務範圍一直在變動，成立時間應該不會太
早，而北苑農場正式改為北苑化工廠的時間是1960年1月，那麼，作
為翻譯組之繼續的校對組很可能也就持續到1959-1960年前後[99]。

　　北苑翻譯組同樣既翻譯資料，也翻譯各類著作，她們主要提到
了一本《三角帽》：「廠長找來一本西方暢銷的文藝小說交翻譯組
譯出放衛星。不與蘇俄的政治搭邊，是西班牙文的《三角帽子》。
吳歐、張心沛各帶一名助手，動手趕譯，很快便交了譯稿。出版社
沒有通過，理由是譯文分段譯就，沒有整體風格。翻譯組便把統一

（續）──────────────

　　　民文學出版社，2014），頁156-157；也參見《烙印》，頁71-72。
　98　錢煇煐，〈鐵窗下的友誼〉，《再見梅娘》，頁158-159；也參見
　　　《烙印》，頁74-75。
　99　關於北苑翻譯組的規模和人員，孫嘉瑞說，「有20多人，有右派也
　　　有犯人，有男也有女」（《懷人與紀事》，頁154）；其中目前可
　　　以確定姓名的有6人，即吳甌（孫嘉瑞誤記為吳歐）、張心沛、孫
　　　嘉瑞、錢煇煐、陳惟清、李仲英（孫嘉瑞說他是「翻譯組的副組長」
　　　「人民大學的學生右派」，《懷人與紀事》，頁119；但錢煇煐記
　　　的名字是「李卓英」，並且說他是「組長」，《烙印》，頁72）。

文字的工作交給了我，（經廠部批准）我可以自由增減變動譯稿：
我就這樣急趕慢趕交了差，也不敢打聽下文。結果是廠部宣布衛星
放成了，翻譯組得了出版社的稿酬，為勞改農場搞了創收」[100]。她
們提到的作品還有：列昂節夫《政治經濟學教程》[101]；「反映拉美
開拓時期的世界文學名著——《綠色地獄》，有人由西班牙文翻譯，
有人用德文版校譯。德文的《人生三部曲》有人由德文翻譯，由我
用日文校譯」[102]。

　　多年後，錢輝熵等人遇到了北苑農場當年的場長陳彬，陳在談
及往事時說：「發揮勞改和勞教人員中有專業特長的人的作用，是
對雙方都有利的事，他的這一計畫當時是得到了北京市公安局馮基
平局長的支持才得以執行，翻譯組、描圖組和北苑化工廠等都是在

---

100 梅娘，《懷人與紀事》，頁118-119。《三角帽：一個根據民間傳
　　說如實記載下來的故事》（亞拉爾孔著，人民文學出版社，1959）
　　的譯者署名為「博園」（無其他此署名的譯著），「北苑」的諧音。
101 應該是指列昂節夫《政治經濟學初級教程》（薛梓祖譯，三聯書店，
　　1962，根據1960年俄文版譯）。如果「薛梓祖」是北苑農場翻譯組
　　的一個化名的話，那麼，他們還譯出了另外一本政治經濟學教科
　　書，即阿特拉斯等主編，《社會主義政治經濟學》（薛梓祖譯，三
　　聯書店，1962，據1960年俄文版譯出）。
102 梅娘，《懷人與紀事》，頁154。所謂《綠色地獄》和《人生三部
　　曲》完全檢索不到任何出版資訊，也許是誤記，更有可能是由於某
　　種原因根本就沒有出版。錢輝熵提到，「當時譯的是一本原書名為
　　《旋風》的拉丁美洲名著，描寫的是南美洲某個國家橡膠工人的生
　　活。此書已譯成俄文，我們再將它從俄文譯成中文，後由人民文學
　　出版社出版」（《烙印》，頁72），但《旋風》也檢索不到任何資
　　訊。另外，依據人民文學出版社流出的一分「書稿品質單」，北苑
　　翻譯組參與了德國作家貝希爾所著《冬戰：莫斯科週邊戰》（1959
　　年）一書的校訂（「書稿品質單」的備註處注明「校者北苑農場」），
　　此書的譯者是南京大學外文系著名學者陳銓，但此時帶著「右派」
　　帽子的他只能使用筆名（金東）。

這一思路下成立起來的」[103]。北苑農場當年的「業務」確實一度頗
為多樣化，除了很快撤銷的翻譯組、校對組和描圖組之外，還有存
在了較長時間、不少美術界人士參與其事的美工組[104]。

如果說北苑農場翻譯組的存在確鑿無疑的話，那麼，清河農場、
團河農場是否存在翻譯組則是一個疑問。清河農場因為「清河翻譯
組」的原因往往被誤認為是翻譯組的「大本營」，這一點我們前面
已經澄清；但複雜的是，在清河農場，確實也存在著類似的翻譯活
動。

留美歸國科學家嚴忠鐸（1915-1972）的哲嗣嚴俊先生曾向筆者
提供資訊（主要來自其母親的轉述）說，嚴忠鐸在1957年以反革命
罪被判刑後進入清河農場勞改，大約一年後被安排到翻譯組，1962
年刑滿釋放後到團河農場「就業」，繼續做翻譯工作直至文革爆發
後被遣送回鄉。

對此，筆者頗感困惑。因為1960年前後，無論是在清河農場還
是在團河農場，精通外語的「三類人員」（勞改、勞教、留場就業）
大有人在，但他們的特長似乎並沒有派上用場[105]；如果那裡確實存
在翻譯組的話，這種情況就無法得到合理的解釋。有個例子特別能

---

103 錢焯煊，《烙印》，頁156。
104 關於描圖組，參見鈕薇娜，《錯位》（2002），作者自印，頁140-143；
　　關於美工組，參見《何燕明文集》（山東美術出版社，2011）中的
　　相關回憶。
105 比如，清河農場當時就關押著像巫寧坤這樣的留美英語教授，還有
　　來自像北京編譯社這樣的機構的多名專職翻譯人員（參見姚小平披
　　露的《死亡右派分子情況調查表》）；團河農場也不乏外語人才（參
　　見從維熙，《我的黑白人生》[生活書店，2014]，頁128），並且
　　按照吳越的說法（《愛在疼痛時》，第194頁），團河農場的各類
　　人員在業餘時間翻譯外文資料會被視為對抗改造的舉動。

夠說明問題：中央電影局藝術委員會研究室的翻譯富瀾在1962年3
月被解除勞動教養後在清河農場留場就業，他在1963年翻譯並出版
了一本專業圖書弗雷里赫的《銀幕的劇作》，「我利用午休和晚上
的時間，用了20多天把這本書譯出，化名出版」，這項工作當然必
須得到有關部門許可，但前後的情形表明，他是通過私人的管道而
非翻譯組的方式進行翻譯的；而從他後來（1964年）調入北京公安
學校外語班任教員來看，公安部門顯然是非常了解其外語才能的
106。

　　回到嚴忠鐸的例子上來，筆者傾向於認為，嚴忠鐸長期從事相
關的翻譯工作，並不能說明在清河農場和團河農場存在過獨立的翻
譯組。嚴俊先生告知，嚴忠鐸翻譯的都是無線電、自動化、電子電
腦等工程技術文獻，涉及國防機密，語種以德文、法文為主，而且
還與另外一位專家、清華大學物理學教授和「右派」徐璋本
（1911-1988）相互校訂（徐璋本當時關押在北京市監獄，嚴忠鐸是
通過譯稿上的簽名得知徐的；他沒有提到過其他翻譯人員，翻譯好
的資料直接由上級取走）。因此，這更有可能是一種特殊的安排107；

---

106 參見〈富瀾訪談錄〉，《銀海浮槎（學人卷）》（民族出版社，2011），
　　頁95-96；《馮基平傳》，頁203。
107 嚴俊先生從他母親那裡證實，「父親來信說農場安排他到翻譯組
　　了」。她甚至猜測，嚴忠鐸進入翻譯組可能與她給周恩來寫過信有
　　關。本文初稿完成後，嚴先生又轉來兩封嚴忠鐸在1967年從團河農
　　場寄出的信件，其中提到：「去年文化大革命開始後，所在生產機
　　構變動，翻譯組撤銷，暫調農場工作」（1月20日──1962年下半
　　年刑滿後留場就業的嚴忠鐸已隨大批右派從清河農場轉移到團河
　　農場，但與他們並不屬於同一生產單位，因此，此處「暫調農場工
　　作」應該理解為後一封信中所說「現在農場是從事田間勞動」）；
　　「去年六月底因原來生產單位改變，翻譯組撤銷」（9月16日），
　　由此可以確證北京市監獄系統的翻譯組一直持續到了1966年6月。

雖然如此頗費周折的工作安排仍有不好理解之處，但確定無疑的
是，這些活動都是由北京市公安局統一調度的，完全可以將其視為
清河翻譯組的擴展或延伸[108]。

2. 提籃橋監獄翻譯組和秦城監獄翻譯組

除了北京市的公安—監獄系統之外，翻譯組作為一種獨特的勞
動改造經驗也在其他省市的公安—監獄系統甚至秦城監獄裡推廣。
根據筆者目前掌握的資料，在1950-1960年代，起碼上海、天津、新
疆的監獄系統都曾設有翻譯組[109]。這裡只說一說上海提籃橋監獄和
秦城監獄的翻譯組。

上海提籃橋監獄翻譯組的情況，因為一位後來擔任過上海文史
研究館館員的老報人沈立行的記述而為人所知，他在《我的鐵窗生
涯》一書中記載了他在1958年正式入獄後在提籃橋監獄中的見聞。
他提到，監獄的管教科和一處工廠的技術科各設一個資料翻譯組，
有英、日、法、德、俄和西班牙語等語種；他記述的翻譯組成員都
是汪偽漢奸：章克（偽宣傳部次長）、陳春圃（偽行政院秘書長）、

(續)————————————
　　周光淦先生在訪談中否認徐璋本屬於獄中翻譯組，也可以說明，他
　　們的翻譯活動或許是一種特殊安排。
108 本文初稿完成後，筆者搜索到一分流散出的天主教神父宋靜山
　　（1917-1990）的檔案頁，該件稱宋靜山在1957年底被送到清河農
　　場勞教兩年（又稱：「在北京市公安局作翻譯二年」），解除勞教
　　後調入植物研究所和北京編譯社。依據這些簡短的資訊，我們仍然
　　無從推斷其具體情形到底如何。
109 關於天津監獄系統的翻譯隊，參見肖荻，《起落人生》（中國文聯
　　出版社，2003），頁40（天津機器製造學校「右派」教師周德慧的
　　履歷也有所揭示，參見《燕京大學1945-1951級校友紀念刊》，頁
　　467）；關於新疆第一監獄的翻譯組，參見李樺，《西部歌王：王
　　洛賓大寫真》（中國文聯出版公司，1992），頁126。

顧葆衡（偽糧食部長）、郭秀峰（偽最高國防會議秘書長、偽宣傳部次長）、馬嘯天（偽政治警察署署長、偽憲兵副司令）[110]。翻譯組裡也有其他類型的犯人，沈立行自己就說過，「組長是個托派分子」，但沒有提到他的名字，應該是指1952年入獄（1955年被判刑）的杜畏之（杜滄白）[111]。

　　無論是沈立行的記述，還是相關的回憶都表明，提籃橋監獄翻譯組翻譯的主要是科技資料。杜畏之自述：「我因『托派』歷史罪被判處無期徒刑。先後囚禁在上海提籃橋監獄和北京秦城監獄。在獄中。根據法文、俄文、英文、波蘭文、捷克文、羅馬尼亞文、西班牙文翻譯科普著作及論文，共50餘萬字。入獄前，我只會英、法、德、西班牙、義大利等六種外文，在監獄中，我又學習了波蘭、捷克、羅馬尼亞、南斯拉夫等四國文字。歐洲其他國家的文字，多是大同小異，也大體可以弄通。故到秦城監獄後，獄方指定我為翻譯組組長，下屬幾位組員，在監獄中專門從事翻譯工作。中央有關部門有些翻譯不出的材料，有時也拿到我那裡，請我幫助翻譯」[112]。

　　1963年初，公安部從全國各地監獄調集24人到秦城監獄成立翻譯組[113]。上海方面調入的有金魯賢（天主教神父，後來出任主教）、

---

110 參見沈立行，《我的鐵窗生涯》（上海三聯書店，1998），頁119-136（其中部分人物的偽職有修正）。

111 「據與他同為托派難友的王國龍、周仁生回憶：杜畏之在提籃橋擔任了犯人中的翻譯組組長，主要翻譯科技資料，甚至包括進口的機器設備的說明書」（吳基民，《煉獄：中國托派的苦難與奮鬥》[新加坡：八方文化創作室，2008]，頁136）。

112 杜畏之，《浪跡江湖話平生》，《河南文史資料》，1993年第4輯（總第48輯），頁188。

113 關於秦城監獄翻譯組的情形，主要參見《金魯賢回憶錄上卷：絕處逢生1916-1982》（以下簡稱《回憶錄上卷》）（香港大學出版社，

章克[114]、杜畏之[115]、張蔭桐（復旦大學歷史系教授）[116]、方煥如
（脫黨附逆人員）[117]、章民泰（上海動力學校講師）[118]、高某某（軍
統特務）[119]等七人；其中，章克、杜畏之在提籃橋監獄即是翻譯組
成員，而金魯賢等人在提籃橋監獄是否是翻譯組成員不得而知。

　　金魯賢寫秦城監獄翻譯組其餘人員的大致情況如下：「翻譯組
的人員除了幾人是從戰犯中轉來，大都是從全國各省的監獄押來
的。天津來的有刁培樹，基督徒，他的牧師送他去英國留學，回國
後在學校內教英文。東北來的有王鐵城、王鐵梅，通日語，日寇占
領東北時，王鐵梅曾是日軍翻譯官。武漢來的有熊壽農（日語）[120]、

（續）─────────────────

　　　2013），頁154以次。
114 關於章克（1911-1990），參見強劍衷，《章克主辦〈大公〉週刊內
　　　幕》，《山東文史資料選輯》第32輯（山東人民出版社，1992）（「解
　　　放後在中共中央聯絡局工作，後調上海財經學院任教，1955年5月，
　　　曾因所謂潘漢年案被捕，在長達18年的監禁中，專心從事翻譯工
　　　作，從原子彈、氫彈、鐳射、積體電路、電子電腦到機器人，翻譯
　　　了180多萬字的科技資料」，頁136）；金魯賢對他的記述，參見《回
　　　憶錄上卷》，頁152-153。
115 關於杜畏之（1906-1992），參見其自敘，《浪跡江湖話平生》；金
　　　魯賢對他的記述，參見《回憶錄上卷》，頁153。
116 關於張蔭桐（1917-1998），參見《無錫名人辭典（三編）》（上海
　　　科學技術文獻出版社，1994），頁130-131；金魯賢對他的記述，
　　　參見《回憶錄上卷》，頁137。
117 金魯賢對他的記述，參見《回憶錄上卷》，頁154-155。
118 關於章民泰，參見葉思九，《生死沉浮》（香港華夏文化出版公司，
　　　2005），頁86；金魯賢對他的記述，參見《回憶錄上卷》，頁155。
119 文革爆發後翻譯組全體人員從秦城監獄轉移到撫順戰犯管理所，
　　　1973年又重返秦城。查對《遼寧省志·公安志》（遼寧科學技術出
　　　版社，1999），頁457-458記載的1973年轉移人員名單，可以確定
　　　此人叫高鼎伊。
120 熊壽農（1910-1979），畢業於日本帝國大學，歸國後曾任武昌中華

張知田，他聲稱自己是留美歸國的，後來知道他曾是國民黨派往美國培訓的空軍人員，日本投降後終止學習回國，事實證明他不能翻譯，只能作抄寫工。廣州來的有姓林的，自說精通英語，他翻譯的都不能用，也只能作抄寫工。我們共24人，分日文、俄文、英文、法德文四組，我分在法德文組內。有幾名從已關押在秦城的戰犯中調來，譯俄文的有孫靜工，他曾是共產黨員，王明手下的大將，專搞青年工作，所以取名為靜工，他被捕後叛黨，得到蔣介石的賞賜，任命他為財政部的司長[121]。另一人姓朱，我忘記他的名字，是王明的同鄉，做到當時共產黨的政治局委員，被捕後就在押解的汽車上出賣了共產黨的秘密[122]。德文組內有兩名戰犯，一位姓劉，原是國民黨蘭州市和廈門市的警察局長，他的德文相當好。……另一個人姓吳，曾是國民黨陸軍大學的德文翻譯，他的譯文，我校對過，發現此人翻譯水準很低。」[123]此外，金魯賢還提到了兩名翻譯組成員

(續)————————————

大學教授。參見《黃岡教育名人傳錄》（世界圖書出版廣東有限公司，2013），頁213。

121 孫靜工（1908-1992），曾任國民黨甘肅省民政廳廳長、財政部地方財政司司長，晚年為上海文史研究館館員。《中國翻譯詞典》有辭條（頁638）。

122 根據描述來看，此人應為李竹聲（1903-1978），《中國共產黨歷屆中央委員大辭典1921-2003》有傳（中共黨史出版社，2004，頁386：「1948年底至1951年3月任上海中華書局、作家書屋俄文編譯。1951年3月因犯反革命罪被上海市公安局逮捕，後在北京秦城監獄關押」）。

123 金魯賢，《回憶錄上卷》，頁155-156。比對撫順戰犯管理所1973年轉移人員名單，作者這裡可能有誤記：國民黨廈門市警察局局長為沈覲康（金魯賢誤記為姓劉，可能是與資訊不詳的「劉春亨」弄混淆了），國民黨陸軍大學吳姓翻譯為吳國賓（國民黨國防部史政局簡三階編審官）。

單家祥[124]和張嘯虎[125]。據此，我們可以確定秦城監獄翻譯組24人中有名有姓者18人，另有1人有姓（林）無名，其餘5人的情況完全不詳。

關於秦城監獄在1963年初組建翻譯組的背景，金魯賢沒有提及。有人推斷是由於當時中蘇兩黨大論戰，有大量的文獻資料需要翻譯，卻又缺乏翻譯人才，所以才設立此翻譯組[126]；這個說法有一定的道理，但惜乎所有的當事人都沒有提到他們翻譯的題材和內容。比如，金魯賢只是說「我們每天8小時做翻譯工作，其餘時間自由支配，我向王鐵梅學習日文，單家祥、章民泰分別向我學習德文和法文」[127]。又如，章民泰向人轉述，「在上海提藍橋監獄服刑至1964年初，中央公安部從全國的各大城市監獄中，挑選具有大學、留學資歷，又有各國外語水準的犯人，轉押到北京秦城監獄，在那

---

124 《河南省文史研究館館員事略（1953-2006）》（河南省文史研究館，2006），頁207-209有傳。單家祥（1930- ），東北工學院「右派」大學生，「在漫長的囚禁十多年中，先後被送至秦城監獄、公安部看守所、撫順戰犯管理所等處，進行勞教，同時又指令從事外文翻譯，包括俄、英、德、法等文，前後十多年，譯文百多萬字；部分譯文曾由科技情報研究所出版」。1975年調新鄉消防機械廠工作，1979年改正平反，1994年被聘為河南省文史研究館館員。

125 《中國文學家辭典（現代第5分冊）》（四川文藝出版社，1992），頁421-423有傳。張嘯虎（1924-1991），復旦大學新聞系畢業，曾任遼寧人民廣播電台記者、編輯。「1957年錯劃為「右派」，翌年打成反革命，刑期十五年。關押期間，從事外文翻譯，通德、英，法三種文字，為國家譯出各種內部資料百餘萬字。1973年春釋放，在公安部留作翻譯兩年餘，後遭送武漢，曾作臨時搬運工又兩年多。後得改正平反，沉冤昭雪。1979年夏，到湖北省社會科學院工作」。

126 參見吳基民，《煉獄：中國托派的苦難與奮鬥》，頁136-137。

127 金魯賢，《回憶錄上卷》，頁158。

裡成立了翻譯組，有幾十個人，從事公安部交來的外文檔資料的翻譯工作。……向『同犯』處學習了各國語言文字」[128]。

　　文革爆發後，翻譯組停止翻譯工作，其成員在1967年同絕大部分戰犯一起被轉移到撫順戰犯管理所；直到1973年夏，秦城監獄恢復翻譯組，大部分成員被接回，「沒有真正外文水準的留撫順，如張知田、刁培樹、熊壽農和林XX」[129]；但到了1975年，形勢又趨緊張，翻譯組中已經刑滿留場就業的5人（金魯賢、章克、張嘯虎、單家祥、王鐵梅）被遣散回鄉，獄中翻譯組的業務終止。

3. 監獄翻譯組的餘緒

　　非常有趣的是，改革開放後，公安部在1979年初指定河北省公安廳籌建翻譯公司，先是從河北省勞改單位抽調人員，後又從全國監獄系統抽調人員，在河北省第一監獄成立了「京安翻譯公司」[130]。當年江西某勞改農場的一位後來轉業到新聞行業的「管教戰士」回憶說，「1979年冬，國家公安部借河北省監獄（設在保定市）辦了一個『京安翻譯公司』」，在全國監所範圍內抽調懂外語的囚犯，集

---

128 葉思九，《生死沉浮》，頁86（文中1964年初應為1963年初）。

129 金魯賢，《回憶錄上卷》，頁166。

130 參見《河北省志・第29卷・監獄志》（中國對外翻譯出版公司，2002），頁559-561。這一舉措的具體背景應該是1979年3月24日最高人民法院、國家科委、國家計委、民政部、國家勞動總局、公安部關於貫徹國務院批准的〈關於勞改犯、勞教分子、留場就業人員中科技、外語人員處理問題的請示報告〉的聯合通知。公安部在1979年11月28日的請示報告中明確建議：「公安部成立翻譯公司，組織正在勞教和服刑的外語人員，採取分區定點的辦法，承擔外文資料的翻譯」。參見河南省人事局編，《人事工作文件選編》（下）（1983），頁5-8。

中起來翻譯一些國外資料和文學作品，算是改革春風初漸的開先河之舉吧！」[131]他肯定沒有想到，此舉並非「開先河」而是「老傳統」。

金魯賢這樣的前秦城監獄翻譯組業務骨幹自然不會被遺忘，1979年5月他接受有關人員的面試，8月被從河南新鄉的就業單位送到了河北省第一監獄。借助金魯賢的回憶，我們得到這樣一個名單：宋天嬰（1929-1993，基督教徒）[132]、周炳綿（「輔仁大學外語系畢業」）、林信平（1933- ，台灣人）[133]、策紹明（「混血兒，會法語」）[134]、陳仕良（「會法語」）、陳煥章（唐山人，「曾是修士，念過哲學會法文」）、王驥良（「會德文，他的父親曾是汪偽的和平軍軍長」）[135]、沈保義（1923-2013，天主教徒，曾任龔品梅主教的秘書）、施耀第（他和沈保義由青海調入）、薛姓基督徒夫婦、

---

131 阿丹，〈「解差」憶趣〉，《龍門陣》，2004年第7期，頁69。作者繼續寫道：「我工作所在的監獄應命在勞改犯中選調了兩名50年代大學外語系的講師」，他們都出過國留過洋。其中一位「外語人才」就姓彭，恰好可以與金魯賢的名單對上。

132 關於她的簡況，參見《失而復得的日記：宋尚節日記摘抄》（團結出版社，2011），頁437。

133 關於他的簡況，參見《中國人民政治協商會議第九屆全國委員會委員名錄》（文化教育出版社，1999），頁419。

134 他應該是輔仁大學西語系1942級學生（輔仁大學校友會編，《輔仁大學校友名錄》[1985]，頁37），曾任北平市警察局外事巡官，是沈崇事件的見證人之一。有人提到他說，「白種人長相，膚白、高大、黃髮、碧眼、隆鼻。一口老北京話。他是蒙古王公的後人，世居京城。曾是廣播電台的法語播音員，在第一監獄服刑時在翻譯組。據他說各語種什麼人才都有，文史哲、理工，什麼書都譯」（潘恭，〈康殷年表中的忌諱〉，《粵海風》，2008年第4期，頁35）。

135 經全如城先生確認，此人應該叫王稷良，北京大學畢業，在清河翻譯組屬於德語組，他平反改正後去了廣州，其父是1930年代北平轟動一時的箱屍案主犯王化一。

姓毛的、姓白的（「會日文」）、姓沈姓錢的夫婦、姓彭的（「帶
有妻女」）、姓徐的、姓趙的、姓謝的（「解放前作證券生意，後
來深圳開股市」），「總共有24人」（以上名單加上金魯賢本人，
共計20人）[136]。我們注意到，在這個名單上，除了已經刑滿就業的
金魯賢此前曾參加過秦城監獄翻譯組之外，起碼有策紹明、陳煥章、
王稷良曾是清河翻譯組成員；在此名單之外，我們還獲悉，清河翻
譯組的周光淦、方思讓等人也被調入京安翻譯公司。

　　翻譯公司在管理上，「分成日文、俄文、英文、法德文四組，
每組有一小組長，我是法德文的小組長，我自己不翻譯，做審核工
作，譯出稿件出差錯，審稿者負責」；「公安部派了一個名叫鄒遠
的副處長來管理我們」，「他身在北京，每10天來保定，向我們作
長篇訓話」[137]。在具體業務上，20世紀70年代末80年代初，「外文
人才奇缺，我也借出去作德文翻譯。冶金部在保定的分公司所屬的
航空遙測廠，向德國訂購了一套航空探測地下的儀器，由德國派技
術員來安裝。整個保定市沒有一個人懂德語，該站向翻譯公司把我
借了去當翻譯」；「後來我借到位於保定的河北大學教法語，沈保
義則借到河北省博物館整理河北獻縣教區的檔案，……以後，沈保
義和陳仕良被借到滿城直升飛機製造廠，去翻譯從法國進口的黃峰
牌直升飛機的說明書」[138]。顯然，京安翻譯公司的業務幾乎完全限
於科技領域。

　　經過統戰部門的持久動員，金魯賢終於在1982年6月離開保定回

---

136 參見金魯賢，《回憶錄上卷》，頁174-178。他還提到一位天主教神
　　父師恩祥（1923-2015），此人應該也在翻譯公司。翻譯公司的成
　　員何以有如此之多的天主教和基督教教徒，原因不得而知。
137 金魯賢，《回憶錄上卷》，頁175。
138 金魯賢，《回憶錄上卷》，頁176。

到上海，後來又榮任主教。1983年6月，公安部將京安翻譯公司移交
給地方，由河北省第一監獄接管[139]。參與其事的其他人員隨著時勢
變遷，也風流雲散：幾位堅貞頑固的教徒在返回原籍後，繼續講經
傳道；林信平等人成立了實業開發公司，搖身一變成了總經理、董
事長、工商聯常委、全國政協委員；最有趣的是周光淦，這位奇人
怪才居然又重拾舊業，搞起了發明創造，還申請了好幾項專利，並
最終平反回到北京[140]。京安翻譯公司的業務後來大概又延續了一段
時間，但肯定沒有維持到1990年代[141]；無論從哪個方面說，那都已
經是一個新的時代了[142]。

　　　　　　2017年下半年起稿，2018年元月初稿，11月定稿

　訓練，中國大陸學者。

---

139 參見《河北省志・第29卷・監獄志》，頁561。

140 《黃炎培日記》記載：1951年4月30日：「清華大學研究生周光淦
　　發明一種自水筆，來談，請顧伯威接談」（《黃炎培日記・第11卷・
　　1950.1-1952.5》［華文出版社，2012］，頁175）；有人在控訴資產
　　階級社會學時提到：「有一個研究生叫做周光淦，這個傢伙就是在
　　潘光旦指導下，不去研究社會科學，卻狂妄地企圖要推翻辨證唯物
　　論，在研究什麼宇宙線。這個傢伙以後便變成了反革命分子，現在
　　還在勞動改造」（《反對資產階級社會科學復辟》，第2輯，科學
　　出版社，1958，頁197）。查中國專利全文資料庫（知網版），周
　　光淦在其發明專利的申請資訊中填寫的位址，1987年5月還是「河
　　北省保定市前衛路京安翻譯公司」，但到了1990年6月已經改為北
　　京，其後更是明確為中央民族學院，看來是終於落實政策了。

141 在地方層面，上海市監獄在1985年5月創辦了翻譯室，並一直存續
　　到了1990年代。參見《上海監獄志》（上海社會科學院出版社，
　　2003），頁938；《上海改革開放二十年・政法卷》（上海人民出
　　版社，1998），頁714。

142 本文的簡稿〈被遺忘了半個世紀的翻譯精英：清河翻譯組的故事〉
　　刊發於《南方週末》2018年4月19日C25版。

思想訪談

杜贊奇教授（左）、姚新勇（右）

超越狹隘，重建價值，共渡人類危機：
杜贊奇教授訪談錄

姚新勇

2018年2月，有幸訪學美國杜克大學，當地時間2月14日下午，承蒙杜贊奇教授慨允，我在他的辦公室對他進行了訪談。

杜克大學的校園很有特色，西校區整體為歐洲城堡風格，高大、氣派、寬敞，那裡的圖書館、飯堂給人的印象尤為衝擊，寬敞、氣派、現代。而東校區的建築格局有歐洲皇家林園風格，其主體部分的結構與德國波茨坦附近的「忘憂宮」一進去的部分有幾分相像。東區的圖書館小巧精緻，像是縮小版的藝術宮，置身於其間閱讀，頗有在歐洲皇家宮廷批閱奏摺的感覺。然而，與此形成對照的是，東區教授的辦公室卻顯得狹小，甚至寒酸。比如說詹明信教授的辦公室就是一個房間隔成了兩部分的結構，外側助手房間，雖然說不上大，但由於窗戶和玻璃隔斷的緣故，卻也明亮，不顯得很狹小。而裡側詹明信教授的房間有點像是隔成的儲物間，好像連窗戶都沒有。但這狹小的辦公室卻有兩個大神壓陣，一是身形魁梧的詹明信教授，另一個馬克思的美髯標準照，它就貼在正對門的牆上，任何人一打開門，就會被那炯炯目光直射，更加重了這個辦公室的狹小、壓抑乃至威嚴感。

杜贊奇教授也大名鼎鼎，他的辦公室也不大，但沒有隔成兩間，大約為四方型，顯得明亮、隨意，恰與杜贊奇教授的和藹可親

相得益彰。我的英文水準有限，不過由於事先準備比較充分，所談
的話題也較為熟悉，杜贊奇教授又懂中文，加上同去的邱婧博士的
幫助，訪談總體進行得比較順利，也比較深入。

　　整個訪談持續了一個半小時，整理稿去除了原先口語表達所造
成的重複，對過於口語化的表述，進行了一定的書面性處理，個別
幾處語句的順序，也做了調整，杜贊奇教授審定了部分英漢對照稿，
並解答了我的幾處疑惑。

　　　　　　　　　　　　　　　　　——姚新勇，2018年4月

　　姚新勇（以下簡稱姚）：杜贊奇教授，您好！非常感謝您抽出
時間來接受我的拜訪。
　　杜贊奇（以下簡稱杜）：姚教授，您好！很高興有機會與你交
流。你可以介紹一下自己嗎？
　　姚：我來自中國暨南大學，畢業於南京大學。
　　杜：噢，南大。
　　姚：是的。我所學的專業是中國現代文學，但是我出生在新
疆⋯⋯
　　杜：你是維吾爾人嗎？
　　姚：不是，我是漢族，但我生長在新疆，離開新疆去口裡之前，
我在那裡生活了35年。大約在20年前，我發現新疆的情況不大正常，
於是開始關注它，並且萌生關注中國族群關係的念頭。但由於我是
教授中國文學的，無法直接研究中國族群關係，於是轉向去研究中
國的少數民族文學，想通過這方面的研究同時觀察中國的民族關係。
　　杜贊奇教授，您是傑出的中國及東亞現代史研究學者，對現代
中國歷史中的民族、國家、文化之間的關係、國家權力與地方社會

之間的關係等方面的研究卓有成績。我想借今天的機會，向您請教。

　　杜：好的。

　　姚：杜贊奇教授，您知道近年來新清史研究在中國產生了相當的影響，但一些中國學者認為它過於重視「清」而忽視「中國」。我發現您的研究與新清史有一定的聯繫，我想知道您對新清史的看法，以及您在基本立場上與它有何異同。

　　杜：我不是很了解新清史的研究，不過也讀過一些，比如說歐立德、羅友枝、柯嬌燕等人的著作。至於說對它的看法嘛？我認為他們的觀點有合理之處。在清帝國的早期，它的確是由不同的部分構成的，所以必須分開來看待它們，但是到19世紀末期後，隨著帝國主義的入侵，人們越來越把中國作為一個整體來看待了。

　　姚：是的。比如說中原、回疆、西藏、蒙古地區等。

　　杜：還有滿洲。你知道，清統治中國後，很長時間漢人都不允許越過榆關，只有滿洲人才能去，所以新清史研究者們會產生那樣的看法。但到了19世紀末期，他們就開始把清帝國視為一個整體了。但是在1911年辛亥革命前，出現了一股非常強大的力量，推動著蒙古、維吾爾、西藏擁有了某種程度的自治。許多滿洲人、激進分子以及某些中國政府的官員認為，他們不是一個國家，而是一個聯邦。起初這股思潮挺強，但革命沒有認真對待它。所以，我認為新清史不無道理，但在19和20世紀，中國作為一個國家就變得更重要了。

　　姚：那這意味著什麼？我們可以說這是一種特殊的中國傳統嗎？

　　杜：是的。從1911年開始，「五族共和」是一個重要的發展，這是世界範圍內除瑞典外的最早的聯邦制的觀念。這的確是某種中國的傳統，我認為今天中國的許多問題就與此有關，而且可以使用

這一觀念給予自治權，形成一個部分程度的聯邦國家。是吧？

　　姚：嗯，這就是所謂的「複線的歷史」吧？

　　杜：是的。

　　姚：杜贊奇教授，您知道西方與中國的左派都重視毛時代的遺產，但是許多人認為：中國左派只強調資本的罪惡，而忽視資本與國家權力的結合；而西方左派則視中國為僅存的可與資本主義相抗衡的社會主義國家，但他們卻無視中國真實的情況，諸如高度的集權，比市場資本主義還要嚴重的剝削。您的觀點如何？

　　杜：我認為西方左派很了解中國的資本主義化，而且我覺得中國仍然有一些社會主義的理念與政策。中國解決了那麼多的窮困人口問題，這至少是社會主義的貢獻，是吧？至少到目前為止，從社會成就的角度出發來看，中國做得相當不錯。與其他的一些地方相比，中國的貧困水準相當低。所以中國的社會主義歷史是非常重要的，在這點上，我同意西方左派的看法。當然，中國也相當的資本主義，而且尤為嚴重的部分是對待環境的態度。中國太過於利用自然資源來推進資本密集性的發展，這是一個大問題。另外，中國的窮人是少了，但社會也更不公平了，更資本主義化了。不錯，現在的中國既有非常富的人和非常大的公司，也有普通人，但是沒有人再挨餓，不再有非常貧窮的人，而這在過去是相當嚴重的問題。現在中國所面臨的新問題是環境問題。

　　姚：環境與公平的問題。

　　杜：公平問題是存在的，而且還有地區性的不公平，比如西藏和其他地方。但是你知道這並非中國特有的現象，每個國家都有。所以我基本同意已故著名學者喬萬尼·阿瑞吉的看法。他在《亞當·斯密在北京》一書中寫到，「上帝的資本主義」在中國死了，但是

資本主義也減少了中國貧窮，提高了人們的生活水準。中國在減少窮困人口方面，比世界其他地區做得要好得多，無論是發展中國家，還是發達國家。

　　姚：總體而言，我同意您的看法。您出生於印度，中國有些自由派人士認為，雖然印度比中國窮，但它可能比中國好。印度的民主制度、公民社會都比中國發達，地方力量可以更好地掌握自己的命運，所以印度應該有更好的未來。

　　杜：但印度比中國貧困多了。印度有比中國更多的窮人，而且也有許多不公平。

　　姚：是的，甚至還存在種姓制。

　　杜：所以印度有印度的問題。不過說到公民社會，它的確比中國好。中國的公民社會太欠發展，而且環境問題也可能更嚴重。中國無論是在內在外，都消耗了太多的自然資源，這在世界上是一個大問題。

　　姚：杜贊奇教授，前些年，您多次批評了中國民族主義的興起。您認為由於中國政府失去了對民族主義的控制，它變得更加大眾化了，所以中國民族主義已經沒有了正面價值。情況真的仍然如此嗎？您的看法如何[1]？

　　杜：我是很早之前做的這種判斷，大概是在2004或05年吧。你知道那時上海發生了反日運動，所以我們可以把它稱之為市民或大

1　可參閱下面兩篇訪談：張仲明訪談杜贊奇，〈杜贊奇：中國民族主義已喪失了進步和解放功能〉，「人文與社會」網站，2010年12月15日，http://wen.org.cn/modules/article/view.article.php?article=2259；劉榮訪談杜贊奇，〈杜贊奇：中國的民族主義比五年前表現得更為突出〉，《鳳凰週刊》2015年10月，總第559期。

眾運動，即「大眾民族主義」，而非政府運動。

姚：那現在情況仍然是如此嗎？

杜：不，現在情況已經變了。我認為在新一屆領導人的統治下，中國的國家民族主義變得更嚴重了。他所引導的國家民族主義主要是針對南海的情況，我們可以看到南海的強力的軍事介入，如果不是因為這樣的話，現在的中國民族主義可能並不很糟糕，應該比前些年的「大眾民族主義」好。但是問題是，我認為現在的中國民族主義不再由中國「政府」所單獨主導，或許現在是由「軍隊」和「政府」同時來掌控吧。

姚：那麼未來將會如何呢？如果中國政府[2]可以掌控並引領民族主義，它會變得更好還是更糟？

杜：如果是政府引導而非大眾民族主義嗎？這很難說。大眾民族主義，比如像排外的義和拳運動，很難控制，所以從這個角度來說，我認為政府民族主義從短期來看可能不錯，因為政府是單一因素。但是如果當政府不是單一因素而成了雙重因素時，即軍隊和政府雙重性時，可能就未必，因為那樣的話，「政府民族主義」就有可能變成或擁有更多的「軍事民族主義」的色彩。所以從長期來看，如果中國想在國際上扮演更重要的角色的話，就必須控制政府民族主義和軍事民族主義。如果中國有意成為一個國際強權的話，實踐中就必須尊重它國。現在的情況與19世紀甚至1950-60年代的美國都不同，那時的美國可以到別國炫耀武力。但現在的情況已經不同了，

2　請注意，姚新勇一直是按中國大陸的習慣籠統地使用「中國政府」一詞，並無區分「黨政軍」的考慮；而杜贊奇這裡上下文的回答，則顯然是從「政府（government）」內部不同力量的構成角度來看問題的，這既可能表明他的觀察更為細緻，但可能也與美國文化背景有關。

中國要想這樣做，就不容易了。

姚：您所談的只是中國與其他國家的關係，但在中國內部也存在民族主義的麻煩。2009年新疆「七‧五」悲劇爆發時，我感到非常的難過，當天就開了一個博客，試圖在漢與維吾爾之間搭建橋樑。我寫了不少博客文章，並轉載了許多文章，各種觀點的都有。我想把自己的博客建設成為一個理性地表達思考與情感的空間。經過一段時間的努力，我的博客產生了不小的影響，甚至一些國外學者和記者都注意到了它。但是大約在兩年前，它被關閉了。我發現與此同時，許多比較理性的博客都被關閉，剩下的多是一些非理性的博客。

杜：維吾爾那邊的情況呢？那邊的民族主義也是如此嗎？

姚：您是指？

杜：維吾爾民族主義和漢民族主義。

姚：嗯，實際上，維吾爾民族主義變得沉寂了，但是回和大漢民族主義經常圍繞著「清真」問題相互糾纏。漢民族主義者認為，從1949年以來，中國政府就對漢族不平等，於是他們就竭力去發現、尋找一些所謂的不平等的現象。比如……

杜：那回族的情況如何呢？

姚：不大一致。有的激烈，有的中性，不過總體而言回族表達觀點不是很容易。但無論如何，網路中所表現出的回漢的關係越來越糟糕。總體而言，相關現象的出現是自發的，但也不能排除來自政府方面的非直接的影響，這至少與非理性的漢或國家民族主義的網路言論較少受到控制有關。像我這樣的人，現在想通過網路表達意見，變得越來越困難。所以如果政府可以掌控民族主義的話，情況是否會更好，並不好說。

　　杜：我也不認為這種現象可取。我想這是因為新一屆領導人強化了控制。大約在十幾年之前，1990年代後期到幾年前，中國的公民社會有了一些發展，有許多NGO組織，但是現在它們大部分被關閉了。

　　嗯，你的博客是比較成功的嗎？

　　姚：是的。

　　杜：這真的太糟糕了，需要更多的像你這樣的人。這太……不過，有的時候情況就是這樣的。

　　姚：我不是只站在國家一邊或維吾爾人的一邊，而是想儘量站在客觀、公正的立場上去觀察和思考。

　　杜贊奇教授，您以複線的歷史或多樣的民族主義揭示而聞名，那您是否了解當下中國民族主義也是複線的、多樣的？比如說中國少數族裔民族主義，早自1980年代初就開始復興，到1990年代後，更為普遍化。雖然相關言說是複雜、多樣的，但在根本上都持民族本位立場，強調本民族的獨特性、本真性和主體性。不知您是否了解相關情況，您怎樣定位看待它們？

　　杜：嗯，我認為這是一個全球問題。全球資本主義製造了許多觀念。有的人變得更富有，有的地區變得更富，婦女們也更為強調自己的權力……國家一度想把所有的東西都全球化。而現在它們又變得非常民族主義，害怕全球化，認為全球化很糟糕。我認為在中國，在1950或60年代，少數族群中的中產階級擁有更多的自由，在新疆和西藏，他們可以更多地表達自己的觀點。如果說在1950年代，他們的言論表達自由更多，但並沒有實現真正的聯邦制度，是吧？我認為在某種程度上，少數族裔的利益沒有得到足夠的關注，特別是在人口方面。他們的人數越來越少，漢族人口變得越來越多。

　　姚：實際上新中國以來的少數民族人口是不斷增加的，西藏、

新疆也是如此。也就是說，在新疆和西藏，維吾爾、藏族的絕對人口數增長得很多，降低的是平均人口比例，當地漢族的人口平均數有了很大的增長。

　　杜：或許在大城市，比如像拉薩或烏魯木齊，漢族的人口高於藏或維，所以藏族或維吾爾族感受到這點。當然民族主義是可自我擴展的，但我認為中國政府可以對一些特殊的需求做出更多的回應。我不知道如何使民族主義降低，但必須設法弱化民族主義。你知道，現在印度在喀什米爾地區，也面臨同樣的麻煩，八十年代的情況就是如此。1980年代整個印度的民族主義運動就開始於喀什米爾，問題就在於印度政府往那個地方派了越來越多的軍隊，情況也變得越來越糟糕。當然，喀什米爾也有許多伊斯蘭原教旨主義者，新疆的情況也是如此，儘管我並不清楚具體究竟有多麼嚴重。這是一個難題，一個很難解決的問題，但是我認為軍事手段不是唯一的手段。還需要更好的經濟發展，要設法使當地的少數民族富裕，增加他們的經濟收入，家庭的和社群的，而不只是人口增加，家庭規模擴大等。當然中國政府是這樣努力了，同樣也使用了軍事和其他手段，是經濟、軍事手段兩種並重。有時軍事手段強點，有時經濟手段強些。結果究竟會怎樣，還要再看。

　　姚：您認為主要原因是經濟發展不平衡，所以您不同意一些西方學者的觀點，比如說杜磊、米華健等人的觀點？他們認為中國少數民族問題的主要原因是政府的高壓。我認為這種看法有些簡單化了。

　　杜：這只是一方面。實際是兩方面的，一是軍事和人口原因，另一方面是經濟，應該軍事手段少點，經濟手段多些。

　　姚：大約在一個月前吧，米華健教授發表了一篇文章，指出在中國政府的控制下，新疆的情況變得越來越糟了。但是有人認為主

要問題不是來自政府，而是來自極端主義……

　　杜：但是政府必須為此負責。你越使用軍事手段，反抗就越大，如果政府不從原因上解決問題，那麼個體性的暴力、反抗就會越多，是這樣吧？所以或許政府應該承擔主要責任。請問，在1970年代沒有這樣的問題吧？

　　姚：在某種意義上說，類似的問題過去也存在，只不過一是由於控制較嚴，二是媒體不發達，所以過去就是發生了什麼事情，人們一般也不容易知道。不過過去人口流動很少，社會相對也更公平，所以總體而言，過去的情況要比現在好。從1980年代起，情況開始嚴重了。您知道，當時中國開始了改革開放，民族政策也開始變得寬鬆，少數族裔的文化也得到了更多的尊重……

　　杜：我明白你的意思，就是說，情況變糟糕也與中國比以前開放有關，是吧？由於開放，可以更容易地了解世界上發生的事情。我肯定新疆現在有不少突厥斯坦的活動，它應該比以前有所增加吧？但是還有是否公平、軍事管控是否過強的問題。所有的因素都是疊加在一起的。這種情況1980年代就開始在全世界發生。

　　姚：我部分同意您的觀點。不過我認為尊重少數民族是非常重要的，儘管這並非唯一的問題。

　　杜：世界各地都有少數民族，你看緬甸也有諸如此類嚴重的問題。

　　姚：杜贊奇教授，您怎樣評價中國的環保新政？您對於環境保護與日常生活之間的悖論有什麼建議？您看好中國環保新政的未來嗎？

杜：你是說「民生」而非「daily life」是吧[3]？問題在於環境保護與發展的矛盾，或保護與增加GDP或保障供給之間的矛盾，是吧？

姚：不只是GDP，也與普通人的命運相關。您知道數月之前，北京政府為了降低空氣污染，驅逐了許多外地人出京嗎？這帶來了許多批評。許多人認為，環保是非常重要，但普通人同樣重要。

杜：他們被嚴重地影響到了？

姚：影響具體有多大不好說，但引起了廣泛的關注，則是事實。當然，民生與環保這兩者的確很難平衡。

杜：這的確是一個棘手的問題，我所遇到的情況經常是，如果我們注意了環保，就難以幫助窮人。這並非是價值問題，而是你的發展目標的問題，尤其是考慮到中國現在已經解決了足夠多的人的溫飽。就GDP而言，我明白你說的不是它，GDP並沒有那麼重要，更重要的是保護環境，讓更多的人理解這一點。不要太過分關注大的公司或國有企業，比如像華能這類企業。您知道，他們有太多的錢，這些錢可以用來修建大壩，也可以用來修復環境，可以給人們更好的生活，而不必只是不停地增長GDP。中國現在並不貧窮，人們也不必總是消費商品。這些大公司不停地在生產消費品，使得環境越來越糟。

你知道溫鐵軍吧？我非常欣賞他，他發表過一系列有關怎樣發展有機農業、促進農村合作社系統健康發展的看法。我認為中國應該著眼於這些方面的發展，而不只是還沿著以前的慣性走。

至於說北京驅趕外地人，是另一個問題。北京或許可以這樣做，但這只是有利於北京，而不利於窮人。我的意思是說，你把窮人趕

3　由於姚新勇的口語表達欠準確，誤用了"daily life"，所以杜贊奇加以校正。

回農村，但那裡的污染依然糟糕，他們的身心也受到傷害。當然，北京是需要變得更清潔，但北京是精英的北京，中產階級的北京，也是外來人的北京。所以簡單驅趕外地人的做法，與資本主義的心態太過接近。中國現在還無法完全以氣取代煤，這固然是一個問題，但是我認為中國現在更為重要的是應該在有機生態方面多做些投資，而不只是一味地投資大公司去生產消費品。

姚：您說得很對，我完全同意。問題是中國怎樣才能做到？根據您對市民社會的重視，是不是意味著政府和公民社會可以相互合作？

您曾經說過，中國的發展之所以如此迅速，是因為1980年代之後，各方面的力量都被調動、發揮出來了。然而您認為近年來的情況依然如此嗎？經濟組織、政府和社會之間的關係現在如何？

杜：我以為近五六年來的情況變差了。我很悲哀。我有不少中國公民社團的朋友，特別是環保方面公民社團朋友。他們既有影響，也有思想。在胡溫時代，他們的活動空間要更大，做了不少有益的工作，可是現在……當然我知道，這不只是中國的情況，世界上現在強人領導開始增多，而公民社會遭到更多的打壓。但這不是中國所需要的，也許有人認為需要，但我不認為。應該給公民社會更大的發展空間，至少不應該低於胡溫時代的水準吧？

姚：所以有人認為您是正確的。您說過應該促進各種力量的成長，問題在於怎樣控制、協調他們彼此的關係，建立起良好的社會協作機制。但是您知道，新一屆領導人認為，為了反腐必須加強黨的最高領導的權威。

杜：嗯。但是你能夠把反腐孤立起來嗎？何況也難以孤立。我同意反腐，而且最大的腐敗都反對反腐，但這並不意味著應該如此

強化軍隊在黨裡面的勢力。作為領導人，你當然可以適當強化權力，建立一些不同的機構，但你不能夠為此而改變整個國家。因為所有的國家都有其制度，現在的美國，特朗普正在快速摧毀民主制度，但是民主制度不是仍然在制約著他嗎？他成天都在喊這喊那的，所以我非常希望最後民主制度能夠真正約束他。同樣，中國現在的領導人有足夠的能力在其他領域更為開放和自由，正如其可以控制反腐一樣。

姚：也就是說，依法治國，依憲治國。

杜：是的，依靠法律。他或許應該強化某些機構，但為什麼要控制所有的事情呢？

姚：這些年來，我對中國的族群關係深有感觸。無論是主體族群還是少數族群，無論是少數族裔民族主義還是國家民族主義，都顯得相當的本質化。而我則時常處於多重的困境中。杜贊奇教授，我想您很可能也經常遭遇類似境遇吧？您是怎樣處理的？有什麼經驗可供分享？

杜：對此我感到非常悲哀，不只是中國如此，印度的穆斯林、印度教徒以及其他群體也都是如此。整個穆斯林都有這些問題。這決定於你怎樣看這些問題。在過去的中國這不是問題，但現在它變成問題之一了。要想解決或弱化這類問題，我以為公民社會非常重要。在適合的情況下，不同的人們需要交換思想。與此一致，政府和公民社會也應該把關注的焦點放在環境問題上。這種工作是有機而富於建設性的，有助於建立新型的可持續的模式，以促進不同群體之間的相互關係。本質主義認同可謂是根深柢固，就像我說過的那樣，民族是自我構成的。所以有些人就濫用政府或他們所持有的認同，認為別人無法代表自己所具有的身分。民族—國家也是如此。

它們會認為自己的國家有自己的特性，美國有美國的，中國有中國的等等，所以我們就要為我們自己而戰，而非合作。

實際上，經濟全球化產生了我所稱的相互依賴性（interdependency）。政府為什麼不可以發展相應的機制去推進相互依賴性呢？讓人們更為明白相互依賴的重要性呢？我認為必須朝這個方向推動政府。可是政府現在恰恰卻把人們往相反的方向推進，越來越強化民族主義。政府必須變得更明智。例如，現在不是有越來越多的國際條約或批評嗎？2015年在巴黎召開的《聯合國氣候變化框架公約》第二十一次締約方會議，就產生了許多雙邊和多邊的合作協定。這就是相互依賴之合作的實例之一。如果我們持續地朝這個方向努力，那麼民族─國家的主權就會弱化，因為你在堅持自己的利益時，必須得到其他國家的同意。因此我認為我們必須推動政府朝著這個方向前進，阻止像特朗普那樣向相反的方向倒退。我們應該推動我們的政府去與其他國家的政府合作，達成更多的相互依賴性的合作協定。

比如像瀾滄江流域，關係到許多國家，所以就要簽訂許多國際條約，來協調大家的利益。你必須尊重我，我必須尊重你，你、我必須尊重他，而不是由單一的力量來控制世界，這對外、對內來說都是如此。這樣的情況在瀾滄江流域就實現了。比如說在雲南，就有不少本地的合作社區，公民社會組織或人士的活動也相當活躍，汪永晨和她的團隊就是其中的代表。

姚：所以您的意思是，實踐儘管非常困難，但我們必須盡最大的努力。

杜：如果不這樣，還能有什麼希望呢？我們必須不斷地推動政府和企業朝著這個方向前進，社會就可以這樣做。

姚：就是說，不只是政府，還有人們。

杜：也就是說要促進人和人的關係，是吧？是的，這也是我們應該做的。你看過我最近新出的這本書嗎？這本《全球現代性的危機》（杜贊奇給我們展示這本書的中譯本）。這本書就討論了面對全球化、現代性的危機，亞洲的傳統，對危機的解決、可持續未來的意義。你看，這本書的封面，「三教合一」的圖片，有佛教、道教還有孔教。

姚：當然甚至還應該有伊斯蘭教，我們必須指出這一點。

杜：這就是合作，中國具有這樣的傳統。

姚：您真的認為人類有可能超越所面臨的各種矛盾性的利害衝突而走向合作嗎？我們真的可以擺脫各種民族主義的束縛嗎？近些年來我為此而努力，但發現實在太困難了。

杜：是困難，但這可能是我們唯一的希望。我們必須有這樣一個目標，我們必須朝這個方向努力。在這本《全球化的危機》的最後，我引用了魯迅關於「希望」的話⋯⋯

姚：希望與絕望，無所謂希望也無所謂絕望，希望就在絕望中[4]。

杜：所以，這是我們唯一可能擁有的解決方案。不能放棄，必須一點一點的努力！

姚：所以，就像魯迅所說，我們只能「橫站」

杜：是的，「橫站」。

姚：然而，人類面臨的情況可能更糟糕。杜贊奇教授，您怎樣看Space X獵鷹重型火箭發射成功這件事？

杜：嗯，這要看怎樣使用它。現在有一種觀點挺流行，認為我們可以搭乘這類飛行器逃離環境災難，飛往火星等什麼外星球，我

4　魯迅原話是：「絕望之為虛妄，正與希望相同！」

不認為這種事情會發生，持這種觀點很愚蠢。當然有些技術是有用的，比如可以建立大的觀察站，可以觀察海洋深處究竟有什麼等等。科技的好壞，很大程度上取決於人們怎樣使用它們，為了什麼目的。如果目的是加劇國家之間的競爭，就是有問題的。像我們常常聽到的那些宣傳，「噢，這片海域有石油」，「那片有什麼什麼東西」，「我們可以到什麼什麼地方去」等等，這樣只會增加全球競爭。但相反，如果運用技術幫助人類發現海洋存在什麼問題，幫助不同的國家一起來解決這些問題，這就是有益的。

姚：但我發現人工智慧的發展，已經開始超出人類的控制了，人的地位越來越低了。

杜：是的，我認為它製造出了越來越多的問題，因為人工智慧可以造成更多的無職業者。

姚：「無用階級」。

杜：是的，他們沒有任何辦法獲得收入，去生活、去消費。所以現在有的政府開始考慮設置「無條件基本收入」的可能性，這樣的話每個人都有吃的並且有工作做。但若想真正實行並不容易，需要生產更多的……

姚：我發現甚至政府也未必能夠控制人工智慧，因為競爭實在太激烈。

杜：所以我認為這很糟糕，但也因此會產生許多抵抗。世界必須改變它的價值體系，而要想改變，只有當出現非常大的危機時才可能，比如氣候危機，核危機等。那時人們就不得不走向一起，努力合作，是吧？去年已經出現了許多暴風雨雪和颶風，但是人們仍然沒有真正的行動，只是因為這些災難還沒有傷痛他們，他們就漠不關心，所以必須要發生什麼重大的事情。人類的價值觀必須改變，現在所流行的許多價值，比如民族主義、國家競爭等諸如此類的東

西，都是建立在資本主義的基礎之上的；都考慮的是你的國家如何去競爭，怎樣去提高GDP，去獲得更多的資源。

姚：資本主義的價值觀控制著一切。

杜：所以我已經在用生態經濟學的觀念。也就是說，滿足一個人的基本需求，一年實際無需超過一萬五千美元的收入。超過了這個標準，你肯定就會增加商品消費，使用更多的水資源，這樣大自然遲早會被耗竭。我們可否建立這樣一種價值，認為繁榮與富有並不依據GDP，而是依據社會基準線，而它的標準來自社會、公司、消遣活動等等。你明白我說的意思嗎？馬克思在他的《德意志意識形態》中指出，一旦實現了共產主義，你有可能隨自己的興趣今天幹這事，明天幹那事，上午打獵，下午捕魚，傍晚從事畜牧……豐富你的智力文化生活，而不只是增加消費。

姚：有人會說，或許您說得對，但競爭是殘酷的。比如美國的高科技發展的如此迅速，如果我們不能跟上，我們就會被淘汰。印度也會如此看……

杜：不，你需要知道，我所說的這些價值，不可能在我們這一代實現，而需要我們一點點的努力。價值觀的改變是緩慢的，但我認為大的災難會發生，這會逼迫人類去改變。這並非沒有可能，有不少國家都擁有這種良好的生活方式。比如說中美洲的哥斯達黎加，它的年家庭基本收入也就1.1或1.2萬美元，它擁有世界上最高的國土綠地覆蓋面積，有許多樹木等其他吸收碳的植物，它有三千多條道路，修建得都非常舒適，非常令人愉悅。當然，它也有它的問題。

姚：一些北歐國家也是如此吧？例如像丹麥、挪威、瑞典等。

杜：丹麥、挪威、瑞典現在已經是大的資本主義國家了，它們已經放棄了以往的道路，它們已經美國化了。總之，改變價值觀、

選擇健康可持續的生活方式，並非不可能。關鍵在於世界的情況如何，窮人們是否支持那些推動改變的運動。我認為像溫鐵軍就非常重要，我認為他是中國現在最重要的思想家。

　　姚：我非常同意您的看法，但是我們恐怕無法找到推動改變的力量，無論是在中國或在美國。

　　杜：哈哈，你是在找金子彈呀[5]。我們可以寄希望於小康，而非大同。如果你想的是大同，恐怕你就要返回康有為或毛澤東那裡了。

　　姚：謝謝！再次感謝您杜贊奇教授。
　　杜：謝謝。

（原始訪談錄音翻譯：暨南大學文學院博士生，姚怡然）

　　姚新勇，暨南大學文學院教授。主要研究中國現當代文學，中國多民族文學與文化關係，中國當代民族問題，當代文化批評。主要著作有《主體的塑造與變遷：中國知青文學新論（1976-1995）》，《文化民族主義視野下的中國少數民族文學》等，另有論文多篇發表於各類期刊。

5　a golden bullet：相當於中文的「萬能丹」。

思想
人生

韋政通：自學成才的典範

李懷宇

做學問要有好身體

2018年2月10日，我在台北內湖第三次拜訪韋政通先生，他說：「我生於1923年。」我不敢相信眼前的這位老人已經九十五歲：每天練氣功、讀書、寫書，生活全部自理，講話中氣十足，完全看不出衰老之象。晚上，韋先生請我在湖邊的小館小酌，他喝了三杯58度金門高粱。臨行時，我想送他到家裡，他步履輕鬆，堅持在社區門口就道別：「我一個人回家就行，放心！」

我當時閃念：韋先生活到百歲完全不是問題。世事難料。我後來聽何懷碩先生說：2018年8月4日晚飯後，韋先生一個人散步出社區，準備到附近洗相片，突然被一輛摩托車撞到。8月5日凌晨就逝世了。

第一次見韋政通先生，是2009年夏天。當時是韋先生身體健康的低谷，他的手已經不能寫東西了，料想自己的寫作生涯即將劃上句號，就連藏書都捐出去了。客廳掛著何懷碩的書法「智慧不老」。韋先生說：「『智慧不老』是對自己的勉勵。我現在手不能寫字，但嘴還能講，所以到大陸去講學，他們整理的內容就是我的最後一

本書，書名叫《智慧不老》。」

　　沒想到第二次見韋政通先生，他活出了人生的新境界。2015年春天，我再去台北，打電話給韋政通先生，他說：「你住在哪裡？我來看你。」我說：「當然是我來府上拜訪您。」到了韋先生家，他說：「你上次來看我時，我的手不能寫東西。過了一年多，我突然看到一個電視節目，叫『三分鐘懶人氣功』，便去買了一些氣功書，照著練，每天早上起床練一個小時，睡前再練一個小時，練了一年零一個月，手又開始能寫東西，這幾年又出了好幾本書。現在我還能坐飛機到深圳講課。老弟，做學問寫文章一定要有好身體，到老了會活得越來越好。」當晚，韋先生已訂好一家酒樓，又帶上金門高粱，和我對飲了三杯。

　　談起自己的治學之道，韋政通說：「像我這樣自學成才的人，在台灣找不到第二個。」對沒有受過大學教育的錢穆，韋政通說：「我有很多機會向他請教。但在思想上，我跟他有些距離。他對傳統的感情是真誠的，很了不起，一生做的學問很可觀。」而對學院派，韋政通認為有好有壞：「有的人很好，余英時就是典型的學院派，他是二十世紀最偉大的史學家。在學術上有成就的人，一定要聰明，還要非常勤奮。你看余英時，那麼好的學歷，那麼好的師承，那麼好的天賦，而且非常用功。」

牟宗三、徐復觀、殷海光的影響

　　韋政通生於江蘇省丹陽縣新豐鎮，家裡是當地的首富。他回憶：「父親對我來說是一個負面的教材，金錢對我沒有誘惑。」1949年，韋政通由上海出發赴台灣，理由很簡單：為了追一個女孩子。韋政通笑道：「追女孩子其實是個藉口，主要是為了離家。我很喜歡這

個女孩子，她是個護士，常來我家打針、拿藥。後來她跟著軍隊去了台灣，我就借這個機會追來了。我偷了母親十塊銀元，當兵跟著軍隊來了，到了基隆，我只剩下一塊銀元，買了香蕉吃，剩下五毛。五毛錢也就過下來了，流浪了好幾年。這是性格的問題，我對那個家沒興趣。」

我問：「到台灣後跟那個女孩子還交往嗎？」「我們非常要好。她知道我來台灣，也很驚奇。她結婚時，我參加她的婚禮。她買嫁妝，都是找我，而不是找男朋友。她能夠結婚，我也很高興。我們長久都有來往。」

初到台北，韋政通在一家小報當記者，同時寫作小說、散文。1954年，韋政通厭倦「渾渾噩噩的生活」，辭去新聞工作，搬到台北大屯山麓一間茅屋居住，賣稿為生。這一年3月21日，由勞思光介紹，第一次拜見牟宗三。韋政通回憶：「真正讓我走上學術道路的是牟宗三先生，一個巨大的生命震撼了我，就把我的人生道路整個改變。在改變的過程中，我也吃了很多苦頭，跑到山裡住，過的幾乎是一千年前窮書生的生活。錢花完後，我窮得要命，一個饅頭吃一天，拿開水泡，分幾次吃。熬過幾年，要把沒有走過的路補回來才行。」三年山居生活中，韋政通苦讀了大量書籍，為了買一部八冊的《陸象山先生全集》，典當了當時唯一的一套冬季西服。1957年，韋政通從台北大屯山南下，至南投碧山岩的寺院安身，教寺院女尼的文史課，生活稍為安定。

那幾年中，韋政通在《人生》雜誌發表了不少文章。牟宗三到台中東海大學任教後，韋政通與牟宗三接觸頻繁。「牟宗三先生沒有文人氣，有點野氣。他不喜歡文人文縐縐的樣子，夏天會把衣服拉開，褲腳捲起來，比較隨便。他家庭背景特別，父親在山東開騾馬店，供江湖上的好漢住宿，像《水滸傳》一樣。他從小在這種環

境長大，所以有點野氣。後來年紀大了，做學問久了，就是個學者
模樣，但有時說話也狂。他是夠資格狂的，學問那麼大。」韋政通
回憶，「沒有他，就不會有我。他對我是一種生命的震撼，我真正
崇拜他。他對學生特別好，我這一生從沒有見過一個老師對學生這
麼好。他很傳統，不輕易收學生，一旦收你為學生，就比子女還要
愛護。他結婚以後，我們學生五六個人到他家吃吃喝喝。我們嗓門
很大，在他面前不會像小媳婦，可以狂笑。他自己也是那樣的人。
我們在他家鬧得太厲害，他新婚的妻子就很不高興。他悄悄把他妻
子拉到房間，說：你對我生氣沒有關係，但千萬不要對我的學生發
脾氣。你看他對學生的愛護到了什麼程度。我後來想，這一點我自
己做不到，我愛護妻子一定超過學生的。」

　　韋政通也在徐復觀主編的《民主評論》發表文章。1958年，韋
政通由徐復觀相助，以著作檢定獲教師資格，到省立台中第一中學
任高中教師。韋政通說：「徐復觀對我是有恩的，沒有他，我就沒
有辦法教書，他帶了些文章找當時的台灣省教育廳長，說：有個年
輕人需要你幫個忙，他學識好，如果你能在台灣任何高中裡找到有
這樣水準的老師，我就不姓徐。他這樣對廳長說，我才有一個學校
去。徐先生早期跟蔣介石一樣，在日本讀士官學校，回來後當到少
將，做蔣介石的秘書。他一直在那樣的環境中混的。五十歲到台灣
後，看到國民黨政治太腐敗，就離開政界了，在學術上奮鬥。他天
賦很高，寫得一手好文章。他去世時是八十歲，三十年功夫在學問
上有很大的成就。徐先生的自學精神給我影響很大，是現成的榜樣。
中國有一個傳統，就是自學成大才的傳統。梁漱溟是自學的，高中
畢業就到北大教書去了。錢穆是自學的，徐復觀也是自學的。沒有
經過正式的高等學校訓練，一樣可以搞出一片天地。他們在學術上
的地位一點也不比那些在國外拿學位回來的人差，甚至影響更大。」

　　當年徐復觀與殷海光打筆仗，彼此是什麼樣的論敵呢？韋政通說：「他們在四川是很好的朋友。殷海光開始跟牟宗三、唐君毅、徐復觀有往來。殷海光後來在《中央日報》當主筆，多少跟徐復觀有點關係，因為徐復觀在黨裡的關係比較多。到台灣以後兩人走的路子不一樣。一個是新儒家，代表傳統主義；一個是西化派，代表自由主義。剛到台灣時兩人還能來往，殷海光還在《民主評論》寫文章，後來距離漸遠，不相往來好多年。到了晚年，殷海光得了癌症，二人又開始往來了。徐復觀來看望他，在經濟上也幫他。」我聽金耀基先生說，徐復觀先生拿了兩千塊錢，請金先生帶給殷海光先生治病。韋政通則說：「不止兩千塊，也不止一次。徐復觀畢竟做過官，家庭環境比較好，他的房子很漂亮。」

　　韋政通當年在《文星》雜誌發表了一系列文章，殷海光看到了，非常欣賞，就請他的學生王曉波帶韋政通來見面。韋政通說：「我們做了四年的朋友。那時正是白色恐怖年代，殷海光受迫害。沒有人敢跟他往來，就是我們幾個，陳鼓應、王曉波、我。」大家都心知肚明：殷海光門前那個賣餛飩的人是特務，對來往的人都會記下來。韋政通說：「我們那時不在乎。我們是非常喜歡殷海光這個人。他是自由主義的代表，對年輕人有影響力。當年很紅的雜誌《自由中國》，他當主筆，雜誌影響力很大。自由主義的代表沒有第二個人趕得上他。」

　　對《自由中國》事件，韋政通說：「因為是個冤獄，國際上也很轟動。蔣介石一定要把雷震放到監獄去，坐了十年牢。我被國民黨迫害很久，因為殷海光，我成了嫌疑犯。後來在《文星》雜誌發表文章，成了反傳統。因為這些罪名，我在大學教書一直受影響。所以教了二十多年書，就不教了，乾脆關起門自己寫書。」

　　回望當年的白色恐怖，韋政通說：「很容易就坐牢。沒有任何

法律程序，一扣罪名就可以坐牢。有的人今天還在課堂，明天就在
監獄。威權政治就是這樣的恐怖。我當時差一點坐牢。我寫了幾十
本書，從來沒有提過國民黨，也不提蔣介石。一個人的境界應該提
升，不能老在那個層次上。我們年輕時恨國民黨，都知道在我們死
前它一定垮掉。現在也沒什麼人對國民黨有好感。這個政權還是腐
敗。它不求長進，光馬英九品德好有什麼用？都是老人在混，年輕
人上不去。你看黨產，本來就是人民的財產，早就應該還給人民。
但它不肯，有黨產就有錢選舉，民進黨是沒錢選舉的。」而對開放
黨禁報禁，韋政通說：「大家發表文章比較容易。原來發表文章的
地方很少，以後就多了。在言論自由這方面，台灣有很大的進步。
看電視就知道了，沒有什麼不能講的。言論非常自由。」

寫一部大書是長跑

　　數十年間，韋政通著述不斷。1977年至1979年，全力投入近百
萬字的《中國思想史》寫作之中，每天工作12至16個小時，進入「非
我作詩，乃詩作我」境界。韋政通突然說：「有個問題你沒有注意。
我這一生有這樣的成就，有一個很重要的因素，就是我有一個很好
的愛人楊慧傑。我們是台中一中的同事，我教高三的國文，她教初
三的國文。她很能幹，很漂亮。她看到我當年在山上苦讀的日記，
非常感動，就這樣蔭生了愛苗。如果沒有她，就沒有我的今天。她
永遠支持我，相信我會出人頭地。我們結婚四十多年，她對我影響
很大。我寫書，第一個感謝的就是她。後來什麼人對我的批評，我
都不在乎，只有她的想法我才在乎。當年我被國民黨迫害的時候，
沒有工作，她一直支持我。這個家沒有她的話，很難維持下去。我
太太最欣賞我的就是用功。她說，她這一生沒見過這麼用功的人，

數十年如一日，不知道孤獨，不知道寂寞，沒有過年，沒有過節，就是工作。」

　　韋政通曾任中國文化學院教授，著有《中國思想史》、《中國十九世紀思想史》、《中國的智慧》、《中國文化與現代生活》、《傳統的更新》、《中國哲學思想批判》、《倫理思想的突破》、《先秦七大哲學家》、《孔子》、《中國現代思想家胡適》等。他自覺學術之路寬闊：「思想史是從上古寫到十九世紀，二十世紀也寫了很多。幾千年貫穿下來的。還有專門研究，荀子、董仲舒、胡適、梁漱溟、毛澤東。我思想上比較有創見的是倫理思想，跟任何人講的都不一樣。而且我覺得中國人就應該這樣講。西方的倫理學跟中國的不一樣。我在這方面比較有創見，是對傳統倫理批判出來的，是跟當代文化結合的新的倫理思想。還有，我寫了大概有七十萬字的雜文，就是對現代社會的批判。」

　　在韋政通的著作裡，《中國思想史》是最大的一部書。他說：「那部書比較能確定我的地位。把幾千年的東西寫進這麼大一部書，做這樣工作的人很少。拿體育來比喻，很多人是短跑健將，但長跑很難。要寫一部大書是個長跑，需要很好的身體，很堅強的意志，前路茫茫不知什麼時候到達終點。」

　　韋政通聽過胡適十幾次的演講。他回憶：「胡適風度很好，口才也很好。這人十分難得，名滿天下，一方面跟他廣博的知識有關係，另一方面因為他相貌好，你看見他，就會喜歡他。」1978年，韋政通出版了《中國現代思想家胡適》一書，他笑道：「那書完全是為了稿費，寫得不好。」

　　而對新儒家，韋政通自有看法：「我反新儒家，實際上是一個很短暫的時間，很情緒化。新儒家很了不起，把五四反傳統的風氣扭轉過來，這是對歷史的貢獻。他們是對民主、科學講得有問題。

對傳統的熱愛，重新詮釋，都很了不起。」至於五四運動提出的民主、自由、科學問題，新儒家能解決嗎？韋政通的回答是：「不能。它不能反傳統，在民主問題上，中國傳統資源不多。但他們的架構是民主、科學，是為儒家服務的。五四運動七十周年時我在北京，六四事件前，我天天在天安門。我跟陳方正、周策縱去開七十周年的會，在最熱鬧的時候待了一整天，後來每天都去，我拍了一百多張照片，蠻有歷史意義。我指著周策縱說：『這是研究五四運動的大師，給你們講五四運動。』大家拼命鼓掌。」

現在看來，五四提倡的民主科學精神，經過幾十年的奮鬥，有進步嗎？韋政通說：「科學有進步。放衛星後面有很多科學的基礎，科學進步的問題不大，民主的問題就比較複雜了。但中國會走出一個很特殊的模式。有些很重要的東西在改變，國家領導有任期，這是民主政治很重要的一環。不為搶位子打仗，這是很大的進步。中國的民主我們不知道怎樣搞，但會有自己的一套，完全不走是不行的。」而韋政通認為台灣的民主是跛腳的民主：「台灣有民主，但內容不充實。最大的問題就是對民主性格的教育沒有下功夫。一個國家的基礎在於民主性格，就是國民性。法治問題也嚴重。司法要獨立，審判要獨立，立法要公平。台灣法治不健全，很多條件尚未成熟，人民對法律信任度不夠。台灣搞民主選舉，選出來的議員都是沒有水準的。好人不敢去選，也選不上，因為國民水準不夠。當年國民黨沒有誠心讓台灣走民主道路，國民性格教育不好，所以現在選舉很爛。台北還好，只有台北不能買票，別的地方都可以。有些人想：你送錢給我，幹嘛不要啊，我拿錢不一定投你票。這在台北不行的。台北是華人世界國民水準最高的地方，受過高等教育的人，比例特別高，超過香港。」

談到台灣民主政治的根源，韋政通認為：「人是文化創造出來的，

有中國文化才有中國人。中國沒有民主的傳統，專制政治搞了幾千年，一下子搞民主，有待摸索。西方也是走得很緩慢的，女性投票也是19世紀末20世紀初才有的。台灣的民主慢慢會好一些，希望能把法治建立起來。」而韋政通坦言：「台灣是個很自由的地方。老百姓只要有錢，拿護照出國，十年不用辦手續。以前還有員警到家裡查戶口，現在沒有了。只要不犯法，是不會有人來管你的。」

中國傳統文化在台灣保留的程度，韋政通認為要比較地來觀察：「大陸那邊搞得亂七八糟，文化大革命後把文化都破壞掉了。香港是個過分商業化的社會，香港的報紙，商業氣很重，廣告很多，內容很貧乏。台灣《聯合報》和《中國時報》有相當的內容。報紙反映出一個社會的情況來，台灣的報紙反映出老百姓比較重視知識。傳統文化在台灣沒有遭受破壞。1949年到台灣的很多人是高級知識分子，除了幾十萬大軍還有大批的教授。剛到台灣時，很多教授教中學，因為台灣的大學容納不了。文化看起來很抽象，要從人的生活來看。以環境衛生來說，香港不錯，跟台北不相上下，但人情不一樣，在機場問人就可以發現。台北人比較有禮貌，文化要從老百姓的生活來看，少數的精英不能概括全部。整體來看，環境、衛生、人文素質，台北是相當不錯的。」

在外人看來，台灣「官不聊生」，吵架、打架層出不窮。韋政通說：「這就是水準的問題。都是沒有水準的人選沒有水準的人。台灣的選舉有問題，真正的人才選不上，莫名其妙的人倒選得上。國會經常打架，媒體的因素很重要，你不打架，他不報導的。沒有好的名氣也要有壞的名氣，要有名就要鬧點事，媒體就會報導。一個民意選出來的人，他必須經常上報，使得老百姓不會忘掉他，下次選舉才有機會。打架就是有種，才容易得到票。真正做國會議員、立法委員，媒體不會報導的。議員打他的對手，選民才開心。台灣

的政治也有問題，兩個黨變成了死對頭，結解不開。兩個黨很難溝通，你贊成，我永遠反對。」而對台獨，韋政通說：「不單是外人很難理解，台灣人也很難理解。最嚴重的時候，民調顯示幾乎一半贊成台獨。台灣經歷過多方統治，就像一個孩子有很多爸爸，從西班牙到荷蘭，到鄭成功、日本、國民黨，有多少個爸爸？思維非常錯亂的，台灣就是一個非常不正常的社會，被這麼多政權統治過，都會留下影響。尤其被日本統治了半個世紀，而且他們做了很多工作。要瞭解台獨必須瞭解這個背景。它跟中國大陸的關係很少，尤其是跟中華人民共和國。除非有一天，北京、上海、廣州都比台灣強，台灣人就會想跟你在一起。要一個比較好的社會跟另一個比較差的社會合併，是比較難的。」

論及中國情懷，韋政通說：「我有自己的中國情懷。畢竟是搞中國學問，但不是情緒化的，而是理性的。我覺得中國不可能不統一，但不能急迫，急迫會出事。時間長的話，自會水到渠成。統一是跑不掉的。台灣的問題不單是台灣自己的，還有美國的因素，美國絕對不希望統一的。台灣根本沒有獨立的條件，力量懸殊太大。美國是很重要的因素。以前大陸和台灣緊張的時候，美國的第七艦隊就過來了，要保護台灣。」

研究中國文化幾十年，韋政通認為哲學上中西方差別太大：「西方哲學完全是抽象的，哲學家跟品德是不相干的，哲學上有成就，歷史就有你的地位。中國哲學，不管儒佛道，重的是修養，而不是系統化。新儒家的貢獻就是面對西方，把中國文化系統化。原來讀書人重的是修養和人格，一個修養差的人在中國歷史是得不到好地位的。李白的詩才可能超過杜甫，但杜甫才是詩聖，因為杜甫有憂國憂民的思想。中國是以道德為標竿來看問題，它跟西方是兩碼事。現代人研究哲學完全是西化的東西，中國人的原貌已經不見了。」

而他感覺西方學術對自己衝擊很大：「現在要在學術上有點成就，沒有西方的背景是不行的。純粹讀中國書成才的人，在我們這一代已經沒有了，多多少少都要講點西方的。至少要有個背景，純粹讀中國書已經沒有辦法出頭了。」

　　針對所謂「國學熱」，韋政通說：「『國學』這個詞太氾濫了，什麼都包括在裡面。我不喜歡用這個詞。這個詞是從日本來的，應該把它分開，歷史學、政治學、心理學，清楚點。『國學』太氾濫了，沒有意義了。大陸稱牟宗三、唐君毅為國學大師，這個不合適。『漢學』也不太好，自己怎麼稱自己為『漢學』，西方人才用的，在中國用沒意義，還是要分出來。」

　李懷宇，出版人，作品有《訪問歷史》、《世界知識公民》、《知人論世》、《訪問時代》、《思想人》、《與天下共醒》、《各在天一涯》等。

致讀者

　　本期《思想》的欄目之一題為「回顧一個時代」，所收的兩篇文章，其實是在回顧那個時代中國大陸一些知識人與擅外語者的遭遇。趙園先生在本刊33期寫過「運動檔案」，檔案的主人多是知識分子；本期她寫中共從50年代到文革後期的知識分子政策，直接整理、觀察了中共在那個時代對知識人的態度與策略。今天回顧那個時代，除了感到驚悚，還不免一份物傷其類的心痛。

　　訓練先生（這是筆名）本身做過許多思想、學術名著的翻譯工作，因此蒐羅50-60年代中國大陸出版的大量譯書，進而發願挖掘背後無名譯者的特殊身分。他發現，當時眾多的重要譯作，竟是出自勞改犯之手，作為他們「勞動改造」的業績。他投入大量時間與精力整理資料與回憶文字，尋訪倖存至今的老人，寫成了〈「清河翻譯組」蠡測〉，交給本刊發表。這篇文章所揭露的血淚故事少有人知，行將成灰，這是一篇負有沉重歷史意義的紀錄，請讀者珍視。

　　《思想》每一期均設定書名，書名通常即是該期專輯的標題，而專輯顧名思義應該是由數篇文章「集」成。本期的「專輯」卻只發表梁治平先生的單篇大作〈想像「天下」：當代中國的意識形態建構〉，名不副實之處要讀者諒解。我們的考慮有二：其一，這篇文章涵蓋面夠廣、篇幅夠長，單獨作為專輯與書名並不為過；其二、有見於這個議題各方矚目，這篇文章又是十幾年來整個「天下」論述演變歷程的綜覽，對《思想》的讀者極富參考價值，確實有必要用為整期刊物的書名，以收醒目的效果。

　　「天下」這個觀念本屬於中國歷史，近年來卻激發許多中國學者的想像，衍生成一種思潮，衝擊大陸學術界，甚至引起韓國、日本以及西方學者的重視。在本刊29期，葛兆光教授發表了〈對「天下」的想像：一個烏托邦想像背後的政治、思想與學術〉長文，對這個烏托邦所預設的「非歷史的歷史」提出史學的批評，海峽兩岸四地傳誦極廣。本期梁治平教授的〈想像「天下」：當代中國的意識形態建構〉，對天下論述作為一種意識形態的政治與時代背景，提出細緻的敘述與解讀，勢必再次引起華文讀書界的關注。讀過這兩篇文章，讀者對整個天下論述的產生、發展以及學理與倫理兩方面的價值將了然於心，有助於形成自己的判斷。

　　「天下」本是因應中國崛起的形勢而生的一種世界觀、中國觀，受到廣泛重視理所當然。討論這個主題，涉及了對周遭地區的定位，因而韓國、日本，乃至於香港的知識界都已經有所回應，台灣的一些學者所發展的各類東亞史觀、海洋史觀，也構成對應的觀點。不過台灣學者對於大陸各種天下論本身，應該更加重視。本刊作為一份在台灣出版的刊物，能夠先後發表大陸葛兆光、梁治平，韓國白永瑞，以及台灣的曾昭明幾位先生的大作，倍感榮幸。我們希望既有的討論可以延續下去。

　　最後，我們要推薦韓嘉玲關於80年代民眾劇場的紀錄。80年代的台灣，在各方面都充滿活力，敢於開創，左翼的文化在剛解凍的土地上萌芽，也呈現一片新氣象，其中陳映真先生的影響尤其強大。韓嘉玲當年以年輕人的熱情參與了那段歷史，如今回顧時，紙面行間仍然洋溢著那個年輕時代特有的興奮。

編　者

2018年初冬

思想36
「天下」作為意識形態

2018年12月初版 　　　　　　　　　　　　　　定價：新臺幣360元

著　　　者　思　想　編　委　會
叢書主編　沙　　淑　　芬
校　　　對　劉　　佳　　奇
封面設計　蔡　　婕　　岑
編輯主任　陳　　逸　　華

出　版　者　聯經出版事業股份有限公司　　　總編輯　胡　金　倫
地　　　址　新北市汐止區大同路一段369號1樓　總經理　陳　芝　宇
編輯部地址　新北市汐止區大同路一段369號1樓　社　長　羅　國　俊
叢書主編電話　(02)86925588轉5310　　　發行人　林　載　爵
台北聯經書房　台北市新生南路三段94號
電　　　話　(02)23620308
台中分公司　台中市北區崇德路一段198號
暨門市電話　(04)22312023
台中電子信箱　e-mail：linking2@ms42.hinet.net
郵政劃撥帳戶第0100559-3號
郵撥電話　(02)23620308
印　刷　者　世和印製企業有限公司
總　經　銷　聯合發行股份有限公司
發　行　所　新北市新店區寶橋路235巷6弄6號2樓
電　　　話　(02)29178022

行政院新聞局出版事業登記證局版臺業字第0130號

本書如有缺頁，破損，倒裝請寄回台北聯經書房更換。　　ISBN　978-957-08-5237-0 (平裝)
聯經網址：www.linkingbooks.com.tw
電子信箱：linking@udngroup.com

國家圖書館出版品預行編目資料

「天下」作為意識形態/思想編委會著．初版．
新北市．聯經．2018年12月（民107年）．312面．
14.8×21公分（思想：36）
ISBN　978-957-08-5237-0（平裝）

1.學術思想　2.文集

110 .7　　　　　　　　　　　　　　107020845